生子当如孙仲谋

南门太守 著

中国发展出版社
CHINA DEVELOPMENT PRESS

图书在版编目（CIP）数据

生子当如孙仲谋／南门太守著．—北京：中国发展出版社，2014．9

ISBN 978-7-5177-0208-5

Ⅰ．①生…　Ⅱ．①南…　Ⅲ．①孙权（182～252）—传记
Ⅳ．①K827＝363

中国版本图书馆 CIP 数据核字（2014）第 162130 号

书　　　名：生子当如孙仲谋
著作责任者：南门太守
出 版 发 行：中国发展出版社
（北京市西城区百万庄大街 16 号 8 层　100037）
标 准 书 号：ISBN 978-7-5177-0208-5
经　销　者：各地新华书店
印　刷　者：三河市东方印刷有限公司
开　　　本：700mm×1000mm　1/16
印　　　张：16.5
字　　　数：279 千字
版　　　次：2014 年 9 月第 1 版
印　　　次：2014 年 9 月第 1 次印刷
定　　　价：33.00 元

联 系 电 话：（010）68990625　68990692
购 书 热 线：（010）68990682　68990686
网 络 订 购：http：//zgfzcbs.tmall.com//
网 购 电 话：（010）88333349　68990639
本 社 网 址：http：//www.develpress.com.cn
电 子 邮 件：fazhan@drc.gov.cn

目　录

第三章 改变历史的决战

第四章 复杂微妙的联盟

第五章 周旋于敌友之间

第六章 成就帝王大业

第七章 英雄的最后岁月

第一章　十八岁接班

孙副县长

江苏省徐州市睢宁县有个古邳镇，坐落在泗水河边，徐州机场就在它附近，京杭大运河从其东侧穿过，它还北邻陇海铁路，是一个水陆空交通要冲。

秦汉时这里是著名的下邳城，张良刺杀秦始皇未遂，跑到这里来躲藏，在此地的一座桥上遇到黄石公得《太公兵法》，这就是“圯桥进履”的典故。下邳城的西门门楼当地人叫白门楼，公元一九八年曹操在此擒杀吕布，使下邳城名声更大。

从曹操擒杀吕布的下邳之战往前推十六年，即公元一八二年，这一年是汉灵帝光和五年，东汉帝国虽然已日薄西山，但黄巾还未起事，天下还没有大乱，曹操在朝廷当公务员，吕布还在老家河套一带晃悠，下邳城一切如旧。

下邳是一个县城，归下邳国管，下邳国归徐州刺史部管，东汉一共十三个州，徐州刺史部是其一。

这一年，下邳县来了个二十八岁的县丞，姓孙，老家在扬州刺史部吴郡的富春县。吴郡的辖区大约相当于今长江三角洲一带，上海、苏州、杭州都在它的管辖之内，但在当时它还属偏远落后地区。

县丞相当于副县长，分管文书、仓库管理等工作，这个职务不常设，根据每个县的具体情况而定，往往设立在那些重要的县，是县长的助手。

孙副县长相对比较年轻，又是从“偏远落后”地区到“发达地区”来任职的，开始大家并没有把他放在眼里。但是不久之后大家发现孙副县长可不是一般人物，他长得很有派头，性格豪爽，很会来事，也很能笼络人（容貌不凡，性阔达，好奇节），别看年纪不大，却相当成熟老练。

慢慢地，大家知道了孙副县长的背景和一些往事。孙副县长的父亲也在官署当差，不是什么大官，是基层公务员。有一次他和父亲一道乘船到钱唐去，也就是今天的杭州，刚好碰上一伙海盗抢劫来往的商人。海盗们得手后正在分赃，这时别的人都不敢靠前。

孙副县长观察了一下，发现海盗们警惕性不高，就对父亲说可以发起攻击，但父亲不同意他冒险。孙副县长不顾父亲的反对，操刀只身来到这伙海盗面前，手里指指点点，嘴上念念有词（操刀上岸，以手东西指麾）。电影里深入敌后的孤胆英雄都会这一手，为了镇住敌人往往虚张声势地说“一班从左边，二班从后面，三班四班跟我上”。

这一招很奏效，海盗们丢下抢来的东西就跑，孙副县长只身追赶，还杀了一个海盗。

他的英勇壮举惊动了官府。孙副县长当时只有十七岁，被征召到官府当差。第二年吴郡南面的会稽郡闹民变，孙副县长由于胆大不怕死，被抽调去“剿匪”，立下不少战功，受到扬州刺史臧旻的赏识。臧刺史上报朝廷，孙副县长于是被提拔，职务就是县丞，任职的地点是盐渎县，即今江苏省射阳县。

年轻有为，胆识超群，战功赫赫，又有本州刺史的赏识，按说孙副县长前途光明。但此后他却仕途不顺，干了十年，一直原地踏步，还是县丞。先是盐渎县，后来到盱眙县，最后来到了下邳县，官没有做大，离家乡却越来越远。

不是孙副县长没有能力，更不是群众基础不好，史书上说在这三个县他都干得不错，很敬业也很亲民，大家都很拥护他（所在有称，吏民亲附）。但是汉末官场渐行门阀，仕路被世家大族所垄断，寒门子弟晋阶困难。

史书上说，孙副县长其实也是有来头的。《三国志》说他可能是孙武的后人（盖孙武之后也），在讲门第出身的官场上，这也许是有用的一张名片。但问题出在一个“盖”上，名门后人，不是自己说说就管用，你得拿出家谱来，有没有宗祠，街坊邻里是否承认，官方是否认可，传了几世几代，都必须确凿无误才行，孙副县长显然没有这些。其实，这个“孙武后人”相当水，大概是孙氏发家后史官给的面子。

孙副县长的父亲是基层公务员，由于职务太低，史书未载他的名字。《宋书》里有一个符瑞志，专门讲各类符瑞如何应验的事，可信度不高，但从侧面记载了关于孙副县长家事的一些历史细节。据它记载，孙副县长的爷爷是家乡富春的一个瓜农（以种瓜为业），有一年遭遇饥荒，有三个少年跑来要瓜吃，孙副县长的爷爷为人厚道，就给了。三个少年吃了瓜，对孙副县长的爷爷说，这座山下风水很好，往下走百步，可以作冢。孙副县长的爷爷信了，临终告诉家人把自己务必葬在那里，但不知是他记错了还是家人没有弄准，他最后葬的地方不是一百步，而是三十步，这个大有差别。《太平寰宇记》说这座山名叫阳平山，不过几十年过去了，孙氏还没有发达的迹象。

在当时，不是世族出身也并非完全没有上升的空间，但必须有几个条件：要么你在太学里混过，有文凭；要么在地方察举中被推举为孝廉或茂才；最差的，也得授业于名师。

可惜，孙副县长一样都没有，他唯一的后台是扬州刺史臧旻，不凑巧的是，后来此人被朝廷调到北部边疆跟匈奴人作战去了。

让孙副县长感到欣慰的是，他的家庭比较幸福。他有一位好妻子，这个妻子姓吴，也是吴郡人，老家在吴县，也就是今天的苏州，后来迁居到钱唐县。吴氏很小的时候父母都去世了，她和弟弟吴景在一起生活。吴氏长得很漂亮，而且是个才女。孙副县长那时候还是家乡基层政府的办事员，听说后一定要把吴氏娶到手，却遭到了吴氏家族的一致反对。

吴家人反对的理由是这位孙办事员为人不够稳重（轻狡）。这当然是表面理由，真实的情况可能是门第有差，吴氏虽然父母都不在了，但家族可能有一定势力，亲戚们不想把姑娘嫁入寒门。

但孙办事员很固执，认定的事就一定办成，看吴家人不答应这门婚事，就放出了狠话。吴氏知道后，就对亲戚说："不要因为怜惜一个女儿而招来祸患，如果嫁过去不幸福，也是我的命（何爱一女以取祸乎，如有不遇，命也）。"

就这样，孙办事员娶到了才貌双全的吴夫人。来下邳的七年前，孙副县长在盱眙县当县丞时，吴夫人为他生下了一个可爱的儿子。

据《搜神记》记载，吴夫人怀这个孩子期间，有一天做了个梦，梦见月亮坠入她的怀中（月入其怀），她不解其意，也没有告诉任何人。不过，这个孩子生下来就很出众，是一个漂亮英俊的男孩（美姿颜）。

到了下邳县，吴夫人又怀孕了。这一次，她又做了个梦，梦见太阳坠入怀中，她赶紧告诉了丈夫。丈夫想了想说："日月是阴阳的精华，是大富大贵的预兆，这难道预示着我们子孙兴旺发达吗（日月者阴阳之精，极贵之象，吾子孙其兴乎）？"

等这个孩子生下来，吴夫人却有点失望，与长子相比，二儿子长得很难说英俊。据《江表传》记载，这个孩子长着一个大方脸，嘴特别大，眼睛很有神（方颐大口，目有精光）。《宋书》补充说，这个孩子不仅方颐大口，而且上身长、下身短，后来还长出紫色的胡须（紫髯，长上短下）。

脸大嘴大的人很常见，上身长下身短的人倒不是很多，因为一般人下身比上身长，那样才显得匀称好看。至于长着紫色胡须，那就更稀罕了。总之，这是一个不普通的孩子。

历史上，和这个孩子有类似长相的还有后来做了隋文帝的杨坚。据《隋书》记载，杨坚生下来额头上有五柱入顶，目光外射，手心里有一个“王”字掌纹，也是“长上短下”。有个叫赵昭的人善于相面，他看后说杨坚的长相很有问题，因为将来是要当天子的。

为什么上身长下身短是富贵之相？具体的道理不太清楚，不过有人对此有过解释，他就是刘备。多年后，孙副县长的这个儿子事业有成，身居车骑将军的高位，和刘备成为朋友、盟友和亲戚。他们第一次见面，刘备就被他的长相惊住了。

据《山阳公载记》记载，刘备告诉身边的人说：“孙车骑长得太奇怪了，上身长下身短，他难为别人之下，我不能再看见他了（孙车骑长上短下，其难为下，吾不可以再见之）！”一代枭雄刘备命手下人立即就走，昼夜兼行。

有人说这条记载太夸张了，刘备多大的世面没见过，这么不淡定？

在《资治通鉴》里有一则记载，公元五八三年，那时候杨坚已经成为隋文帝。陈后主陈叔宝派人出使隋朝，陈叔宝听说杨坚长相奇特，而他派出的使臣里刚好有个叫袁彦的画家，就命袁彦根据回忆画出杨坚的像。当陈叔宝看到杨坚的画像后，大骇，立刻把画扔了：“我可不想再见到这个人（吾不欲见此人）！”

有人解释说，躯体长、两腿短的人，站起来显矮，而坐下去却显高，预示着他不用站着侍候人，只会坐着等别人侍候。

孙副县长大概也请了相面的人来看过，所以对于二儿子的长相他很满意（异之，以为有贵象）。

孙副县长给这个儿子取名孙权，成年后又取字叫仲谋；之前，他给大儿子取名孙策，字伯符。

“权”字的本意是黄华木，后来多指机谋，也意味着支配别人的力量；策字的本意是马鞭，后来多用指计策、谋略。从给儿子起名这件事来看，孙副县长希望儿子们长大后是个有头脑的人，不能像他那样，单靠武力和体力立于世，他对儿子们的期许很高。

这位孙副县长就是孙吴帝国的第一代创业者，他叫孙坚，字文台。

趁乱起家

在当时的政治生活中，孙坚只配做个小角色，尽管他不甘寂寞，渴望家族振兴，也希望儿子们将来大富大贵，但这些几乎是不可能的。

再干上几年，看在他辛苦的份上，也许会升到县令。但再往上，要当郡太守就困难了，不出身于政治世家，没有钱，上面也没有人，光有能力是不行的。

就在孙坚在基层苦熬的时候，朝廷里已乱成一团。东汉十几位皇帝，最后三位分别是汉桓帝、汉灵帝和汉献帝，其中汉桓帝和汉灵帝加在一起在位的四十来年，史书称为“桓灵之世”，是中国历史上政治最黑暗、国家最动荡、人民最苦难的时期之一。

社会千疮百孔，外戚跃跃欲试地想统理朝政，宦官虎视眈眈地觊觎着皇权，朝堂里到处是士人的不平之鸣，四野里到处是饥民之声，整个帝国已走向末路。诸葛亮在《出师表》里说过，他和先帝刘备经常议论起这些事，每次谈到桓帝和灵帝，不仅叹息，而且痛恨（先帝在时，每与臣论此事，未尝不叹息痛恨于桓、灵也）。

孙权出生两年后，即汉灵帝光和七年（184 年），这一年是甲子年，是六十年一轮回的新开始，积蓄在民间的不满力量彻底暴发，全国各主要地区都发生了民变。与之前其他数十次民变不同，这一次民变来势更猛烈，而且有了全国统一的组织，参加民变的人以头戴黄巾为标志，朝廷称他们为蛾贼或黄巾贼，民间称为黄巾军。

黄巾军推举冀州刺史部钜鹿郡人张角为天公将军，推举他的弟弟张宝为地公将军，另一个弟弟张梁为人公将军，以冀州为中心在各地先后起义。黄巾军所过郡县，地方官员闻风而逃，短短十天时间，便影响到全国各地（长吏多逃亡，旬日之间，天下响应）。

这时的当家人是汉灵帝刘宏，他平时主要依仗宦官和外戚，党人靠边的靠边、禁锢的禁锢，还有一小部分仍然在位的也投靠了宦官。搞政治宦官已经比较得心应手，但是对付黄巾军，他们一点办法都没有。而且，这是一群相当胆小的人，一时间给吓傻了。在这种情况下，汉灵帝不得不重新起用一批有军事才干的党人，授予他们权力，又咬着牙从自己西园小金库里拿出钱来让他们重新组织军队，对付黄巾军。

光和七年（184 年）三月，汉灵帝下令升任河南尹何进为大将军，坐镇洛阳，统一指挥全国武装力量，总司令部设在洛阳城内的都亭，何进以下新组建了三个讨伐兵团，每个兵团约五万人。

当时黄巾军有两个主要活动地区，一个是冀州，另一个是豫州刺史部的颍川郡。新组建的三个兵团，一个兵团由新任命的北中郎将卢植统帅，负责讨伐冀州的张角等人，另外两个兵团分别由刚任命的左中郎将皇甫嵩、右中郎将朱儁统帅，讨伐颍川郡的黄巾军。

这几个统帅里，与孙坚有关的是朱儁。朱儁字公伟，扬州刺史部会稽郡上虞县人。会稽郡和吴郡相邻，辖区相当于今天杭州以南的浙江省大部，治所山阴县即今浙江省绍兴市，上虞离富春不算远，算起来孙坚跟他是同乡。

朱儁年轻时做过本郡的主簿，相当于郡太守手下的办公室主任。十几年前会稽郡暴发了许昭起义，太守尹端由于讨伐不利被有关部门纠举，竟然被判处弃市的大罪。朱儁干了件让人称奇的事，他带着一笔巨款到洛阳，拉关系、走后门，上下打点，费尽周折，把老领导的死罪改判为有期徒刑（输作左校）。

后来，交州刺史部梁龙造反，没人能平息，朝廷拜朱儁为交州刺史前去平乱。朱儁到任后，斩杀梁龙，收降数万人，因功被封为都亭侯，拜为谏议大夫。

孙坚并不认识朱儁，但朱儁却知道他，因为孙坚当年参加过会稽郡“剿匪”，没准就是梁龙起义的那次，当时朱儁还是会稽郡政府的办公室主任。

朱儁这次下来对付黄巾军，正在用人之时，立即写信给还在下邳县的孙坚，让他到军前效力。

这一年，按虚岁算孙坚正好三十岁，所谓“三十而立”。吴夫人刚刚又给孙坚生下一个儿子，取名孙翊。

接到朱儁的信，孙坚毫不犹豫，准备上战场。对于别人来说，打仗不是美差，是件危险的事，但对孙坚来说，打仗几乎是他目前能建功立业的唯一途径。经过十年的基层磨砺，他已经看得很明白，如果一切按部就班下去，他也就是当个基层公务员的命了。

孙坚要去军前效力，让他不放心的是妻子和孩子，孙策九岁，孙权两岁，还有刚出生的孙翊，都留给妻子他实在不放心。不过，吴夫人没有阻拦丈夫的选择，经过商量，她决定带着孩子们离开下邳到南面一点儿的寿春居住，让孙坚没有后顾之忧。

寿春即今安徽省寿县，属扬州刺史部九江郡，孙坚为什么把家眷安顿在这里而不是让他们回老家富春？其中的原因不太清楚，也许富春路途遥远，现在回去不现实吧。

孙坚当县丞这么多年，没有因为升不上去而撂挑子不干，他一直干得很认真，勤勤恳恳，任劳任怨，工作尽职尽责。他还有一个长处，就是喜欢结交少年，不管走到哪里，老乡也罢，知己也罢，还有气味相投的那些年轻人，孙坚都乐意跟他们交往。他们中有需要帮助的，孙坚从来没有二话，把他们都像自己的子弟一样看待（乡里知旧，好事少年，往来者常数百人，坚接抚养待，有若子弟焉）。

就这样，孙坚很快到了朱儁那里报到。他不是一个人去的，听说孙坚要去参加朝廷的军队，下邳城有不少人愿意跟随，孙坚又招募了一些淮、泗一带的精兵，前前后后跟着他来的有一千多人（乡里少年随在下邳者皆愿从，坚又募诸商旅及淮、泗精兵，合千许人）。孙坚时期的旧部如程普、徐琨、黄盖、韩当、朱治等人大概就在其中。

朱儁很高兴，立即任命孙坚为佐军司马。按东汉军制，司马这一级武官手下大约有一千人，相当于团长，佐军司马相当于副团长，副县长改任副团长，级别没变，比较好办。不过，也许朝廷只给了朱儁这么大权限，他自己的职务只不过是个中郎将，连杂号将军都不算，相当于大校或准将。

孙坚倒不在乎，他现在已经正式参加了朝廷的正规军，又有朱儁这个伯乐和后台，加上他打仗有一套，又不怕死，所以很快立下了战功，朱儁上报朝廷，孙坚升为别部司马，相当于独立团团长。

据《吴书》记载，孙坚打仗很勇猛，所向无前，有一次他乘胜深入敌后，在一个叫西华的地方被打了埋伏，失利后孙坚受伤堕马，但他很清醒，卧在草中不动，所以没被发现。孙坚的伤还挺重，已经动不了，不过他的坐骑是一匹宝马，还营后又是用蹄子刨地又是乱叫（踣地呼鸣），大家才随这匹马在草中找到孙坚。

孙坚在营中休养了十来天，还没等伤好利索就又带兵出战（还营十数日，创少愈，乃复出战）。在宛城之战中，身为独立团团长的孙坚冲在最前面，第一个登上城头（登城先入，众乃蚁附）。

就这样，孙坚的军功越积越多，职务也不断上升，黄巾军的主力被剿灭后，荆州刺史部长沙郡发生民变，朝廷看中孙坚能打又不惜命，就派他任长沙郡太守前去平叛，这一年孙坚才三十二岁。

郡太守属于朝廷的高级官员，县丞的品秩只有四百石，而郡太守的品秩是二千石，与朝廷的九卿也就是部长们品秩相同，是“省部级”大员，两年升了好几级，所以孙坚内心里特别感激这个民变。

孙坚不费什么事就把长沙郡的民变镇压下去了，朝廷录其前后之功，封他为乌程侯。这件事很不得了，乌程是个县，也在孙坚的家乡吴郡，孙坚不仅得到了多少人梦寐以求的侯爵，而且还是侯爵里最高一级的县侯。刘邦当年杀白马盟誓，非刘氏不能封王，县侯也就成为东汉做人臣的能得到的最高爵位，这意味着乌程全县收到的赋税不必上交朝廷而归孙坚支配。消息传回家乡，一定是震惊乡里的超级大事。

在这次镇压黄巾军的过程中，不仅孙坚趁势崛起，汉末三国时代的不少风云人物也是从此起家的。最著名的是曹操，他与孙坚同岁，当时是朝廷的议郎，品秩不算太高但已经是天子身边的人，有了一定政治地位，所以直接被任命为骑兵师师长（骑都尉），比孙坚的起点高得多。不过，曹操事后也仅得到了济南相的任命，与孙坚的长沙郡太守同级。

还有公孙瓒、陶谦、王允、刘备、关羽、张飞、赵云等人，也都在镇压黄巾军的过程中趁乱而起，积累了一定的政治资本和影响力。

在这些人中，论改变命运最大的应该有两个，一个就是孙坚，一个是刘备，因为他们跟曹操、陶谦等人不同，那些人本来就有社会背景，碰不上这事也有其他的晋升阶梯，日后不愁高官厚禄。孙坚和刘备不同，他们出身于草根，没有黄巾军他们还在社会的下层和底层，没有出人头地的机会，更不要说开创未来新的王朝了。

突遭变故

黄巾民变平息了，各地虽然还时有起义发生，但总体上看天下又逐渐归于平静，对于孙坚这样的人来说，这多少有点不过瘾，如果没有之后发生的事，他大概也就在太守这个职位上打住了。

黄巾起义爆发五年后的中平六年（189 年），汉灵帝刘宏驾崩，以何进为首的外戚和以蹇硕、张让等人为首的宦官在拥立新天子的问题上发生了严重冲突。何进听了袁绍等人出的馊主意，打破外兵不得轻易入京的惯例，调董卓、丁原等人率兵进入洛阳向宦官施压，使政局完全失控。

结果是，宦官被彻底清算，退出了历史舞台，而何进也被孤注一掷的宦官诛杀，一向有着巨大政治野心的前凉州刺史董卓等人趁机率兵占据洛阳，把控了朝廷。

接着，董卓和袁绍等人又发生了冲突。袁绍、袁术、曹操相继潜出洛阳，分别来到冀州、兖州和荆州的南阳郡等地，与一批已掌握地方实权的刺史、太守们共同起事，以武力反抗董卓，他们被称为关东联军。

关东联军推袁绍为盟主，共十一路：车骑将军袁绍、河内郡太守王匡屯河内郡；冀州牧韩馥屯邺县，负责后勤粮草供应；豫州刺史孔伷屯颍川郡；兖州刺史刘岱、陈留郡太守张邈、广陵郡太守张超、东郡太守桥瑁、山阳太守袁遗、济北国相鲍信以及曹操屯酸枣；后将军袁术屯汝阳。

车骑将军仅次于大将军和骠骑将军，相当于全国武装部队副总司令，袁绍的这个职务是他自称的，称表奏或遥拜，除他以及被朝廷免职的曹操外，其他人的职务倒是货真价实的。

关东联军活动的地区非常大，从黄河北岸的河内郡一直到洛阳以南的汝阳郡，正好是一个弧形包围圈，在洛阳以东形成一条千余里的战线。

在长沙郡当太守的孙坚没有被邀请参加关东联军，原因可能是长沙郡地处偏远，消息闭塞，也可能是他跟袁绍、袁术等人素无来往，人家没想到他，这让孙坚很着急。

孙坚已经尝到了乱中取势的甜头，现在机会来了他怎能袖手旁观，于是立即率本郡兵马火速北上，参加会盟。

当时像孙坚这样的地方实力派，一部分参加了关东联军，大部分按兵不动持观望态度，一小部分站在董卓的一边，孙坚毫不犹豫地选择反对董卓，反映出他对政局有着准确的判断。

其实，他与关东联军没有来往，跟董卓却是老熟人，他们曾经是同事。

四年前，孙坚在凉州前线与羌人作战，当时的总指挥是车骑将军张温，孙坚在他手下当参谋（参军事），董卓那时候的军职是中郎将。

董卓从小在凉州长大，手里握有兵权，一向傲慢无礼，不服指挥。张温是与“凉州三明”齐名的一代名将，但董卓也不买他的账。据《三国志》记载，一次张温拿着天子的诏书召唤董卓，董卓过了很久才慢悠悠地来了，张温批评了董卓几句，董卓根本不服气，于是二人闹得很不愉快。

孙坚实在看不下去，走到张温面前对他耳语道：“董卓不知错反而态度不恭，应该治他奉诏不到罪，按军法把他斩了（卓不怖罪而鸱张大语，宜以召不时至，陈军法斩之）。”

如果张温听了孙坚的建议，董卓的小命就没了。凉州军表面凶悍，实际上没有多少头脑，而且很实际，别看董卓在时大家唯唯诺诺，董卓一死大家肯定会另寻新主，仍然会听上面的话，没有多少人会为他报仇拼命。

可惜张温不了解凉州军的特点，而且他还是个出了名的好脾气。以前陶谦在他手下也当过参谋，陶谦并不是印象中的谦谦君子，年轻时又倔又赖，敢在酒桌上跟张温叫板，严重藐视领导，但张温最后也没把陶谦怎么样。

张温小声对孙坚说：“董卓向来在凉州一带有威名，现在杀了他，再在西边用兵就少了依托（卓素著威名於陇蜀之间，今日杀之，西行无依）。”

孙坚见张温不敢，仍不放弃，又历数董卓三大罪状，让张温下决心。张温仍然不敢，对孙坚说：“你赶快下去吧，时间长了董卓会起疑心（君且还，卓将疑人）。”

《江表传》记载，身在长沙郡的孙坚听说董卓把持了朝廷，拍着胸脯叹息道（拊膺叹曰）：“张公当初听我的，朝廷哪来今天这份灾难？”孙坚很了解董卓的为人，知道这家伙心狠手辣做人没底线，也知道他最终成不了事，所以不会跟他走。

长沙郡归荆州刺史部管，荆州刺史名叫王睿，孙坚平时对他很反感，荆州刺史部所辖的武陵郡太守曹寅跟王睿也有矛盾，现在乱了起来，董卓忙着跟关东联军作战，顾不上地方的事，曹寅就找到孙坚，二人一合计，就把王睿杀了。

之后，孙坚继续引兵北上，到达荆州最北面的南阳郡，南阳郡太守张咨政治上也站在关东联军一边，当年是袁绍等人密派他出来建立根据地的，本来是友军，可是对孙坚的到来却不大欢迎。

据《三国志》记载，孙坚给张咨写了封信，要求提供军粮。这让张咨很不爽，跟下面的人商量，大家认为孙坚不过是本州另一个郡的太守，大家平起平坐，互不隶属，无权调发粮饷。张咨认为言之有理，对孙坚不加理睬。

这下子孙坚急了，这么多兵马，没有吃的一下子不得乱了？孙坚刚杀过刺史，本不想再动刀，不过现在被逼到这个份上，又动了杀心。孙坚先备了礼物拜访张咨，按照礼节，次日张咨也要备下礼物前来答谢，就在孙坚军营里的酒桌上，孙坚突然发难，将张咨斩杀。

《吴历》的记载有所不同，说孙坚到南阳郡，张咨既不给军粮，又不肯见孙坚。孙坚欲进兵，又恐有后患，就诈称得了急病，在军营里呼迎巫医，祷祀山川，又派心腹密告张咨，说孙坚得了不治之症，下面的人想把兵马献给张咨。张咨信了，带着五六百骑兵来到孙坚军营。孙坚躺着与他相见，说了几句，突然跃起，按剑大骂张咨，把他斩杀。

不管怎么说，短短几天里连杀刺史和太守，造成了极大的震动。尤其是张咨，并不是董卓的人，跟关东联军素有交情，把他杀了，还想参加关东联军就不好说了。这时，孙坚听说后将军袁术就在离此不远的鲁阳，立即前往拜见。

袁术是个花花公子，名气不小，头衔挺大，心气也很高，但却没有多少真本事。自从到了南阳郡，局面一直打不开，正在郁闷之际，听说来了个猛人孙坚，连杀王睿、张咨，袁术不禁暗自吃惊，担心这小子杀红了眼，会不会把刀舞到自己头上来。

哪知孙坚主动前来拜访，并表示愿意听从他的指挥，态度极为恳切，袁术确定孙坚不是忽悠自己之后，大喜过望，立即表奏孙坚为破虏将军，兼任豫州刺史，以鲁阳为基地休整人马，准备北伐。

袁术的后将军是袁绍表奏的，袁术又表奏孙坚，天下确实乱得没谱了。袁术的后将军是所谓四方将军之一，相当于南方军区总司令，破虏将军是杂号将军的一种，相当于军长。

袁术表奏孙坚的豫州刺史很有问题，豫州刺史部现在并不在他们控制范围内，豫州刺史也没有空缺，在十一路反董卓的盟军中，豫州刺史孔伷是其中的一路，他目前带兵驻扎在颍川郡，袁术这么做，不光为对付董卓，还包藏着抢友军地盘的用意。

果不其然，接下来在与董卓所部凉州军交战的同时，袁术还指挥孙坚与关东联军其他部队发生了冲突，展开了一场乱战。

在与凉州军交锋中，孙坚先后与胡轸、吕布、徐荣等交过手，也打过败仗，最险的一次差点送命，也打过胜仗，斩杀了凉州军的悍将华雄。董卓不怕其他那些联军，独对孙坚这个老同事很头疼，让人悄悄送去信，表示希望和解，并提出合亲的请求，却遭到孙坚的断然拒绝。

董卓被迫迁都长安，孙坚向洛阳发起进攻，守城的吕布败走，孙坚由洛阳南门之一的宣阳门攻入城，将洛阳收复。洛阳此时已是一片废墟，就连南宫和北宫也荒无人烟，孙坚命令士兵打扫宫殿、太庙的卫生，整理被破坏的诸陵，并意外地在一口井里发现了传国玉玺。

《江表传》记载，董卓命令吕布撤出洛阳前搞了一次大破坏，孙坚看到洛阳周围方圆几百里成为无人区（数百里中无烟火），不禁落下泪来（惆怅流涕）。

《吴书》记载，孙坚是在城南甄官井上发现传国玉玺的，当时这口井上闪出五色之气，大家都不敢靠近打水，孙坚命人入井，发现了这枚传国玉玺，玉玺四寸见方，纽上雕着五条交织在一起的龙，玺上印着“受命于天，既寿永昌”八个字。

孙坚本想追赶吕布，但袁术命他火速回军，因为后方不稳，南阳郡有被他人吞并的危险，孙坚只好撤军。

荆州刺史王睿被孙坚杀了，袁术、孙坚忙着北攻洛阳，又惦记着跟其他各路联军抢地盘，忽视了荆州，结果让董卓钻了个空子，派了个人到荆州当刺史，此人名叫刘表。

刘表字景升，既是汉室宗亲，又是名师王畅的学生，年轻时就有了不小的名气，和老师王畅并列“八俊”之一。何进掌权时，刘表是他手下的北军联席参谋长（北军中侯）。

董卓派刘表到荆州，是希望能在袁术、孙坚的后面搅和一下，但他也没抱太大希望，因为他给刘表的只是一纸任命，没有一兵一卒。不过，刘表很不简单，单人匹马到了荆州，取得的成果远远超出了董卓的期望，没用多长时间居然把袁术和孙坚的势力挤出了荆州。

有一本叫《战略》的书对刘表创业的经过作了详细记述。当时荆州一代拥兵自重的人很多，袁术、孙坚自不用说，还有苏代、贝羽、张虎、陈生、蒯越、庞季、蔡瑁、黄祖等人。荆州刺史部的治所原来在汉寿（今湖南省常德附近）。刘表一个人先到了宜城（今湖北省宜城市），有一个跟他同在何进大将军府共过事的老朋友蒯越就在这里。

在蒯越的支持下，蒯良、蔡瑁、庞季、黄祖等都来投奔刘表。刘表向他们请教取得整个荆州的策略，蒯良认为取荆州重点是取南郡，取南郡重点是取襄阳，只要守住襄阳，奉行仁政，安顿百姓，荆州其他各郡可传檄而定。

蒯家、蔡家在襄阳一带很有实力，在他们的协助下，刘表迅速控制了南郡的大部分地区，只剩下张虎、陈生领兵守在襄阳。蒯越和庞季二人进城，劝说他们投降，于是刘表占据了整个南郡。

刘表把荆州刺史部的治所索性搬到襄阳来，不再去汉寿就任。正如蒯良分析的，南郡平定之后，不费一兵一卒，荆州的江夏郡、长沙郡、武陵郡、零陵郡、桂阳郡都归顺了刘表，荆州七郡中，只有南阳郡在袁术控制之下。

此时，袁术坐镇鲁阳，孙坚北伐一路势如破竹，攻占了洛阳，荆州来了个刘表让袁术很不爽。讨伐董卓是大家的事，保住地盘却是自己的事，袁术命令孙坚火速回师，商议对策。

初平二年（191 年），袁术派孙坚出兵攻打襄阳，刘表派手下将领黄祖在樊城、邓县一带迎击，黄祖不是孙坚的对手，被打得大败。孙坚率军渡过汉水，包围了襄阳。刘表闭门不战，同时派黄祖乘夜出城调集军队再战，结果又被打败。

据《三国志》和《典略》记载，刚过了新年，即初平三年（192）年初的一天，黄祖败逃至襄阳西郊的岘山。孙坚追击途中遭黄祖手下人从竹林间发射暗箭的袭击，居然中箭身亡！

《英雄记》的记载有所不同，认为与孙坚交战的不是黄祖而是刘表手下另一位叫吕公的将领，孙坚追击吕公，进入山中，吕公命人用石城攻击孙坚，孙坚头部被石块击中，当时脑浆迸裂（应时脑出物故）。

《英雄记》还说，孙坚死的这一天是正月初七，但《英雄记》与其他史书记载不同，认为孙坚死于初平四年（193 年）。

《英雄记》的作者王粲是刘表老师王畅的孙子，后来曾在荆州生活多年，按说他的记载更可靠。不过，综合史书的其他记载来看，孙策和孙权其后一直把黄祖当作仇人，多次讨伐黄祖，最后把他杀了，《三国志》和《典略》的记载应该更可靠。

创立基业

吴夫人和孙策等兄弟得知孙坚的死讯，悲痛之余仍感到深深震惊，根本不相信这是真的。但是，这是真的。

此时，孙策十七岁，孙权十岁，三子孙翊八岁。除他们兄弟三个，吴夫人还为孙坚生下第四个儿子，取名孙匡。除了四个儿子，吴夫人还为孙坚生下至少两个女儿，名字不详。

据《吴录》记载，孙坚还有一个儿子叫孙朗，又名孙仁，年龄最小，并非正妻吴夫人所生（庶生也）。

孙坚死时吴夫人母子已不在寿春，而到了舒县，即今安徽省庐江县。寿春县属九江郡，舒县属庐江郡，二者相距数百里。

寿春靠近北面，离战乱地区较近，舒县距长江不远，相对安全些。举家迁往舒县是孙策的主意，他把母亲和弟弟们接到舒县居住，除了安全上的考虑，还因为这里有一个好朋友。

这个人就是周瑜，字公瑾，舒县本地人。周家在舒县是第一大户，他祖父的兄弟周景当过朝廷三公之一的太尉，周景的儿子周忠此时正在长安的朝廷任职，先担任太尉，后改任卫尉。周瑜的父亲周异当过洛阳县令。周景在士人中名望很高，曾经提拔过李膺、陈蕃、杜密、荀绲、朱寓等著名党人。

据《江表传》记载，孙策虽然年纪不大，但性格豪爽，喜欢结交朋友，有一定的名气（交结知名，声誉发闻）。周瑜和孙策同年，长得相貌英俊，才能出众而且早熟（亦英达夙成），听说孙策的名声，专程从舒县到寿春拜访，于是互相推让着结为异姓兄弟（推结分好，义同断金）。

周瑜劝孙策迁居舒县，孙策答应了。到舒县后，周瑜把府里最好的南大宅让给他们住，两家成为通家之好。

由于年龄还小，孙策和弟弟们没有随父亲在外征讨，跟随孙坚的，除了程普、徐琨、黄盖、韩当、朱治这些将领外，还有孙河、孙贲、孙辅等几位孙氏族人。孙河是孙坚的族人，孙贲是孙坚的侄子，他的父亲是孙坚同父异母的弟弟，孙辅是孙贲的弟弟。

孙坚死得很突然，没有任何征兆，也没有留下任何政治遗言，大家便推孙贲为首领，整合孙坚旧部。孙贲无心再与刘表作战，扶送孙坚的灵柩回依袁术。

孙坚此时手下已经有了不少人马，人数应该在数万之间，是袁术集团的主力。此时袁术已离开了鲁阳向豫州、扬州一带发展，把大本营安在了孙策母子刚刚离开的寿春。孙坚之死一方面是袁术的一大损失，袁术称雄前期主要依靠的是孙坚；另一方面，孙坚死了也让袁术觉得更安心，他可以借机吞并孙坚的旧部。

袁术表奏孙贲为豫州刺史，让他继续带领孙坚旧部，但私下里却找各种借口把这些队伍打乱，组编到其他各部。到后来，袁术索性改任孙贲为丹阳郡都尉，让他到江南打游击去，孙坚拉起来的队伍，全部让袁术黑了。

在孙策众兄弟的护送下，孙坚的灵柩被移送到曲阿安葬。

曲阿属今江苏省丹阳市，当时也归吴郡管辖，距孙氏祖籍富春县有几百里远，距孙坚的封地乌程县也隔着一个太湖。孙氏的祖坟在富春，孙坚为何安葬于曲阿？对此史书未有交代。

有一个说法是，自孙坚的父亲开始，他们这一支便迁往曲阿居住，这种说法存于一些地方史志中，正史没有说明。

孙坚乌程侯的爵位按规定可以世代继承，继承这一爵位的一般是嫡长子。但孙策却主动让给了弟弟，孙权、孙翊也不要，就给了四弟孙匡。

处理好父亲的后事，孙策又带着母亲和兄弟们渡过长江，到了位于长江北岸的江都县。周瑜曾向孙策推荐一个人，名叫张纮，周瑜说这个人很有眼光和头脑，建议孙策向他多请教。

父亲死后，正在上升的孙氏事业突然中断，下一步该何去何从，孙策还没有明确的打算，不知道该怎么办，正好向张纮请教。

张纮字子纲，徐州刺史部广陵郡人，早年上过太学，拜名师韩宗专习《易经》和《尚书》，成为一名学者。但这个人不读死书，喜欢把书本知识活学活用，视野开阔，看问题很有见解。孙策大老远跑去找他，正逢张纮因为母丧在家守孝。他见到了张纮，说明来意后，却被张纮婉言拒绝了。

孙策很着急，据《吴历》记载，孙策急得涕泪横流，对张纮说："久闻您的大名，今天的事，只有您能给拿个主意（今日事计，决之于君），请您务必给出个主意，以不负我对您的高山之望。如果我能微志得展，血仇得报，这是您的功绩，也是我心中所望啊！"

孙策的真诚打动了张纮，张纮帮孙策对形势进行了分析，指出了孙策下一步的行动方案。这段话很重要，有人认为是孙吴版的"隆中对"，因为这次谈话的地点在广陵郡的江都，也被称为"江都对"。

张纮说："从前周朝国运衰落，但是有齐国、晋国一起来光复它，这是诸侯王应尽的职责。现在您继承了令尊的事业，又有骁勇善战的名望，如果现在投奔丹阳郡，在江南的吴郡、会稽郡一带发展，那么扬州、荆州日后也不在话下，你的家仇也可以得报（若投丹阳，收兵吴会，则荆、扬可一，雠敌可报）。之后据守长江，奋威德，诛除郡秽，匡辅汉室，功业岂不跟当年的齐桓公、晋文公一样？如果是这样，我愿意结盟同好，渡江辅佐将军。"

孙策听了，如梦方醒，更激动不已。

在这个规划中，张纮告诉孙策不要在袁术跟前耽误时间了，应该及时向长江以南发展。扬州刺史部有六个郡，其中江北二郡，分别是庐江郡和九江郡；江南四郡，分别是丹阳郡、吴郡、会稽郡和豫章郡。袁术移师寿春后，江北二郡已经基本为其掌握，而江南四郡，则基本上不在袁术掌握之中。

江南四郡的太守分别是吴景、许贡、王朗和诸葛玄。吴景和诸葛玄名义上属袁术，但吴景是孙策的舅舅，加上郡中的都尉孙贲是孙策的堂兄，丹阳郡具有很大的独立性。袁术表诸葛玄为豫章郡太守，但豫章郡形势很混乱，各种势力都想染指，诸葛玄后来也被杀了，袁术对豫章郡其实缺乏有效控制。

还有一个扬州刺史刘繇，袁术来寿春后把他赶到了江南，可以看作是袁绍在袁术身后布下的一颗子，袁术必欲除之而后快。会稽郡太守王朗，原是陶谦的属下，是在长安的朝廷正式任命的太守，政治倾向不明朗，还算不上袁术阵营里的人。

总之，江南四郡此时正是一团乱象，群龙无首，而袁术想一口吞下又力不从心，其他势力相距较远，鞭长莫及。所以，张纮劝孙策南渡长江，以条件较为成熟的丹阳郡为基地，统一江南，之后虎视荆、扬，成为一方霸主。

孙策认为有理，把母亲和兄弟们安顿在江都，托张纮照料（以老母幼弟委付），之后跑到寿春，见到袁术，想要回父亲留下来的旧部，之后渡江南下。

据《江表传》记载，袁术很欣赏孙坚的这个儿子，曾对别人说："假如我有孙伯符这样的儿子，死又何恨（使术有子如孙郎，死复何恨）?"但是，袁术压根不肯交还孙坚旧部。孙策找得多了，袁术就出了个主意，说丹阳郡是出精兵的地方，你的舅舅在那里当太守，你不如到丹阳郡去募兵。

孙策无奈，渡江去了丹阳郡。丹阳郡太守吴景是吴夫人的弟弟，孙坚起事后，孙氏族人也借势起家，吴景因为姐夫孙坚的带动，也逐渐成长为太守，推测起来，这个太守可能是袁术所任命。

孙策在舅舅的帮助下，很快募得几百人，但是他带着这支队伍到泾县一带时，遭到当地土匪祖郎的袭击，队伍被打散，孙策险些丧命。泾县，就是后来皖南事变的发生地，看来这里地势险峻，自古以来行军至此就很容易遭遇埋伏。

孙策募兵无果，又回到寿春，隔三岔五就去找袁术要他爹留下的队伍，袁术被他弄烦了，就把孙坚当年队伍里还没有被拆散的一千多人还给了孙策。这支队伍人数虽然不多，但是其中包括了韩当、程普、徐琨、黄盖、朱治等人，对孙策的意义非同一般。

袁术把人给孙策是有条件的，他让孙策帮助自己平定九江郡，并答应事后任命孙策为九江郡太守。孙策给袁术出了力，但到头来袁术却任命陈纪为九江郡太守。

袁术又让孙策帮他平定庐江郡，并且特别说明，上次食言是自己的不对，这回一定任命孙策为庐江郡太守。孙策又帮助袁术平定了庐江郡，但袁术像是得了失忆症，再也不记得当初说过的话，任命刘勋为庐江郡太守。

摊上这种朝三暮四、毫无信誉可言的领导，孙策真的觉得很受伤，也很无奈，他决心彻底离开袁术，按照张纮的建议到江南发展。

据《江表传》记载，孙策对袁术说："我们孙家在江东一带还有一定号召力（家有旧恩在东），我愿意到江南去，协助舅舅吴景平定江南各郡，到时候至少可以为您募得三万甲士，助您完成匡辅汉室的大业（可得三万兵，以佐明使君匡济汉室）。"袁术一定大为高兴，准许孙策提出的行动计划。

大约在兴平二年（195 年）初，孙策渡过长江，开始了自己的拓疆之旅。

横扫江东

长江流到安徽境内时有一段向东北方向斜流，古人习惯以此段江为标准确定东西和左右。把今天安徽省芜湖以下的长江下游南岸地区，即苏南、浙江北部、皖南部分地区以及今江西的赣东北称作江东。古人以东为左，以西为右，江东又称为江左，江西则称为江右。

孙策准备渡江作战时手下兵马少得可怜，士卒仅一千多人，骑兵更少，不到百人，此外，还有几百人愿意追随他（兵财千馀，骑数十匹，宾客原从者数百人）。

不过，正如孙策说的那样，孙氏在江东的确有不小的影响力。听说乌程侯的儿子回来了，许多人跑来投奔。孙策渡江的地点在九江郡的历阳，即今安徽省和县，他到达那里时，手下已聚集起数千人。

此时，孙策的母亲以及孙权等诸弟已不在江都，他们又回到了曲阿。孙策派人把他们接到了历阳，后来安置于江北的阜陵，这样，他今后在江东的行动就没有后顾之忧了。

《江表传》说，精于盘算的袁术之所以答应孙策向江东发展，一方面缘于九江郡、庐江郡两个太守都让孙策落了空，孙策心里必然不满（术知其恨）；另一方面，袁术分析了江东的形势，认为江东现在也是诸侯割据的局面，吴郡有刘繇，会稽郡有王朗，孙策不一定能战胜他们，所以才答应（刘繇据曲阿，王朗在会稽，谓策未必能定，故许之）。

其实，当时的江东比袁术想的还复杂，形势更严峻，大的割据势力至少有七股之多。

一是袁术所说的扬州刺史刘繇。他是汉室宗亲，关东十一路联军中的兖州刺史刘岱是他的哥哥。刘繇的扬州刺史是朝廷任命的，他的治所本在寿春，可那里已被袁术占领，刘繇便渡江来到丹阳郡。丹阳郡由吴景、孙贲控制，是袁术的势力范围，袁术让吴景阻击刘繇，刘繇退到吴郡，以曲阿为大本营。由于他是货真价实的刺史，又是汉室宗亲，所以有一定号召力。

二是山贼严白虎。白虎是他的绰号，真名不详，他的祖籍就是孙氏的食邑地吴郡乌程县，他和弟弟严舆聚众万余人，屯聚于乌程等地。

三是地方实力派邹他、钱铜、王晟。邹他和钱铜也是吴郡人，王晟是嘉兴人，担任过交州刺史部合浦郡太守，跟孙坚关系还挺好（有升堂见妻之分），这几个人分别聚众数千到一万多人，结成同盟，也盘踞于吴郡境内。

四是吴郡太守许贡。吴郡太守本是盛宪，许贡是他手下的都尉，后来盛宪因病离职，许贡接任。盛宪的太守是朝廷任命的，许贡的太守可能是袁术所表，对孙策来说，与刘繇一样，这也是敌人。

五是会稽郡太守王朗。会稽郡在吴郡的南面，也是一个大郡，太守王朗是北方人，一个名士，早年曾在徐州刺史陶谦手下任职，后被朝廷正式任命为会稽郡太守，在政治版图中不属于袁术集团。

六是丹阳郡地方宗帅祖郎。祖郎是丹阳郡的陵阳县人，在地方上很有势力，拥兵自重，孙策之前到丹阳郡募兵，在泾县附近被袭击，就是祖郎干的。

七是豫章郡太守华歆。豫章郡也是扬州刺史部辖下的江南四郡之一，郡治在南昌县，即今江西省南昌市，它的面积很大，大体相当于现在整个江西省。华歆的情况有点像王朗，也是北方人，一个名士，由朝廷所任命，袁术一直打着豫章郡的主意，后来还表奏自己的好友诸葛玄到豫章郡任太守，这个诸葛玄是诸葛亮的叔父。

以上这些人，或官或匪，或明或暗，都有不小的势力，孙策所能依靠的，只有丹阳郡太守吴景和担任丹阳郡都尉的孙贲，不仅袁术不看好他，当时大多数人也没有把他当回事。

兴平二年（195 年），孙策开拓江东之战开始了，首战目标选择的是扬州刺史刘繇。

数股势力中之所以从刘繇下手，主要考虑的是袁术一向不满刘繇，早有吞并之意，攻打刘繇可以获得袁术最大程度的支持。同时，在这些割据势力中，刘繇不仅官职最大，而且影响力很大，打败刘繇，可以迅速在江东立威。

不过，刘繇也非等闲之辈，他虽然退居曲阿，但还有两个盟友和一个帮手，不太好对付。两个盟友分别是彭城相薛礼和下邳相笮融，一个帮手是名将太史慈。

彭城和下邳都属于江北的徐州刺史部，薛礼和笮融跟徐州刺史陶谦闹翻，分别率所部南下，薛礼所部屯扎在秣陵，即今江苏省江宁县一带，笮融所部屯扎在秣陵县以南，他们与曲阿的刘繇结成同盟，互为犄角之势。

太史慈字子义，青州刺史部东莱国黄县人，在郡政府当过奏曹史这样的基层官吏，后来由于得罪了上级避难辽东。名士孔融担任北海国相，听说太史慈的名气，多次派人拜望太史慈的母亲，送上厚礼。后来黄巾军起事，把孔融包围起来，太史慈刚好从辽东回来，就主动跑到孔融那里效力，后来又冒死突围，向附近的平原国相刘备求援，救了孔融一命。

太史慈身高七尺七寸，合如今一米八以上，在当时属于大个子。他美须髯，猿臂善射，弦不虚发，是个神射手，打起仗来非常勇敢，在与黄巾军作战中扬名。

孔融后来无法在地方上立足，被曹操召唤去了朝廷任职，太史慈无事可做，想起同郡刘繇在扬州任刺史，就跑来找他，刘繇派他负责侦察敌情（使慈侦视轻重）。

孙策进攻刘繇，先攻击笮融，斩首数百级，笮融闭营不出。孙策又攻击薛礼，薛礼突围而走，孙策又回过头来攻笮融。

战斗进行得十分激烈，据《江表传》记载，战斗中孙策被流矢所中，伤到了大腿，不能骑马，被大家用步舆推着回了营。有人报告笮融，说孙策中箭已死，笮融大喜，派部将于兹攻击孙策，孙策一面派人迎战，一面在敌人后面设伏，大破之，斩首千余级。

打败笮融和薛礼后，孙策率兵来攻刘繇，先后攻克了刘繇控制的海陵、湖熟、江乘等地，刘繇无法立足，率余部从长江上乘船逃往豫章郡辖下的彭泽。

据《三国志》记载，孙策曾与太史慈在战场上相遇，当时太史慈是一个人，而孙策身后有十三个人（策从骑十三），其中包括韩当、黄盖等人，太史慈毫不畏惧，上来便斗，孙策刺向太史慈的战马，交战中二人互有胜负，孙策夺得太史慈挂在脖子上的手戟，而太史慈抢走了孙策的头盔（揽得慈项上手戟，慈亦得策兜鍪）。

笮融后来也到了豫章郡，跟刘繇发生了矛盾，二人内讧。再后来，刘繇病死，笮融被部下所杀。

太史慈先跟随刘繇，后到了芜湖山中，自称丹阳郡太守，驻扎在泾县，设屯立府，山越归附。

站稳脚跟后，孙策一一消灭了盘踞在吴郡各地的许贡、严白虎以及邹他、钱铜、王晟等部，除王晟与孙坚有旧交，又有吴夫人帮助说话因而免于一死外，其他诸人及整个家族都被杀了（族诛）。

吴郡全境被孙策控制，孙策任命部将朱治为吴郡太守，下令整顿军纪，不得侵犯百姓，受到百姓的欢迎（军士奉令，不敢虏略，鸡犬菜茹，一无所犯，民乃大悦，竞以牛酒诣军）。

孙策又率兵向南，攻打会稽郡。会稽郡太守王朗的功曹虞翻建议避其锋锐，王朗不接纳，坚持守护城池到底，领兵对抗，最后被孙策击败。王朗从海上向南逃跑，打算去交州，在东冶被孙策的人马截住，只得投降，孙策自兼会稽郡太守。

王朗与严白虎、许贡等人不同，他是北方人，在当地没有宗族势力，又是名士，还是朝廷任命的官员，所以孙策没有杀他，把他软禁在曲阿。据《汉晋春秋》记载，孙策曾派长史张昭前去劝王朗为自己效命，王朗不从。

王朗手下的功曹虞翻投降，孙策仍任命其为郡里的功曹。虞氏是会稽郡大族，在当地很有影响，虞翻很有学问，在地方上知名度很高。孙策把虞翻当成朋友，并亲自到府上拜望（待以交友之礼，身诣翻第）。

孙策在江东的进展让袁术大吃一惊，江南四郡转眼间孙策已据有其三，这是袁术不愿意看到的，于是他在背后搞了个小动作。

袁术派人带上印绶秘密潜入丹阳郡境内，与宗帅祖郎等人接上头，让他们挑动山越与孙策对抗。祖郎还与太史慈联起手来，结成同盟。孙策率军来攻，先擒祖郎，后收服太史慈。

现在只剩下一个豫章郡，笮融和刘繇已死，豫章郡还是华歆控制，孙策先后派太史慈和虞翻前去游说，华歆投降，被孙策礼为上宾。孙策让丹阳郡都尉孙贲过来担任豫章郡太守。

现在，丹阳郡太守是舅舅吴景，吴郡太守是部将朱治，豫章郡太守是堂兄孙贲，会稽郡太守由自己兼任，扬州刺史部的江南四郡尽归掌握，实现这一切只用了四年多的时间。

随兄征战

建安二年（197 年）春天，袁术不顾众人的反对，在寿春正式称帝。他这个皇帝很奇怪，既没有宣布国号，也没有下诏改元，也不自称天子，而称“仲家”。

这是袁术玩的伎俩，意思是自己并没有真正当皇帝，以减轻政治上的压力。但是，他的把戏被大家一眼看穿，因为除国号、年号这些外，其他一切方面袁术都按照真皇帝的样子做了，他改九江郡太守为淮南尹，类似于西汉的京兆尹和东汉的河南尹，寿春成了“京师”，他在这里任命公卿，建皇宫，设祠庙、明堂。

当初孙坚在洛阳意外得到传国玉玺，孙坚死后，此玺一直由吴夫人保管。孙策在袁术手下效力期间，袁术得知此事，曾把吴夫人拘禁起来，逼迫她交出了传国玉玺。袁术得此，认为正是天命所归。

袁术称帝是汉末最重要的政治事件之一，一时震动全国。当时，北方的割据局势已渐趋明朗，袁绍逐渐消灭公孙瓒，占据了幽州、青州、并州和冀州，地盘最大，人马最强。曹操打败了陶谦，占据了兖州以及豫州、徐州、司隶校尉部三州的各一部。董卓挟持朝廷迁都长安，后被王允、吕布等人杀死，凉州军阀展开混战，汉献帝趁乱东归，被曹操迎接到许县。在曹操看来，许县才是唯一合法的朝廷，为了维护新朝廷的权威，曹操自然不遗余力地要对袁术进行讨伐。

袁术本来有两大盟友，一个是仍占据在徐州的吕布，一个是江东的孙策。但是因为他贸然称帝，全国一片愤怒，这两个盟友也公开与他决裂。

对孙策来说，本来就要找机会脱离袁术，现在袁术自己把机会送了过来，袁术称帝后，孙策立即写了一封信给予强烈谴责并断绝关系（以书责而绝之）。这封信有一千一百多字，在书信体文书里算是很长的了，写得洋洋洒洒，最早收录于《吴录》一书中，信中细数袁术九大罪状，说他连董卓都不如，以董卓的狂狡，在废主自立问题上仍然不敢擅为，而袁术竟然干出这种大逆不道之事。《吴录》称这封信是张纮代笔，《典略》认为代笔的是张昭。

跟袁术决裂以后，孙策转而加紧了和许县朝廷的联系。据《江表传》记载，孙策主动派刘由、高承为特使到许县朝奉进贡。

曹操见到孙策派来的使者特别高兴，拉拢孙策可以瓦解袁术的联盟，孙策如再能从背后夹击袁术，袁术岂不死得更快？为此，曹操以汉献帝的名义，派议郎王誧为特使前往江东，对孙策勇于同逆臣做斗争的行为给予表彰。《三国志》说，曹操以天子的名义拜孙策为讨逆将军，封吴侯。

吴侯也是个县侯，爵位不低。孙坚曾经被拜为乌程侯，但孙策让给了弟弟孙匡，现在孙氏就有了两个县侯，并且都是朝廷正式拜封。

《江表传》的记载略有不同，它称曹操虽然给了孙策很高的爵位，但开始所拜的职务并不高，只是个骑兵师长（骑都尉）。

孙策那时候虽然还没有完全平定江东四郡，但至少已有两三个郡，骑都尉连个郡太守都抵不上，顶多是个大校师长。孙策觉得这个职位有点低，派人私下游说王誧（使人讽誧），王誧倒挺不简单，在来不及请示汇报的情况下当机立断，自己作了回主，重新拜孙策为明汉将军。

后来，曹操为进一步拉拢孙策，还与孙氏结成亲家，曹操把自己弟弟的女儿许配给孙策的弟弟孙匡，又为自己的儿子曹彰娶孙贲之女（以弟女配策小弟匡，又为子彰取贲女）。

当时，有个叫陈瑀的屯驻在长江以北的海西一带，他是袁术的人，曹操让孙策讨伐这股敌人。孙策领命，率军渡江作战。

陈瑀那边却先下了手，派人悄悄来到江东，准备趁孙策主力渡江之际从背后攻击。这件事幸亏被孙策察觉，派吕范、徐逸攻打海西的陈瑀，自己留在江东对付敌人。《山阳公载记》称，陈瑀最后被打败，只身一人逃走。

吕范、徐逸大败陈瑀，俘获包括陈瑀老婆孩子在内的四千多人，孙策为讨袁行动实实在在地出了力。

袁术这个皇帝没当多久，建安四年（199 年）6 月，大约在孙策领兵征讨祖郎、太史慈的前后，袁术众叛亲离，走投无路，死在寿春附近一个叫江亭的地方。

袁术死时，只有堂弟袁胤、女婿黄猗在身边，袁术的后事便由袁胤和黄猗来料理。袁胤等人害怕曹操，不敢回寿春，就率剩下没有走的人以及袁术的老婆、儿女投奔袁术的旧部庐江郡太守刘勋。

刘勋虽然是袁术任命的，为此袁术还不惜得罪了孙策。但刘勋跟曹操关系相当亲密，推测起来他们二人年轻时在洛阳便相识。

袁术的另外一批旧部，在杨弘、张勋等人带领下准备渡江投奔孙策，随身还带着袁术积攒下来的大量珍宝。刘勋得知，在半道上对他们进行了伏击，把他们全部俘虏，缴获了这些珍宝。

孙策得知大怒，欲除刘勋，正好把势力扩充到江北。他假装与刘勋结好，并且向刘勋提供情报，说豫章郡有一块地盘与庐江郡隔江相望，上面有当地土著居民结伙聚守，孙策表示刘勋如果能打下来，这里就归他。

刘勋刚刚兼并了袁术不少旧部，人马骤增，正要干一番大事业，没有看出来孙策的计谋，于是按照孙策提供的情报渡江作战。

待刘勋到了江南，孙策亲率一支快速机动部队（轻军）趁夜到了江北，来到刘勋的大本营庐江郡治所皖城，没怎么费劲就打下了皖城，刘勋的部下全部投降。刘勋这才发现上当了，但无计可施，身边只有几百个人，在庐江郡一带无法立足，只好跑到许县投奔老朋友曹操去了，孙策任命李术为庐江郡太守。

李术是什么出身，不太清楚，此人的政治倾向却很有问题，孙策的这项任命，为日后惹出了大麻烦。

袁术的老婆孩子此时也在皖城，根据《后汉书》记载，孙策把袁术的女儿许给了弟弟孙权，袁术的儿子袁曜后来入仕吴国，担任过郎中等职。

这一年孙权十七岁，没想到自己会成为袁术的女婿。

不过，袁术的女儿并非孙权的正妻，应该是妾。此前，由母亲吴夫人做主，孙权已娶谢氏为妻，而且很爱这个妻子（爱幸有宠）。

谢氏是会稽郡山阴县人，父亲谢煚当过朝廷的尚书郎，后来又当过县令。谢氏有个弟弟叫谢承，是个史学家，他也写过一部《后汉书》，有一百多卷，很有名气，不过谢承版的《后汉书》现在大部分已佚散。

孙策在皖城之战中的另一大收获是得到了本地美女大乔。大乔名字不详，她的父亲人称乔公，此人常和曹操年轻时关系密切的前司徒梁国人桥玄混淆。据《三国志》和《江表传》记载，这个乔公有两个女儿，大乔还有一个妹妹称小乔。二乔是出名的美女（皆国色也），孙策自纳大乔，小乔嫁给了好友兼部将周瑜。

皖城之战，孙策还惦记着一样东西，但事后怎么找都没有找着，这就是传国玉玺。

袁术逼迫吴夫人交出传国玉玺，一直视为珍宝，按理说应该带在身边，死后最有可能在他夫人或者儿女身上，他们现在都落到了孙策手里，但孙策一问，却没有。

孙策怀疑是刘勋拿走，给曹操当见面礼去了。

这件让很多人惦记的东西不久后确实神秘地出现在了曹操那里，但不是刘勋献上的，据史书记载，献出它的人叫徐璆。

徐璆是个老臣，曾经是孙坚的同事，他们都跟着名将朱儁打过黄巾军，因为得罪宦官，虽然有功却被免官回家。后来又被启用，担任汝南郡太守，又改任东海国相。

曹操挟汉献帝到许县，征召各地有名望的旧臣补充朝廷缺员，徐璆也在征召之列，打算任命他为新朝廷的部长（九卿）。徐璆应召，但在前往许县的途中路过袁术的地盘，被袁术扣留，袁术的小朝廷也正缺有影响力的人装点门面，就把他留了下来，连升两级，授以上公之位。

徐璆坚决不从，以死相抗，袁术不敢再逼。不知中间发生了什么事，袁术死后传国玉玺到了徐璆的手上。徐璆后来辗转来到许县，献上玉玺，使这件本该属于汉室的东西重新回到主人手里。

孙权纳袁家小姐为妾时十七岁，在十五岁之前他还一直在母亲身边，主要的任务是读书，先后辗转过曲阿、江都、历阳和阜陵等地，其中在曲阿的时间更长些。

陪孙权读过书的有两位同龄人，一个叫朱然，一个叫胡综。

朱然字义封，是孙策手下重要将领朱治的外甥，本姓施，由于朱治早年没有儿子，便过继为子。为此，朱治专门请示过孙策，孙策命令所在的丹阳郡备厚礼前去迎接朱然，接来后又举行仪式进行祝贺。

朱然过继给朱治时十三岁，与孙权年龄不差上下。孙权在曲阿读书期间，一家人的生活主要由时任吴郡都尉、后任吴郡太守的朱治照料，朱治让朱然陪孙权读书，二人结下深厚情谊（然尝与权同学书，结恩爱）

胡综字伟则，他的祖籍是豫州刺史部的汝南郡，从小失去父亲，随母亲到江东避难，孙策兼任会稽郡太守时胡综才十四岁，已经来到郡政府做事，孙策看他很聪明，年龄又小，就让他到吴郡陪孙权读书（综年十四，为门下循行，留吴与孙权共读书）。

孙权读书到十五岁，不想再读了，想早点出来做事，孙策任命他为阳羡县县长。阳羡县即今江苏省宜兴市，现在是太湖西岸一座美丽的城市，排在全国百强县的前列，当时归吴郡管辖。

孙权在阳羡的时间不长，留下的记载不多，只有两条。

一条是说，孙权当这个县长有时钱不够用，就去与负责本郡财务工作的功曹周谷私下商量，孙策对财务工作一向管理很严，经常查阅账本，周谷就改写账簿，替孙权开脱（辄为傅著簿书，使无谴问）。

孙权年轻时是个花钱很大方的人，这大概与他喜欢结交朋友有关。在当县长之前孙权就经常感到钱不够花，那时候吕范替孙策管理财务，孙权偷偷跑去找吕范要钱，吕范与周谷不同，每次都向孙策报告。

据《三国志》记载，孙权开始挺喜欢周谷，不喜欢吕范，到后来掌了权，才体会到吕范的忠诚，对周谷反而不再重用（及后统事，以范忠诚，厚见信任，以谷能欺更簿书，不用也）。

另一条记载是，孙权在当阳羡县长期间，有个叫潘璋的人来投奔他。

潘璋字文珪，北方的东郡人，性格豪爽，嗜酒，家里很穷，经常赊酒喝，弄得债主经常堵他的家门，潘璋告诉大家等他发了财一定还（辄言后豪富相还）。孙权在阳羡时，潘璋开始追随，孙权特别喜欢他（权奇爱之）。

随着开拓江东步伐的加快，孙策任命孙权为奉义都尉，让他领兵随自己征战，孙策还让吴郡太守朱治举孙权为孝廉。孝和廉是本朝选拔官吏的两个科目，孝指孝子，本朝以孝治国，很看重一个人在这方面的品行；廉即廉洁之士，有清廉的操守。二者合称即孝廉。

除了从太学毕业进入仕途之外，被地方推举为孝廉也是一条重要的入仕方法。但其名额实在有限，本朝规定以郡和国为单位，二十万人口以上的每年只能推荐一个人，二十万人口以下的，每两年推荐一人。

东汉不到一百一十个郡国，按照这个标准，每年能成为孝廉的只有几十人，这些人跟太学生一样，先被授为郎官，在天子身边或朝廷其他部门实习一段时间，然后分配工作，可以到地方政府任职，也可以在中央政府任职。

孙策特意让地方上推荐孙权为孝廉，考虑的是弟弟未来的前途，他想从一开始就让弟弟拥有一个较高的台阶和美好的履历。

这时，曹操正刻意拉拢孙策，也授意自己所控制的扬州刺史严象推举孙权为茂才。茂才原称秀才，因避刘秀的讳改称茂才，也是两汉察举制的一种，与孝廉多重品德且多从平民中产生不同，茂才重才干，多产生于孝廉和在职官吏中。

孙权担任奉交都尉后，打的第一仗是随孙策征讨祖郎和太史慈之战。据《三国志》记载，孙策当时让孙权驻军于宣城，孙策手下有个别部司马叫周泰，作战很勇敢，对孙策很忠诚（服事恭敬，数战有功），孙权很喜欢他，就向孙策提出把周泰调到他的手下。

孙权在宣城，手下不到一千人，由于警惕性不够，结果遭到山贼的袭击，敌人多达数千人。

孙权赶紧上马，这时敌人已来到他的身边（权始得上马，而贼锋刃已交于左右），孙权的马鞍都被砍中，大家一片惊恐。

这时，周泰仍然十分镇定，拼命来到孙权周围以身相护，他胆气过人，左右被他的英勇感染，并力奋战，把敌人打退。此战，周泰身负重伤，伤口多达十二处（身被十二创），抢救了半天才醒过来。这一天如果没有周泰，孙权也就完了（是日无泰，权几危殆）。

征讨完祖郎和太史慈，紧接着是皖城之战，孙权也参加了，俘获袁术的妻子儿女时孙权就在现场，所以孙策把袁术的女儿许给他为妾。

皖城之战后，孙权又随孙策参加了西征黄祖之战。

孙策拿下庐江、豫章二郡后，地盘便与江夏郡等荆州牧刘表的势力范围相接，刘表是孙氏的老对头，尤其是被刘表任命为江夏郡太守的黄祖更是孙氏的仇人。刘勋被袭，曾向黄祖求援，黄祖派儿子黄射率五千人乘船来助刘勋。

仇人不请自来，孙策挥师迎击，将黄射打得大败。此战刘表也派侄子刘虎以及部将韩晞率五千长矛军来支援，但都不是孙策的对手。

这一场战斗孙权也参加了，战后孙策上表朝廷汇报作战经过，表中列举了参加皖城之战将领的名字，其中有建威中郎将周瑜、征虏中郎将吕范、荡寇中郎将程普、奉业校尉孙权、先登校尉韩当、武锋校尉黄盖等，孙权虽然年轻，但名字已经可以与程普、周瑜等人同列，职务也与韩当、黄盖等人相当。

据这份战报称，此役俘获黄祖的亲属七人，斩杀刘虎、韩晞以下二万余人，另有一万多人溺水身亡，缴获各类船只六千多艘（获其妻息男女七人，斩虎、晞已下二万余级，其赴水溺者一万余口，船六千余艘），孙策取得大胜。

再遭变故

孙策打败黄祖后之所以专门向朝廷上表报告战况，是因为讨伐黄祖也是朝廷交给他的一项任务。据《江表传》记载，朝廷曾敕命他讨伐刘表（策被诏敕，与司空曹公、卫将军董承、益州牧刘璋等并力讨袁术、刘表）。

这是曹操的主意。曹操与袁绍形成两大集团，刘表是曹操和袁绍都竭力拉拢的对象，刘表本想做中立派，两边都不得罪，坐山观虎斗，最后渔翁得利。但是，对于曹操和袁绍的拉拢，刘表两边都不拒绝，结果也招致了袁绍的不满和曹操的怨恨，弄得里外不是人，曹操知道孙氏和刘表有仇，所以借朝廷的名义让孙策攻打刘表。

不过，孙策在江东的一路顺风和强势崛起也让曹操惊讶不已。据《吴历》记载，曹操听说孙策连打胜仗，曾经说过一句话："难以与这小子再争锋了啊（猘儿难与争锋也）！"据《说文解字》，"猘"的意思是狂犬，曹操说这话其实并无贬义，是对孙策的羡慕嫉妒恨。

据《搜神记》记载，在孙策西征黄祖的队伍里有一个身份特殊的人名叫于吉，是个著名的道士。关于他的故事很多，在许多书籍里，于吉是个无所不能、呼风唤雨的人物。

于吉在江东一带活动有很多记载，历史上应该确有其人，从各种记载来推测，他应该是某个民间宗教团体的领袖，影响很大，这样的人闹不好就成了又一个张角，所以为统治者所忌惮。

《搜神记》说，此次出征期间遇到大旱，于吉因为什么事得罪了孙策，孙策命人把于吉抓了起来，五花大绑，扔在大太阳地里让他祈雨，如果能祈来雨就可活命，否则就杀头。

于吉本事很大，不知道他施了什么法术，一会儿便云气上蒸，再过一会儿大雨降了下来，溪涧盈溢。将士们都很高兴，以为于吉必然没事了，都去向他祝贺。这让孙策更不能容忍，于是把于吉杀了。

当然，《搜神记》算不上史书，不过综合其他记载来看，于吉确实死于孙策之手。

孙策本想乘胜追击，但考虑到庐江郡新下，江东也不稳固，征讨黄祖的时机并不成熟，于是回师吴郡。

这时，曹操已消灭了吕布，占据了徐州，之后曹操没有趁势南下夺取扬州，因为他要回去准备与袁绍的总决战。离开徐州前，曹操任命陈登为伏波将军，兼任徐州刺史部广陵郡太守，把东南方面的事务都交给了他。

陈登曾是吕布的手下，不过他是曹操在吕布身边安插的高级卧底，后来成为曹操搞垮吕布的第一功臣，很有两下子。陈登志向远大，经常放言不需要曹公亲自来，他自己就能把东南一带搞定。陈登在江北很得人心，随时准备吞并江东（甚得江、淮间欢心，于是有吞灭江南之志），孙策不得不分出精力对付他。

据《先贤行状》记载，孙策命令孙权率一支人马进攻陈登控制下的匡琦，孙权当时手下的人马不少，是匡琦城内守军的十倍，城里的人感到很害怕，想弃城而走。陈登厉声道："我受国命镇守此土，只有以命报国，仗义整乱，哪能逃跑？现在有天道相助，必能克敌！"

陈登下令闭城自守，示弱不战。陈登悄悄到城上观察形势，找出孙权人马的漏洞，命将士做好准备，趁夜打开南门，直扑孙权的军营。

孙权毫无防备，人数虽占优，但一下子乱了起来，陈登手执军鼓为将士鼓劲，孙权被打得大败，陈登又乘胜追奔，孙权所部损失惨重。

这是孙权第一次独立带兵指挥大战，出师不利。孙权不甘心，整顿人马再战，陈登不敌，一面派人向曹操求救，一面悄悄在城外十里的地方另立军营，命令大家多准备柴薪，十步一堆，纵横成行，下令夜里同时起火，然后陈登命人在城上称庆，好像援军到了。

孙吴这边望火而惊，陈登指挥人马杀出来，孙权再次大败。

据《先贤行状》记载，第一战孙权带来的人马被斩杀和俘虏多达一万多人，第二战又被斩首万人，这当然很夸张。

以孙权的资历，孙策不可能交给他几万人马独立作战，而以江东当时的实力，如果一战就损失掉两万人以上，那就全盘崩溃了。

据考证，《先贤行状》的作者不是别人正是陈登本人。陈登不仅是曹操的部下，陈登的父亲还是被孙策先前打跑的那个陈瑀的侄子，陈登视孙氏兄弟为敌人，所以行文中每提起孙策和孙权必称寇。

但不管怎么说，孙权在匡琦吃了一次大败仗，是孙氏开拓江东以来少有的一次大挫败。不过，对孙权这个还不到二十岁的年轻将领来说，这倒也不全是坏事。

现在，孙策必须腾出手来对付陈登。

孙策不敢轻敌，他亲自率军征讨，进军到丹徒，在这里等待运送军粮，打算军粮运到后再向陈登发起总攻。

孙策喜欢打猎，在等待的几天空闲时间里，他只带着几个随从出去打猎。对于孙策喜欢轻出微行的冒险行为，他手下的名士虞翻曾经规劝过，孙策嘴上表示接受，但总难改老毛病，这一回就出事了。

孙策发现了一只鹿，领人去追，他骑的是好马（所乘马精骏），手下人的马追不上。孙策一个人在前面跑，正在这时，突然从林中冒出来三个人。

敌方间谍时常在这一带活动，孙策十分警觉，厉声道：“你们是什么人?”

这几个人回答：“我们是韩当将军的士兵，在此射鹿（是韩当兵，在此射鹿耳）。”

孙策说：“韩将军手下的士兵我都认识，从没有见过你们!”

孙策意识到有危险，取弓便射，其中一个人应弦而倒。剩下两个人害怕了，举弓与孙策对射，结果有一箭射中了孙策的面颊。孙策手下人随后赶到，把他们全杀了。

事后得知，这几个人是前吴郡太守许贡的旧部。许贡任吴郡太守，一度依附于刘繇。孙策先消灭了刘繇，许贡内心不满，多次向朝廷秘密上报，反映孙策的恶行，建议朝廷征孙策入京，借以削弱孙氏的势力。许贡的上书被孙策截获，孙策下令把许贡处死。

今天在这里埋伏杀孙策的就是许贡的旧部，他们在这里与孙策不是偶遇，而是密谋已久，专门在此等候孙策报仇的。

众人将孙策护送回营帐，请随行军医来看，发现伤势很重（创甚）。

据《吴历》称，孙策的伤原来还是能治好的，医生叮嘱他必须好好养护，一百天之内不能刺激它。孙策忍不住照镜子，发现自己已经破相。

孙策长得很英俊，走到哪里都有很多粉丝，他不能接受这样的现实。孙策对左右说：“面容毁成这样，还能建功立业吗（面如此，尚可复建功立事乎)?”说完椎几大愤，伤口崩裂，当天夜里就死了。

《搜神记》还记载说，孙策当初杀了于吉，之后便落下了心病，每当一个人时，就觉得于吉在左右，弄得自己都有点精神失常。孙策受伤后，照镜子的时候发现于吉居然在镜子里，孙策惊恐回头看，身后却没有人，再看镜子，又见于吉在镜中，如此三次皆然，孙策惊恐不已，扔了镜子大叫，伤口崩裂而死。

孙策临终前，自知难过这一劫，于是忍住伤痛，把孙权以及随行的张昭、程普等人找来，指着孙权对他们说：“现在天下大乱，我们以吴越之众、三江之固，足以成就大业，希望诸位能善待我的弟弟（中国方乱，夫以吴、越之众，三江之固，足以观成败，公等善相吾弟）！”

据《吴历》记载，孙策还对张昭说：“如果仲谋不堪大任，请先生取代他自任。”这大概是孙吴版的“白帝城托孤”，比刘备托孤早了二十三年。

孙策让人取来自己的印绶亲手交给孙权，对弟弟说：“举江东之众，决策于两阵之间，与天下争衡，你不如我；举贤任能，各尽其心，以保江东，我不如你呀（举江东之众，决机於两陈之间，与天下争衡，卿不如我；举贤任能，各尽其心，以保江东，我不如卿）！”

建安五年（200年）八月，孙策与世长辞，年仅二十六岁。

从孙坚到孙策，他们身上有着共同的基因，结局也很相似。陈寿评论孙坚勇挚刚毅，评论孙策英气杰济，都不是一般人物。但同时也指出，他们父子二人做事不够谨慎（轻佻果躁），这是他们殒身致败的原因。

这或许与他们的出身有关。说到底，孙氏出自于社会的底层，也可以说是草根和寒门，与儒学世族崇尚礼法、家教严正不同，寒门较少受拘束，所以他们好驰猎，喜滑稽与酗酒，有时候这些成为他们的魅力和凝聚部下的特长，有时候又成了致命的缺点。

临危受命

对年仅十八岁的孙权来说，失去最倚重最亲近的人，这种痛苦十年间竟然让他连尝两遍，上一次是父亲，这一次是长兄。

此时，他除了悲痛只有悲痛，脑子里根本想不起别的事。哥哥临终前让他来挑起孙氏用两代人开创起来的基业，这是多么沉重的一副担子，但他甚至无心多想，他的心里只有哀伤，连觉睡不着（哭未及息）。

但现在的形势十分严峻，如果陈登、黄祖这些敌人知道这里发生了变故，就会趁势偷袭，还有那些虽已臣服但一直不稳定的地区，如果感到孙策死后群龙无首，一定会蠢蠢欲动。

张昭对孙权说：“孝廉，这是哭的时候吗（孝廉，此宁哭时邪）？现在是奸宄竞逐，豺狼满道，请先把礼制放到一边，节哀振作精神。”

孙权还是振作不起来，张昭便命人给孙权换了衣服，扶他上马，陪着孙权出巡各军，形势才稍稍安定。

孙策平时主要依仗张昭、周瑜、张纮、程普等人，周瑜和张纮现在不在身边，周瑜目前的身份是中护军，同时兼任江夏郡太守，江夏郡还是黄祖的地盘，说明周瑜当前最重要的任务是继续攻打黄祖。

周瑜目前驻军于巴丘，即今江西省峡江县，距此有上千里，孙权让人送信给周瑜，让他火速前来。

而张纮目前离得更远，他在许县。

去年，孙策派张纮出使许县，结果被曹操留了下来，曹操看中张纮的才干，以朝廷的名义任命他为侍御史。《吴书》记载，曹操还让张纮兼任九江郡太守，但不让他赴任，希望他留下来帮自己，被张纮以身体有病拒绝。

孙策死后，张昭和孙权商量，应该尽快通知朝廷，于是上表报告情况。

消息很快传到许县，又从许县传到许县以北的官渡，因为曹操此时已身在那里，正与袁绍的大军对垒。

最近一年多的时间里，天下形势变化之快让人眼花缭乱，先后发生了公孙瓒自杀、吕布被绞死、袁术忧愤而死、刘备投降又叛乱、张绣投降、孙策遇袭身亡等一系列重大事件，让大家原本预测的袁绍、曹操之间为争夺北方而进行的决战大为提前。

在此之前，曹操一直在密切关注着孙策的一举一动，孙策表面臣服，孙曹又结了亲，但曹操知道孙策的野心不会止步于江东的那几个郡，从陈登报来的情报显示，孙策正在不断向北、西两个方向发展势力。

《三国志》称，孙策得知袁曹官渡决战，已做好了阴谋袭击许县的准备，他想把天子抢到自己手中（阴欲袭许，迎汉帝）。《九州春秋》一书更记载，孙策听说曹操在北面脱不开身，便聚集江东所有兵马，自称大司马，准备偷袭许县（策闻曹公北征柳城，悉起江南之众，自号大司马，将北袭许）。

还些估计不会是空穴来风，相关情报想必早已传到曹操那里，让曹操惴惴不安。

就在不久前，曹操还与手下谋臣讨论这件事，大家都认为孙策肯定会从背后发起偷袭（将渡江北袭许），只有曹操的首席谋士郭嘉认为不必多虑，郭嘉说："孙策新并江东，所诛杀的都是天下豪杰，手下都有一帮肯拼死效力的人（所诛皆英豪雄杰，能得人死力者也）。可是孙策一向行动不谨慎，即使有百万之众，也无异于独行于中原。假如刺客伏起，一个就能消灭他（一人之敌耳）。让我看，他必然死于匹夫之手！"

事情果然完全如郭嘉所料，连细节都准确无比。

在曹操手下众多谋士中，郭嘉是一个颇为神秘的人物，曹操对他倚重的程度不亚于荀彧。他二十七岁才来到曹操身边，在此之前有很多年的情况不为外界所知。据《傅子》记载，郭嘉年轻时就有远大抱负，成年后匿名远游，秘密交结各路英豪，不与俗人来往，大家对他的情况知道得很少（时人多莫知）。

郭嘉经常有一些出人意料的预言，事后都被一一应验。有人说他精于分析判断，也有人猜测其背后另有原因，有人认为郭嘉可能领导着一个秘密情报网，就像军统那样，四处打听情况，侦察情报，也顺便搞些策反和暗杀的事。如果这样的推测成立，结合郭嘉前面说的那番有些神秘的话，可以大胆猜测，许贡旧部刺杀孙策行动的背后也许有曹操的影子。

现在，孙策死了，解除了后顾之忧，曹操可以放手和袁绍大干一场，他的兴奋之情难以言表。

据《三国志》记载，曹操竟然想借机讨伐江东（曹公闻策薨，欲因丧伐吴）。曹操就此征询张纮的意见，张纮劝曹操不要这么做。

张纮的理由是乘人之丧不符合道义，如果不能得手，反而结下仇恨（乘人之丧，既非古义，若其不克，成雠弃好）。张纮劝曹操不如厚遇孙氏。曹操听从了张纮的意见，以天子的名义任命孙权为讨虏将军，仍兼任会稽郡太守。

诏令特别强调，孙权平时须驻扎在吴县（屯吴），这是提醒江东的新主人，必须守规矩，没有命令，不得随意到外面抢地盘。

张纮一直想回江东，曹操想了想，干脆任命他为会稽东部都尉，让他回去。《三国志》认为，曹操之所以放张纮回去，是想让他影响孙权，让孙权彻底臣服（辅权内附）。

其实，曹操此时想举兵伐吴是做不到的，不是张纮或者孙权不同意，而是袁绍不让他这么做。袁绍此次倾尽精锐南下，曹操只得把能调动的人马全部压上，即使这样，人数上也处于劣势。

双方决战开始以来，尽管绪战阶段曹操打了两次胜仗，但依然改变不了敌强我弱的格局，曹操目前很被动，别说兴兵讨伐江东，就是分出一支人马去防备江东方向可能发起的攻击，也相当吃力。

曹操能做到的，或许是下令陈登在广陵郡方向发起主动进攻，但以陈登目前的情况，还不具备渡江作战的实力。所以，曹操打算进攻江东的话，可能只是故意放出来的风，目的是向孙权施压。

张纮回到江东，孙权此时在吴县，周瑜已赶到了这里。

周瑜听到消息来奔丧，他不是一个人来的，还带来了所部人马（将兵赴丧），到达吴县后，孙权让周瑜继续担任中护军，让张昭继续担任长史，一武一文，共同辅佐。

大概直到这个时候，孙权才认真思考自己肩上已放上了多么重的一副担子，对于只有十八岁的他来说，能不能挑起这副担子，心里其实并没有底，而更多的人则在观望着。

第二章　挑起千钧重担

左膀右臂

孙坚和孙策实行的是强人统治，手下固然有不少精兵强将，大家都以他们二人为核心，可一旦风云有变，核心没了，这支队伍有瞬间分崩离析的可能。孙坚死后数万人马顷刻间被袁术轻易吞并，就是前例。

张昭劝孙权节哀时曾说现在的形势很严峻，从内部看心里有想法的人正跃跃欲试，从外部看想借机发难的敌人不在少数（奸宄竞逐，豺狼满道）。《三国志》进一步分析了当时江东的内部形势，认为各郡县虽然初步平定，但很多地方的统治并不稳固，州郡遍布英豪，个个不是省油的灯，一部分已经归顺的人此刻也在思量着另起炉灶，和孙权并没有形成稳固的君臣关系（深险之地犹未尽从，而天下英豪布在州郡，宾旅寄寓之士以安危去就为意，未有君臣之固）。

《三国志》说，孙权接班时孙氏集团掌握了五个郡，这五个郡都在江南，分别是会稽郡、吴郡、丹阳郡、豫章郡、庐陵郡（是时唯有会稽、吴郡、丹阳、豫章、庐陵），其中的庐陵郡是由豫章郡中分出的一个郡。这五个郡的太守分别是：会稽郡太守孙权兼任，丹阳郡太守吴景，豫章郡太守孙贲，庐江郡太守李术。

其实，还有一个郡目前也在孙氏集团控制之内，这就是江北的庐江郡，孙策攻克皖城后所设，太守是孙辅。

要论地盘，现在确实已经不小了，但孙策依靠武力手段平定江东，杀伐无数，被杀者中不乏地方大族、豪强。这些人也有相当大的影响力，他们的支持者有的隐没于民间，暂不发声，但复仇之心未死；有的表面合作，可内心并不情愿。孙策遭遇意外虽然有一定偶然性，但树敌太多也隐含着这个意外实出必然。

曹操、陈登、刘表、黄祖等外部强敌此时也无不想趁隙相攻，曹操虽然无法分身，但他不会毫无作为，只要这边有一线机会，曹操就会抓住大做文章。刘表和黄祖的总体实力不亚于曹操，如果主动发难，江东的西面将面临巨大压力。

现在，不管外部敌人还是江东的内部，不少人都在盯着孙权看，如果头几脚踢不好，恐怕就有失会控制的危险。

按照朝廷的诏书，办完兄长的丧事孙权便留在吴县，张昭和周瑜给了他极大帮助，作为孙策临终前指定的“辅臣”，他们二人都真心实意地愿意帮助孙权渡过难关（委心而服）。

张昭以讨逆将军府长史的身份向各郡下发文告，要求大家奉令行事，不得妄动，维护地方的稳定。张昭年纪比孙权大得多，孙策生前以师友之礼待之，孙权就待张昭以师傅，称呼他为张公。

周瑜以中护军的身份也留在了吴县，他手下有一支从巴丘带来的人马，在当前的形势下，这一点显得格外重要。

在张昭、周瑜的倾力相助下，各郡县基本保持了平静，没有发生大的动乱。

除张昭和周瑜外，张纮也是孙权的最重要的助手。张纮回到江东，有些人劝孙权说他曾经接受过曹操的任命，不一定可靠（或以纮本受北任，嫌其志趣不止于此），孙权对此毫不介意。

张纮的职务是会稽郡东部尉，上任不久，便被孙权召回。孙权认为会稽郡东部没有多少事，张纮在那里纯属浪费，于是让他回来协助自己处理军政事务，会稽郡东部事务予以遥领（以东部少事，命纮居守，遥领所职）。

《吴书》记载，孙权刚刚接班，年龄还小，而外方多难，母亲吴夫人感到很忧心（权初承统，春秋方富，太夫人以方外多难，深怀忧劳），她多次以谦逊、感激的言辞嘱咐张纮对孙权尽心辅佐（数有优令辞谢），张纮每次都以书面形式给予答谢回复，并不断反省自己。

张纮参与孙权的重要决策，遇到特殊事情和秘密决议，需要章表信函，或者与四方人士交结，孙权都让张纮和张昭来撰写（每有异事密计及章表书记，与四方交结，常令纮与张昭草创撰作）。

孙权称张昭为张公，称部下其他人都呼其字，对张纮则是另一个例外，每次称呼他都叫东部，显示出亲切和尊重。

百事待举，孙权常感到人才的重要，尤其是一流的人才。这时，周瑜给他推荐了一个人，让孙权大为满意，这个人就是鲁肃。

鲁肃字子敬，《三国志》说他是临淮东城人。东汉没有临淮郡或临淮国，此处的临淮不知何指，不过却有东城县。东城县在扬州刺史部的九江郡与徐州刺史部的广陵郡交界处，属于广陵郡，一般认为此地在今安徽省定远县附近。

鲁肃小的时候父亲去世，由祖母养大，他们家很富有，是当地有名的大财主。鲁肃乐善好施，经常大散家财，甚至把地卖了，以赈济穷人，他好结交朋友，在地方上很有影响力。据《吴书》记载，鲁肃身材魁梧，相貌出众（体貌魁奇），他不是一个文弱书生，而精于奇谋，又擅长骑马射箭，经常召集一帮年轻人到山中狩猎，其实是搞军事操练，借狩猎演兵习阵。

周瑜投奔孙策后，被孙策任命为居巢县长，该县在庐江郡。有一次周瑜带着数百人远赴九江郡一带执行任务，军粮成了问题，听说鲁肃家富有，于是来找鲁肃，要求支援点粮食。

鲁肃家有两个大粮仓，每个粮仓存米三千斛，合三万斗，是一个大数目。鲁肃随便指着其中一个送给了周瑜，周瑜大为惊奇，和他结成好友。

袁术听说鲁肃的大名，想任命他为东城县长，鲁肃看到袁术成不了大事，予以拒绝。他知道袁术不会善罢甘休，于是组织本族人以及跟他平日相好的年轻人共一百多人到居巢找周瑜。

《吴书》记载与《三国志》略有不同，说鲁肃不是到江北的居巢而是到江南去找周瑜的，带领的也不是一百多人而是三百多人，这个说法似乎不确切。不过《吴书》记载了鲁肃一行人此次出奔的细节，展示了鲁肃除了有谋也有勇的一面。

据《吴书》记载，鲁肃让老弱者走在前面，让强壮的人走在后面，他们刚出发，袁术的人就追来了。鲁肃让人在远处立了个盾牌，他自己拉满弓，对追兵说："现在天下大乱，有功不能赏，不追也不会受罚，你们都是大丈夫，难道看不清这些？为何还要苦苦相追（今日天下兵乱，有功弗赏，不追无罚，何为相偪乎）？"

鲁肃冲着盾牌射出一箭，箭杆射穿盾牌而过，把追兵震住了，于是不再追赶。

鲁肃找到周瑜后，又因为祖母去世回到东城县老家待了一段时间。这时正逢孙权刚刚掌权，周瑜便把鲁肃推荐给孙权。孙权在一次宴会上见到鲁肃，与他交谈后十分高兴，认为他是难得的人才。宴会散去，宾客们都走了，鲁肃也要告辞，孙权却把他留下，引至密室，面对面进行交谈。

这次谈话也十分著名，其重要性不亚于当年孙策和张纮在江都的对话。

孙权对鲁肃说："如今汉室倾危，四方纷扰，我继承父兄余业，想建立像齐桓公、晋文公那样的功勋，先生既然惠顾于我，如何来帮助我呢（君既惠顾，何以佐之）？"

鲁肃回答道："当年汉高祖刘邦想尊崇义帝却不能够，因为有项羽的缘故。现在的曹操，就像当年的项羽，将军为什么还要当齐桓公和晋文公呢？据我看来汉室不可复兴，曹操不可能马上灭亡，为将军考虑，只有鼎足于江东，以观天下之变。这样的计划是现实可行的，因为北方多事（北方诚多务也），趁着多事，我们剿除黄祖，进伐刘表，占据整个长江流域（竟长江所极，据而有之），然后建号称帝以图天下，这是汉高祖的事业呀，岂是齐桓晋文所可比的？"

鲁肃的这番高论与诸葛亮《隆中对》中提出的天下三分说异曲同工，需要注意的是，鲁肃提出这个观点早于诸葛亮好几年。曹操如果大败袁绍，中原局势渐将趋明朗，在鲁肃、诸葛亮等有识之士看来，"汉室不可复兴，曹操不可卒除"成为一种共同看法，不与曹操争锋是他们立论的基点，故此分别提出了三国鼎立构想，事后证明是很有远见的。

这番话让孙权心里豁然开朗，更加清晰了下一步的发展战略。孙权对鲁肃说："现在倾尽我们全部力量，也只能辅佐汉室罢了，您所说的，还远远达不到啊（今尽力一方，冀以辅汉耳，此言非所及也）！"

这当然不是孙权的真心话，也许他刚刚认识鲁肃，还不能把心里的话全部说出来罢了，在这一点上，可以看出孙权和刘备性格上的不同。

孙权没有马上任命鲁肃职务，而是以宾友的身份让鲁肃在自己身边出谋划策。孙权对鲁肃的重视多少让张昭有些不满，张昭经常责怪鲁肃不能谦让下士，对他非议很多，认为鲁肃年轻、经验不足，不能重用（张昭非肃谦下不足，颇訾毁之，云肃年少粗疏，未可用），但孙权不听，对鲁肃更加倚重。

鲁肃过去是富豪，现在带着母亲和族人来江东，孙权就送给他母亲不少衣服帏帐，以及平时使用的东西，让他们的生活不比过去差（赐肃母衣服帏帐，居处杂物，富拟其旧）。

与鲁肃同时被孙权视为宾客的还有诸葛亮的大哥诸葛瑾。

诸葛瑾字子瑜，徐州刺史部琅琊国人，他的父亲叫诸葛珪，当过泰山郡丞。诸葛瑾比诸葛亮大八岁，他少游京师，对《毛诗》、《尚书》、《左氏春秋》有研究，如果天下承平，他可能成为一名学者。

诸葛瑾和诸葛亮很早便死了母亲，在诸葛亮八岁时父亲也死了。他们有一个叔父叫诸葛玄，早年在洛阳呆过，跟袁术、刘表都是好朋友。当时曹操、陶谦在徐州一带相攻，生灵涂炭，诸葛玄接到了袁术的邀请，让他到豫章郡当太守，大家商量后决定分成两路，诸葛玄带着诸葛亮、他们另外一个弟弟诸葛均以及诸葛亮的两个姐姐去豫章郡上任，诸葛瑾留在家乡照顾继母，同时照看家中的产业。

大约在汉献帝兴平元年（194 年），诸葛亮随叔父诸葛玄离开故乡，又过了几年，家乡实在待不下去，诸葛瑾也带着继母外出避难，到了江东。

诸葛瑾没有到豫章郡去找叔父，这是因为诸葛玄去豫章郡上任不久，由于没有实力，受到笮融、刘繇等人攻击，死于任上。诸葛亮姐弟们去襄阳依附于刘表。荆州路途遥远，诸葛瑾于是来到相对较近的江东。

在曲阿，诸葛瑾认识了孙权的姐夫弘咨，弘咨对他的才能很惊奇，就把他推荐给了孙权（孙权姊婿曲阿弘咨见而异之，荐之于权），孙权很信任诸葛瑾，对他和鲁肃都以宾友相待。

攻克皖城

孙权是建安五年（200 年）八月接的班，两个月后官渡之战结束了，曹操大胜，袁绍大败。

此战曹操以弱胜强，开始处于劣势，但他意外地得到情报，烧掉了袁绍囤积在乌巢的军粮，造成袁军的恐慌，接着袁绍手下负责前线指挥的张郃、高览临阵投降，袁绍的军队瞬间崩溃。

经过此战，曹军不仅没被削弱，而且俘虏了大批袁军，充实了自己的力量。袁曹官渡决战没有出现众人预料的两败俱伤的局面，这一点让刘表、刘璋等旁观者多少感到了失望。

只是，曹操一时还不能从北方脱身，因为袁绍虽败却没有死，黄河以北的四个州还尽在袁绍的三个儿子和一个外甥手里控制着，曹操还得花时间和精力把他们一一消除。

不过，打了大胜仗，放眼天下已无人能与自己争锋，曹操说话硬气多了，他以天子的名义向孙权要几个人。

这几个人里有华歆、王朗，还有虞翻。王朗已成阶下囚，被软禁在吴县，华歆因为和平让出豫章郡，情况比王朗好得多，孙策生前待为贵宾，虞翻之前担任会稽郡功曹，目前担任富春县长。

被曹操点名的这几个人都属于所谓的名士，在知识分子里和社会上名气比较大，曹操需要找一些人来许县朝廷装点门面。

孙权本不想让华歆走，华歆对孙权说："将军遵奉皇帝之命，这才能与曹公结下友情，但这份情还不牢固。让我去那边为您加深，岂不更好（使仆得为将军效心，岂不有益乎）？要是把我留下来，对您也是无用之物。"

孙权听了挺高兴，就答应放华歆。

华歆的名气确实不小，临别时来送行的人多达千人（宾客旧人送之者千余人），不少人都给他送了礼，华歆一一收下，只是偷偷记下各人所送的礼物，走的那天，又把所有礼物放在一起，对大家说："在下只想单车远行，现在把这些东西退还大家，请原谅。"

华歆到了许县，被曹操征为议郎，后来职务不断升迁，担任过朝廷的秘书长（尚书令），最后位至三公，但是当年给孙权说的那些话基本忘干净了，多少年里也没有办过什么对江东有利的事。

王朗是从曲阿出发去许县的，不知何故，竟然走了整整一年才到（积年乃至），被曹操任命为谏议大夫，后来也位至三公。

但并非所有人都给曹操面子，虞翻就不愿意去。

《三国志》说，曹操本来想让虞翻当侍御史，后来听说他的才能很突出，和王朗、华歆这类纯知识分子还不是一类人才，就想让他到自己的司空府里做事，被虞翻拒绝。

据《吴历》记载，虞翻听说曹操征辟他，说："这是盗跖想用他盗来的剩余财物引诱我，玷污我的清名（盗跖欲以馀财污良家邪）？"

王朗和华歆愿意应召，因为他们都是北方人，又是曾经有实力有影响的人，在现在的情况下待在江东已没有任何前途，弄不好还有危险。虞翻不同，虞氏是会稽郡的大族，在地方有很大影响力，孙策一向对虞翻很尊重，虞翻只想在家乡发展，不想当"北漂"。

这时，发生了李术反叛事件，直接考验着孙权的智慧和手段。

李术是孙策任命的庐江郡太守，孙策攻下皖城，给李术三千人马让他在此防守。孙策死后，李术开始蠢蠢欲动。

不知何故，李术杀了扬州刺史严象。《三国志》说严象是荀彧推荐给曹操的人。《三辅决录》说严象是关中人，有胆智，以御史中丞的身份参加过曹操讨伐袁术之战，袁术死后，被曹操以朝廷的名义任命为扬州刺史，被杀时三十八岁。

从名义上说，孙权这个会稽郡太守也在严象的管辖之下。前面说过，严象一上任就以刺史的身份举荐孙权为茂才。李术是庐江郡太守，严象也是他的上级，李术杀严象显得很蹊跷。有人认为这是孙权所指使，理由是《三辅决录》说杀严象的是孙策任命的庐江郡太守李术（为孙策庐江太守李术所杀），但仅根据这一句话作此判断相当勉强。

据《江表传》记载，李术不仅杀了严象，而且不听孙权的召唤（不肯事权）。这时候，江东有一些人发生了叛逃，有不少人叛逃到李术那里，李术把他们都收留起来。孙权写信让他把人交出来，李术回复说："你要有德行大家自然会回去，你要没德行大家就会反叛，不应该把这些人交出（有德见归，无德见叛，不应复还）。"

孙权大怒，这是对自己的藐视，如果不能收拾了李术，他这个江东的新主人就再无权威可言。

盛怒之下，孙权并没有立即发兵问罪，而是先向曹操进行了禀报。孙权给曹操写信，信中说："严刺史是您任命的，又是州中推举的将领，李术悍然违反制度，残害州官，应该赶紧把他诛杀，以警告其他不法之徒（李术凶恶，轻犯汉制，残害州司，肆其无道，宜速诛灭，以惩丑类）。"

孙权报告曹操说，他将率兵讨伐李术，为朝廷扫除奸恶。李术一定会跑去用假话欺骗（术必惧诛，复诡说求救）他，孙权请曹操务必不要相信。

建安五年（200 年）末，孙权举兵攻打皖城。李术自知实力不够，闭门自守，并向曹操求援，因为孙权之前已向曹操打了招呼，而李术杀严象确是事实，因而曹操不救。

在没有外援的情况下，李术的皖城保卫战也打得很顽强，《江表传》说城中没了粮食，女人们饿得太厉害，就吞下泥丸充饥（粮食乏尽，妇女或丸泥而吞之）。

最后，皖城还是被打下来，孙权下令屠城，将李术枭首，把他部下三万多人迁往别处（徙其部曲三万余人）。

李术叛乱事件是孙权接班后处理的第一件大事，在张昭、周瑜等人的辅佐和支持下，他成功地化解了危机，尤其提前做好与曹操的沟通，避免了曹操的干预和借机对江东的渗透。李术被杀，提高了孙权的威信。

不过，此事还存在许多谜团，李术既然对孙氏谈不上忠心，为何孙策当年把如此重要的职务交给他？李术又有什么把握，居然敢向曹操派来的刺史下手，难道他没有考虑过后果吗？

也许，李术是陈登那样的人物，眼界很高，志向很大。从《江表传》记载的情况看，他至少拥有三万多部曲，在孙氏集团中他已经不是一般的人物，看到孙权年轻，刚刚接手，江东面临着动荡不安，他错误判断了形势，也想来个“并吞江东”，率先发难也未可知。

只是他的判断有问题，不具备跟孙权叫板的实力，或者运气不佳，打了败仗。

当然，还存在另一种可能，那就是孙权接班后发现李术不听指挥，但李术也就是依仗有一定实力在孙权面前摆个谱罢了，他并没有造反的打算。孙权欲除之，就命他攻击严象。李术没有多想就执行了，结果严象被杀，断绝了他投靠曹操的可能，孙权兴兵，李术灭亡。

如果李术存心反叛，他攻击严象的行为就难以解释，除非他疯了，想同时给自己树起两个强敌。

孙权征李术，所率的主力是同族人孙河所部。孙河字伯海，是孙坚的族子，与孙权同辈，年轻时就随孙坚征讨四方，此次以威寇中郎将的身份统兵讨伐李术。孙权重新收复皖城，就让孙河兼任庐江郡太守。

此战也给孙权带来一个间接损失，那就是严象死后，曹操派来一个能干的人当扬州刺史，这个人名叫刘馥，跟刘繇、刘表、刘璋一样，也是汉室宗亲，他原来在曹操的司空府里当处长（司空掾），曹操把他调过来对付江东。

这是一把好手，在今后的几年中将给孙权制造许多麻烦。

剪除对手

在一部分人眼里，孙权并不是接孙策班的唯一人选，甚至也不是最佳人选。

当时，比孙权更有人气的是他的三弟孙翊。《典略》称，孙翊原名叫孙俨，个性最像孙策，孙策病重期间，张昭等人原本以为要让孙翊来接班，没想到孙策最终选择的是孙权（性似策，策临卒，张昭等谓策当以兵属俨，而策呼权，佩以印绶）。

这条记载看似轻描淡写，但却隐含了不少内容，起码说明张昭等一部分重臣开始并不看好孙权，论起在孙氏集团中的影响力，孙权还不如三弟。

孙翊字叔弼，孙策死时他十六岁，他的性格很突出，《三国志》说他骁勇、彪悍、果断、刚烈（骁悍果烈）。

张昭等人不看好孙权，除了性格上的原因，应该还与孙权独立领兵后打的这几场败仗有关，尤其被陈登所败的两次，损失实在太大。

不过，最终孙策还是选择了孙权，除了因为孙权在诸弟中年龄最大这层因素外，恰恰也是缘于性格。孙策病重期间一定反思了自己所走过的路，所以才有那番临终前给孙权的教诲，孙策让孙权一定要举贤任能、各得其心，认为这是自己之前不足的地方，而孙权能把这些做好。

孙权掌权后，对孙翊给予了重用，孙翊被任命为偏将军，当时孙氏集团的主要将领多是中郎将和校尉，有的还仅是别部司马，孙翊的军职是仅次于孙权的少数几个人之一。

孙权还有两个弟弟，一个是四弟孙匡，就是继承了孙坚乌程侯爵位的那个，他二十岁的时候就死了，影响不大。另一个最小的弟弟叫孙朗，也叫孙仁，名字只出现在《志林》里，《三国志》不载，事迹不详。

除了这几个弟弟，孙氏家族的成员还不少，人数最多的应属孙静一支。

孙静是孙坚最小的弟弟，字幼台，孙坚起事时，他也纠合乡曲及宗室五六百人参加，追随孙坚征战。孙策开拓江东，孙静作为孙策的叔父继续带兵辅佐，先破刘繇，后定诸县，在攻王朗的会稽郡之战中，孙静出了大力。

孙策与朝廷建立联系后，表拜孙静为奋武校尉，打算授他以重任，但孙静却做出了一个让人觉得有点意外的选择，他想回家养老。

《三国志》说孙静很恋家，不喜欢当官（静恋坟墓宗族，不乐出仕）。孙策也不勉强，同意了叔父的请求，孙权掌权后，以昭义中郎将的头衔让孙静继续在家乡养老，孙静后来老死于家中。

孙静有五个儿子，分别叫孙暠、孙瑜、孙皎、孙奂和孙谦，个个都是人物。

据《吴书》记载，孙静的长子孙暠当时担任定武中郎将，孙策死时屯扎在孙坚的封地乌程，他听说接班的是孙权，有点不服气，打算拥兵自立，已经下达了命令，准备攻打附近的会稽郡（整帅吏士，欲取会稽）。

据《会稽典录》记载，前会稽郡人事处处长（功曹）虞翻改任富春县长，听说孙暠的举动后很着急，跑去劝孙暠说："讨逆将军英年早逝，部属已由将军的弟弟孙权统摄，重兵已围城固守，我和郡中吏士们准备以命相搏，为新主公除害。你自己权衡利害吧（翻已与一郡吏士，婴城固守，必欲出一旦之命，为孝廉除害，惟执事图之）！"

孙暠想了想，发现自己还真没有多大把握，于是退回。

这是孙权掌权后发生的又一次未遂叛乱，孙暠敢叫板孙权，可能看到了自己尚有一定实力，而且自家兄弟多，想乱中取胜，可惜他似乎既缺雄才又无大略，被虞翻几句话就给吓住了。

这件事后孙暠的事迹再无记载，想必孙权后来对他采取了措施，剥夺了他的兵权。不过，也许看在叔父的面子上，对孙暠也没有深究，孙暠有两个孙子，一个叫孙綝，一个叫孙峻，是孙吴后期的两位权臣。

孙静的二儿子孙瑜、三儿子孙皎倒没有那么多想法，他们一个担任恭义校尉，一个担任护军校尉，都领兵，并逐渐得到孙权的信任。他们最小的弟弟孙奂，此时还年幼，带兵打仗是以后的事了。

在孙氏家族中，比孙策、孙权高一辈的除了孙静还有孙香，他是孙坚的远房族弟，一直在袁术手下任职，最后死于寿春。

还有一个孙河，与孙坚同族，深得孙坚信任，并委以重任，前面说过，他目前以威寇中郎将的身份兼任庐江郡太守。

孙氏家族中影响力比较大的还有孙贲、孙辅兄弟俩。之前提到过孙贲，他是孙坚同母兄长之子，跟孙权是堂兄弟的关系，目前担任豫章郡太守。孙贲有个弟弟叫孙辅，论才干和影响力，比他哥哥还突出。

孙辅字国仪，以扬武校尉的身份追随孙策征战，在平定丹阳郡之战、皖城之战以及讨伐袁术等战斗中立下战功，《三国志》说他经常身先士卒，很能打。

孙策占有豫章郡后，看到这个郡太大，便从中分出一个庐陵郡，大体位置在今江西省南部，孙辅就当了第一任庐陵郡太守。《三国志》说，孙辅在庐陵郡干得挺出色，不久升任平南将军，兼任交州刺史，还假节（迁平南将军，假节领交州刺史）。

初看这个记载，感觉是写错了，因为平南将军地位很高，平东将军、平南将军、平西将军、平北将军是所谓四平将军之一，高于普通的杂号将军，如果杂号将军是军长，它就是大军区的司令员。

孙权现在只不过是个讨虏将军，也就是所谓杂号将军，相当于军长，而他手下的孙辅却已经是平南将军了，这是不可能的。况且，孙辅还兼任交州刺史，更不可能。

但是，如果往下看，孙辅有这样的头衔似乎并不奇怪。

推测起来孙辅的年龄比孙策大，比孙权更大得多。孙辅从小跟着哥哥孙贲作战，在孙策开拓江东过程中，孙辅和孙贲都坚定地支持孙策。孙辅的心思跟孙暠差不多，对于孙权，他有点不服气。

孙辅决定与孙权分庭抗礼。为了增加成功的把握，他要拉个外援来做后盾，这个外援居然是曹操。

据《魏略》记载，孙辅趁孙权在东面用兵之际，偷偷给曹操写了封信，这封信的内容不详，只说他写了封信请曹操来（赍书呼曹公），也就是向曹操要援兵，一旦自己跟孙权翻脸，曹操好站在自己的一边。

孙辅认为曹操一定会答应，因为对曹操来说这是一个千载难逢的好机会，可以分化瓦解孙氏集团。但曹操最终却没能看到这封信，原因是行人报告了孙权，正在外面作战的孙权回兵了（行人以告，权乃还）。

“行人”不是行路之人，也不是随便一个什么人，而是使者的别称。孙辅派去给曹操送信的人反水，把信交给了孙权，孙权赶紧回来。他与张昭商议对策，布局停当后，佯装不知，把孙辅召来，跟张昭一块见孙辅。

兄弟俩拉了些无关紧要的话，谈论间，孙权突然发问：“兄弟间闹点不愉快，干吗要呼外人来（兄厌乐邪，何为呼他人）?”孙辅知道事情败露，无言以对。

为了维护孙氏集团的团结，孙权没有处死孙辅，但把他身边的幕僚亲信全部杀了，把孙辅所部重新整编，分散到其他队伍中，之后将孙辅软禁了起来。

看《魏略》的记载，曹操似乎没有看到孙辅的信，对于整个事件毫不知情。其实也未必，孙辅暗用勾结曹操是件大事，不会只写过一封信，暗中或许进行过多次沟通，孙辅突然得到了平南将军、交州刺史的高位，也许是曹操拉拢孙辅的手段，或者是交易条件。

表奏和遥拜泛滥后，大家可以替朝廷随意任命官职，不过一般来说所任命的官职不能超过你的本职。你是个太守，就不适合再任命别人当刺史，你只是个县长，也不大可能表奏别人当太守，那只会引起世人的笑话，孙权的军职是杂号将军，行政职务是太守，他不会同时、似乎也没有必要表奏孙辅为平南将军、交州刺史。

还有一个依据是，孙辅不仅得到了头衔，还得到了一项特权，就是假节。节是皇帝的信物，假节就是皇帝的特别授权，拥有此节就相当于天子本人亲临，根据持节、假节等不同等级其授权的具体内容也有不同，获得此授权的不仅是重臣，还要执行某种重要使命才行。孙权不可能让孙辅假节，因为职务或许可以空口一说，而节则是个实实在在的东西，孙权拿不出来。

所以，孙辅的新职务一定是有的，但与孙权无关，整个事件的背后都有曹操的影子。孙辅没有成功，缘于他的实力不够，同时他所在的庐陵郡位置偏南，要到达长江以北的曹操势力范围，必须经过豫章郡，所以孙权有机会把他的信件截获。

从李术到孙暠再到孙辅，孙权刚刚掌权就一再遇到挑战，不过这些都被他依靠智谋和霹雳手段一一化解了，显示出与他年龄不相符的沉着和老练。

当然，能处理好这几次危机，也有赖于张昭、周瑜、程普等人的坚定支持，张昭虽然一开始并不看好孙权，但孙策临终相托，让他迅速调整了方向，对孙权全力辅佐。

经过这几次危机，孙权的威望迅速提升，到孙辅事件为止，本集团内部已经没有人再敢向他叫板了。

质子危机

无论孙辅发动的未遂政变是不是在曹操挑唆下进行的，曹操对孙权一直放心不下是事实，尤其看到孙权一上来头几脚踢得有声有色，他更坐不住了。

作为时下已无人能再与之相匹敌的强人，曹操不允许有人悄悄地发展壮大，在未来某一天跳出来挑战他的权威。

曹操不担心荆州的刘表，也不担心益州的刘璋，虽然论实力他们现在都比孙权还要稳固和强大，但是他们是守成的割据者，发展潜力有限，不像孙权那样充满了强烈的扩张欲望。

可惜的是，曹操还腾不出手来对付孙权，他现在的主要精力还是在肃清袁绍北方四州的势力方面。这个进程并不如想象的那么顺利，袁绍的三个儿子和一个外甥个个都有相当的实力，靠武力讨伐得付出巨大代价。曹操采纳郭嘉等人的计谋，巧妙利用他们之间的矛盾，有打有拉，各个击破。

但是，这就需要时间，对江东方面除了让新任命的扬州刺史刘馥进行有限度的防御性周旋外，暂时没有其他更好的办法。

不过，曹操并不甘心，他想了一个办法，让孙权送质子到许县，以表自己没有二心。

据《江表传》记载，建安七年（202 年），曹操突然以天子的名义下诏批评孙权，让他送质子（下书责权质任子）。

质子就是人质，一方向另一方臣服，表明自己忠心的最好办法就是把儿子送过去当人质，历史上最著名的质子莫如秦始皇嬴政，在称帝前他就被送到外地当了很久的人质。

曹操让孙权送质子也不过分，朝廷改刺史为州牧时向下面派了一些地方大员，像益州牧刘焉、幽州牧刘虞等人，为了加强对他们的控制，就让他们把儿子留在朝廷，名义上给个职务，实际上就是人质，现在主事益州的刘璋当初就是以质子的身份被扣留在朝廷的。

孙权不是州牧，但现在是讨虏将军兼任会稽郡太守，事实上掌握了扬州的绝大部分地区，按照当年州牧的标准让他送质子，也是有先例可循的。

唯一的问题是，孙权现在还没有儿子，他的长子孙登出生于七年之后，要送质子，只能在孙权的弟弟中挑选，最有可能的是孙匡，他是孙坚最小的儿子，又是乌程侯的合法继承人。

但是，对孙权来说这又是极不愿意接受的事。

一旦送质子入朝，就多了一层考虑，今后在战略决策上就受到了限制，即使可以不管质子的安危，但因为双方摊牌而引起质子丧命，就会背上不仁不义的名声。

三国时期有两个人在这方面颇受诟病，一个是袁绍，一个是马超。

袁绍当初反董卓，自己逃出了洛阳，叔父袁隗等家族五十多口人还留在董卓手里，董卓认为袁绍不会造反，因为他手里有这五十多条人命做人质，结果袁绍还是反了，董卓屠刀一挥，袁家人头滚滚。

有人谴责董卓的残忍，但也有人埋怨袁绍，觉得是他不顾家人安危而起事，是间接的凶手。

马超一家被杀是多年后的事，那时候马超在外带兵，曹操怕控制不了，把马超的父亲马腾弄到朝廷担任卫尉，其实是高级人质，结果马超还是反了，马腾等一百多口被杀。有人骂曹操，更多的人则骂马超，《魏氏春秋》的作者孙盛说马超的行为极其残忍（马超背父，其为酷忍如此之极也）。

但是，不送人质又难过曹操这一关，现在公然与曹操决裂，显然还没到时候。

《江表传》记载，孙权不想送质子，但心里没底，就召集大家讨论，张昭等人意见不能统一（犹豫不能决），只有周瑜态度鲜明地反对送质子。

最后，孙权带着周瑜来到母亲吴夫人那里商议。周瑜说：

“过去楚国开始受封于荆山之侧，地不满百里，但是他的继承人很贤能，广土开境，立基于郢，遂据荆扬，以至南海，传业延祚九百多年。现在将军承父兄之业，兼有六郡之众，兵精粮多，将士用命，铸山为铜，煮海为盐，境内富饶，人不思乱，驾起舟帆清晨出发傍晚即可到达（汎舟举帆，朝发夕到），士风劲勇，所向无敌，有什么必要一定得送人质?”

“人质送过去，就不得不听从于曹操（质一人，不得不与曹氏相首尾），以后有召命，就不得不去，受制于人。到那时，大不了给一个侯印，派十来个仆人，几辆车，几匹马，怎能与在南面称王称帝可以同日而语呢（极不过一侯印，仆从十余人，车数乘，马数匹，岂与南面称孤同哉）?”

“不如不送，徐观其变罢了。如果姓曹的能行正义而统一天下，到那时将军再事之也不算晚（若曹氏能率义以正天下，将军事之未晚）。如果他只为行暴乱，那兵事如同火一样，不成就会自焚。将军暂且收敛起威力，等待时机到来，现在没有必要送质子。”

周瑜的一番话，说到了孙权的心坎里，也打动了吴夫人。吴夫人最后拍板，不送质子。

吴夫人对孙权说：“公瑾和你哥哥同年，只小一个月，我把他看成自己的儿子，你以后要待他如兄长。”

由于吴夫人在孙氏集团中的崇高威望，她发了话，送质子一事就有了定论，大家不再议论，这实际上是为孙权撑了腰。

这件事没有结果，不过曹操那边也没了下文，也许送质子也只是个试探，见江东方面很强硬，他也没法深究，双方仍然保持表面上的合作。

《三国志》说，吴夫人对孙权给予了大力支持，帮助他治军治政，使孙权收获不小（及权少年统业，夫人助治军国，甚有补益）。

不幸的是，就在这一年吴夫人因病去世了。据《三国志》记载，吴夫人死于建安七年（202 年），临终前，召张昭等人，嘱托后事。吴夫人所嘱托的内容没有记载，应该是要张昭等人尽心辅佐孙权吧。

吴夫人死后，孙权将母亲归葬于曲阿，与父亲同葬。

母亲的死，除了让孙权悲痛以外，也让他受到了巨大损失。母亲不仅是自己事业上的坚定支持者，利用威望帮助自己渡过难关，化解危机，而且在孙氏家族内部她也发挥着别人无法取代的调和、沟通作用。从现在的情况看，孙权的掌权之路并不平坦，对于挑战和挑衅，有的可以用强力加以平息，有的只能通过内部的沟通和妥协解决。母亲在时，遇到这种情况都好办，如今母亲不在了，这些事需要孙权直接出面来解决。

吴夫人的弟弟、孙权的舅舅吴景对他的支持也很大，早在孙坚四方征战期间，吴景便担任丹阳郡太守，王誧受命出使江东拜孙策为明汉将军时，吴景被拜为扬武将军，名义上的军职与孙策相当。有舅舅在，孙权心里要有底得多。

更不幸的是，舅舅吴景也于次年病逝了，孙权让舅舅的儿子吴奋继续领兵。吴奋后来在江东做过都督。

对于吴夫人死于何时，还有不同意见。有人认为吴夫人死得没有这么早，后来孙权把妹妹许配给刘备，婚事就是吴夫人做的主，但这没有根据。《志林》一书倒有记载，说吴夫人并非死于建安七年（202 年），而是死于建安十二年（207 年）。不过，即使是那样，她也赶不上女儿出嫁。

血染丹阳

吴景死后，孙权让弟弟孙翊继任丹阳郡太守一职。

丹阳郡是江东最重要的郡之一，治所在宛陵县，即今安徽省宣城，所辖大体包括现在的皖南、苏南的一部和浙江西部，今天的南京、铜陵、芜湖。该郡北依长江，拥有江东最长的一段江防，西起今安徽省安庆市，东至江苏省镇江市。

论实力，江东诸郡中以吴郡最强，其次是会稽郡，但若论战略地位，丹阳郡则排在首位，一方面它处在长江防线的最前沿，另一方面这个郡自古出精兵，是孙吴最重要的兵源地。

丹阳郡多山地，黄山就在该郡中，长期生活在这里的山民身体强健，好武习战。秦汉以来，丹阳兵成为一个专有名词，长期以来扬名疆场。

汉武帝天汉二年（公元前99年）秋天，贰师将军李广利率骑兵三万出征匈奴，在天山与右贤王相遇，发生激战。汉武帝命令李陵出击辅助李广利的正面作战，当时战马不足，李陵只率一支五千名步兵出征。在大漠旷野之上，面对匈奴的铁骑，步兵单独出战只能是送死，但这次却不那么简单，因为这五千步兵主要成分就是丹阳兵。

李陵率领这些丹阳兵从居延北行军一个月，在浚稽山与且鞮侯单于的三万骑兵遭遇，匈奴人原以为可以虎趟羊群般结束战斗，但眼前这支神奇的部队居然反败为胜，五千步兵杀得三万骑兵不断后退。单于大惊，急调八万多骑来攻，李陵率领大家且战且退，重伤员躺到车上，伤轻员推车，伤势再轻的持兵器搏战。

后来，由于汉军后援迟迟不到，这支丹阳兵最后只剩下四百人突围，此战主帅李陵被迫投降，副帅韩延年战死。但是，丹阳兵却打出了威名，面对十多万匈奴铁骑，五千丹阳兵竟然能令单于丧胆，几乎要撤退，在得知汉军无援兵的情况下才敢进攻，丹阳兵的善战可见一斑。

丹阳兵战斗力之所以这么强，与他们擅长的一门技艺有关：弓箭。正是由于高超的射击技术，才能以步兵抵挡骑步的冲击。

曹操当年起家，手里没有人马，想到的第一个募兵地就是丹阳郡，曾在此招募数千人。在孙策开拓江东之前，舅舅吴景就在丹阳郡当太守，孙策脱离袁术也到这里募过兵，丹阳郡可谓孙吴在江东事业的起点。

孙翊继任丹阳郡太守这一年，才二十岁。

孙翊的性格最像孙策，在战场上冲锋陷阵是一把好手，但治理地方却明显经验不足，对于地方事务的复杂性缺乏足够的警惕，结果到任不久就被人杀害了，孙翊死后，孙权派庐江郡太守孙河紧急前往丹阳郡以防不测，不料孙河也在那里遇害了。

这两起意外事件，震动了整个江东。

孙翊、孙河相继遇害之事，《三国志》的记载相当粗略，说孙权曾杀了前吴郡太守盛宪，盛宪有两个手下，一个叫妫览，一个叫戴员，他们逃到山里躲了起来，孙翊到丹阳郡后，把他们二人找出来，任用他们。孙翊遇害后，孙河来到丹阳郡，孙河责怪二人没有保护好孙翊，二人感到害怕，就杀死了孙河，派人到江北迎请曹操任命的扬州刺史刘馥，但二人又被孙翊的部下徐元、孙高、傅婴等人杀了。

根据《三国志》的记载，这里面没有盛宪什么事，记载里也没有交代孙翊死于何人之手，整个事件的来龙去脉看不清楚。对这件事记载最详细的是《吴历》，其内容与《三国志》也略有出入。

据《吴历》记载，孙翊到任后，让妫览担任都督，负责统兵，让戴员担任郡丞，对他们十分信任。孙翊不知道这两个人与已故吴郡太守盛宪关系密切，他们都是盛宪所举荐的孝廉。

盛宪字孝章，曾在朝廷尚书台供过职，后来被朝廷任命为吴郡太守，孙策平定吴郡时，盛宪已因病离任。孙策对地方豪杰和朝廷任命的刺史、太守多有诛杀，盛宪有一定名气，孙策把他抓了起来，在许县的孔融想救他，写信给曹操，恳请曹操出面以朝廷的名义征召盛宪到许县任职。

曹操便拜盛宪为骑都尉，文告送到江东时，盛宪已被杀。

妫览、戴员一心为盛宪报仇，现在被孙翊重用，意假逢迎，暗中做着谋反的打算。他们二人拉拢了孙翊身边一个叫边洪的部将，准备伺机动手。

这时，丹阳郡所辖各县的县令、县长都来宛陵拜见孙翊，孙翊准备宴请大家一次，然后让他们回去。

孙翊的妻子徐氏精于卜卦，她算了一卦，认为不太吉利，劝孙翊另选时间宴请大家（卦不能佳，可须异日）。孙翊觉得各县的主官出来经时间不短了，不想再让大家等，仍决定如期举行宴会。

孙翊打仗勇猛，但警惕性却不高，宴会上喝多了，平时他刀不离身，但一喝多就把刀扔在一边，宴会结束后空着手送大家。

边洪一看时机来了，从身后将孙翊砍倒，孙翊没有立即被砍死，但他一倒下，场面大乱，没有人来救他，边洪上去补了几下，孙权的三弟孙翊就这样当场丧命（翊出入常持刀，尔时有酒色，空手送客，洪从后斫翊，郡中扰乱，无救翊者，遂为洪所杀）。

边洪杀死孙翊，逃入山中。徐氏忍住悲痛，派人追捕边洪，于次日夜里将边洪擒获。这时妫览、戴员出面了，他们把罪责都推给边洪，把边洪杀了，来了个杀人灭口。

之后，妫览、戴员趁机作乱，妫览住进孙翊的府中，把孙翊的嫔妾侍从都占为己有，并试图霸占徐氏。

徐氏很有头脑，她没有作无谓的反抗，而是假意答应，骗妫览说："请等到月末时，摆好贡品祭奠孙翊的亡灵，之后我脱下丧服再答应你（乞须晦日设祭除服）。"

妫览信以为真，不再逼迫。

徐氏悄悄派心腹去联络孙翊的部将孙高、傅婴等人，请他们搭救。孙高、傅婴哭着说："我们都受过孙翊将军的厚恩，当时之所以没有拼上一死，是因为死而无益。我们也正在想办法，只是办法还没想出来，故而没有禀告夫人。夫人所托之事，正是我们想做的！"

孙高、傅婴找来效忠于孙翊的二十多个人，一同盟誓。到月末时，设立祭坛，徐氏痛哭祭奠，之后除去丧服，薰香沐浴，样子看不出伤悲，解除了妫览的怀疑。私下里却唤来孙高、傅婴等人藏在房中。

徐氏请妫览，妫览高兴地前来，徐氏呼道："二位将军可以出来了（二君可起）！"

孙高、傅婴等人立即现身，杀死妫览，之后又找到戴员，将他杀死。

徐氏重新换上丧服，带着妫览、戴员的人头到孙翊墓前祭奠。

这时，孙权亲自赶到了丹阳郡，把妫览、戴员的余党全部族诛，提拔孙高、傅婴为牙门将，对其他有功人员也都给予奖赏（吴主续至，悉族诛览、员余党，擢高、婴为牙门，其馀皆加赐金帛，殊其门户）。

《吴历》虽然记述过程详尽，但没有交代孙河之死。

孙翊和孙河相继遇害，孙权一下子少了两个郡太守。查近人严耕望《两汉太守刺史》表，继任丹阳郡太守的是孙静的次子、孙权的堂兄孙瑜，继任庐江郡太守的无考。

从孙坚到孙策，再到孙翊、孙河，要么死于意外事件，要么死于暗杀，孙氏家族似乎总走不出这个怪圈。这些偶然事件的背后，也许藏着一些必然的原因，有他们性格方面的，也有做事手段上的。

从性格上说，孙坚、孙策父子轻佻果躁的一面，让他们在英勇之余缺少相应的谨慎，所以能让暗中潜藏的对手轻易得手；从做事手段上看，孙坚好杀戮，孙策对江东大族好杀伐，动不动诛族，也积蓄了仇恨，从许贡的手下，到盛宪的旧部，他们立誓报仇，宁愿牺牲自己也要达到目的，这种仇恨是相当可怕的。

对孙权来说，这些事情相继发生，势必会引起他的反思，结合兄长临终前的交代，他肯定认识到要在江东站稳脚跟，必须化解这种仇恨，而要做到这一点，肯定是一个比较漫长的过程。

《三国志》记载，孙权听到丹阳郡发生叛乱时正在椒丘，他急忙赶到丹阳郡，处理完那里的事，就返回吴县。返程途中路过孙河的侄子孙韶的军营，孙权想检查一下孙韶所部的备战情况，于是让人假扮敌军攻城，孙韶所部响应快速，调度得当，士卒个个奋勇争先，孙权很满意，让人告以实情，孙韶部下迅速平静下来。

次日，孙权见到孙韶，对于这个十七岁的族人很赏识，当场提拔他为随烈校尉，统领他叔父孙河的部下。孙韶后来长期在孙吴军中任职，官至镇北将军。

重用旧部

经过一系列事件的锤炼和考验，没有人再怀疑孙权这个二十岁刚出头的新掌门人是否有能力带领江东走向新的辉煌，从外部对手到内部众人，都对他的能力和发展潜力深信不疑。

由孙坚缔造、孙策给予发扬光大的江东孙氏集团已经人才济济，形成了老、中、青三代搭配的最佳阵容。

这里的老、中、青三代，可以不从年龄的角度去理解，而从他们加入孙氏集团的时间进行区分，在孙坚时代便加入的人可看作“老一代”，孙策时代加入的视为“中一代”，而孙权接手后培养、提拔的为“青一代”。

“老一代”包括程普、吴景、孙贲、孙河、徐琨、黄盖、韩当、朱治等，吴景、孙河已经去世，孙贲、朱治前面多有涉及，这里介绍一下程普、徐琨、黄盖、韩当几位。

程普字德谋，幽州人，早年在郡里担任官吏，史书上说他有容貌风姿、计谋策略，善于应答论对，随孙坚四处征战，参加了宛县、邓县等地的讨伐黄巾军之战，在阳人打败董卓的部队，攻城野战，屡立战功，曾多次受伤。

孙坚死后，程普又跟随孙策，参加过皖城之战等大小战役十多次，孙策占据会稽郡后，自兼会稽郡太守，任命程普为吴郡都尉，后又改任丹阳郡都尉，在孙策讨伐祖郎之战中，孙策被围，程普拼死相救，孙策才得生还。

孙策任明汉将军后，升程普为荡寇中郎将，孙权掌权后，派程普镇守地方，先后兼任零陵郡、江夏郡太守，这两个郡均非孙吴实际控制，但与江东交界。程普兼任，是把这些地方作为下一步的进攻目标。

徐琨出于吴郡豪族，与同郡的孙氏交往密切，徐琨的父亲徐真和孙坚相互亲善，孙坚把妹妹许配给徐真，生下徐琨，徐琨是孙坚的外甥。

徐琨年少时在郡里任职，舅舅孙坚起事后，辞去郡职成为孙坚的部曲，跟随孙坚征伐董卓，因功被拜为偏将军，论军职比程普还高。

孙坚死后，徐琨又追随孙策，随孙策参加了讨伐刘繇等战役。在当利口之战中，因为船只不多，徐琨想向上面求援，徐琨的母亲也就是孙策和孙权的姑姑当时也在徐琨军中，对徐琨说："恐怕敌人会调发大量水军来进攻我们，到那时更为不利，现在如何能停下来？可以用芦苇制成筏子，系在船边送大军渡江（恐州家多发水军来逆人，则不利矣，如何可驻邪？宜伐芦苇以为泭，佐船渡军）。"

徐琨把这条计策向孙策汇报，孙策认为可行，于是取得大胜。徐琨目前的职务是平虏将军，仍然高出程普等人。

黄盖字公覆，荆州的零陵郡人，少时生活艰难，但素有壮志，不同于凡庸，常在干活的空余时间里学书疏、讲兵事。当过郡吏，被举过孝廉，征辟于公府。孙坚举兵，黄盖毅然追随，担任别部司马。

黄盖的特长是镇抚地方，哪里有叛乱，派黄盖去兼任该地的县长，叛乱很快就能被平息。在孙策平定江东过程中，黄盖先后兼任过九个县的县令、县长，所过之处社会秩序都能迅速恢复（凡守九县，所在平定）。

《三国志》说，黄盖生得很威武，善于和士卒打成一片，每次作战，手下人都能奋勇争先（盖姿貌严毅，善於养众，每所征讨，士卒皆争为先）。不过，黄盖的军职似乎并不高，等到赤壁之战后，他才升为中郎将。

韩当字义公，幽州刺史部辽西人。擅长骑马射箭，有膂力，受到孙坚的喜爱（幸于孙坚），跟随孙坚征伐周旋，多次遇到危难，陷敌擒虏，立下不少战功，孙坚死时他担任别部司马。

《吴书》称，韩当勤苦有功，本应职位更高，但他把机会多次让给归附于他的江湖豪杰（当勤苦有功，以军旅陪隶，分于英豪，故爵位不加。终于坚世，为别部司马）。

孙策东渡，韩当继续追随，升为先登校尉，他的职务比黄盖稍高，赤壁之战前已升为中郎将。

程普、徐琨、黄盖、韩当这些“老一代”将领在军中的威望都很高，孙权很尊重他们，但他们担任的实际职务高低有别，以徐琨最高，程普次之，韩当再次，黄盖最低。

自孙策到孙权，军中不另设统帅，孙策以明汉将军、讨逆将军的身份亲自指挥所部兵马，到了孙权军职为讨虏将军，这是当时孙吴最高军职，手下的偏将军、中郎将、校尉、都尉等均归讨虏将军指挥。

孙权的角色，就是江东的总司令，除他外不设另外的统帅，这是孙吴兵的特点。遇到不能亲自指挥、又需要多部人马配合的战役，孙权往往指定一名将领作为负责人，称为都督，被选为都督的人不一定军职最高，可以用校尉指挥中郎将，用中郎将指挥偏将军，这就是孙吴前期的都督制，都督因事而设，事毕即撤销。

程普虽然不是孙权部下军职最高的将领，但他年龄最长，资历最高，大家都尊称其为程公（先出诸将，普最年长，时人皆呼程公），是军中的灵魂式人物。

值得一提的是徐琨，他不仅是孙氏的外甥，孙权后来又来了个“亲上加亲”。根据《三国志》记载，孙权在吴县时娶了徐琨的女儿。徐琨的女儿已经嫁过人，他是同郡的陆尚，陆尚死后，徐氏寡居，孙权喜欢她，就迎娶过来。

这个辈分有点乱，徐氏的奶奶是孙坚的妹妹，徐氏就是孙权姑姑的孙女，中间差了一辈，但孙权不管，照娶不误。对此，有历史学家评论，从婚姻情况也可以看出孙氏出自寒门的品性，他们做事往往不拘小节，放在世家大族，这种事打死也不可能发生。

孙权已有谢氏，现在又娶徐氏，孙权想以徐氏为大，但谢氏不肯，谢氏由此失宠（欲令谢下之，谢不肯，由是失志），又过了几年，谢氏就死了。

谢氏死前为孙权生下长子孙登，当时还年幼，孙权让徐氏抚养。

上面是孙坚时代加入的“老一代”，再来说说孙策时代加入的“中一代”。

孙策时代加入的人包括张昭、张纮、周瑜、蒋钦、周泰、陈武、董袭、吕范、凌操、太史慈、贺齐等，其中张昭、张纮是文士，周瑜、周泰、太史慈前面已有提及，现在重点介绍其他众人。

蒋钦字公奕，九江郡寿春人，孙策讨伐袁术时加入，孙策东渡后，升为别部司马，参加平定诸郡的战役，豫章郡归附后，蒋钦担任县尉、县长等职，后升为豫章郡西部都尉。

陈武字子烈，庐江郡人。孙策在寿春时，十八岁的陈武前往拜见，追随孙策渡江，征讨有功，升为别部司马。孙策破刘勋，得到不少庐江郡人，因为陈武出自该郡，就整编为一支精锐，由陈武率领。

陈武为人仁厚好施，乡里及远方客人多来依附，他也深得孙权的喜爱，孙权曾数次到他家里。孙权命陈武督五校，这是特别设立的五支人马，相当于孙权的中军，平时负责孙权和大本营的安全。

董袭字元代，会稽郡人，身材高大，武力过人。孙策攻下会稽郡后，在高迁亭见到董袭，孙策很喜欢他，让他到郡里的门下贼曹任职，后拜为别部司马，又升为扬武都尉，参加过攻皖城之战和征讨黄祖的战斗。

《三国志》记载，孙权刚掌权时，吴夫人十分忧虑，曾问董袭江东可否保平安，董袭说："江东地势有山川之固，讨逆将军恩德在民，讨虏将军承其基业，上下用命，张昭秉众事，我等为爪牙，此地利人和之时也，万无所忧。"大家听了董袭的话，都感到很振奋（众皆壮其言）。

孙权掌权后董袭的军职升得较快，先是越威校尉，后升为偏将军。

吕范字子衡，豫州刺史部汝南郡人，年轻时当过县吏，后避乱寿春，结识孙策，率宾客百人追随孙策，孙策征战时，身边常带着两个人，一个是孙河，一个就是吕范。吕范跋涉辛苦、危难不避，孙策把他当成亲戚一样看待。

孙策死时吕范任征虏中郎将，是孙吴军中的实力派人物。

凌操字不详，史书上说他轻侠有胆气，孙策起兵后跟随征伐，经常冲杀在最前面（常冠军履锋），担任过县长，孙策死时任破贼校尉。

贺齐字公苗，会稽郡人，年轻时也当过郡吏，升为剡县县长。这时，孙策占有会稽郡，贺齐以县长的身份追随孙策，被孙策举为孝廉，又升他为会稽郡南部都尉。孙权掌权后，会稽郡南部一些县反叛，孙权派贺齐前往征讨，后升任中郎将。

蒋钦、陈武、董袭、吕范、凌操、贺齐等人，加上之前提到过的周泰、太史慈，是孙策重新起兵后追随的将领，他们多是猛将，作战勇敢，有的参加了孙策平定江东诸郡的战役，有的长期任职地方，平复叛乱，屡立战功，目前的军职普遍为中郎将、都尉这一级，是江东军队的中坚力量。

培养新人

除了重用父兄时代的旧部，孙权更注意发现和培养新人，除之前提到过的鲁肃和诸葛瑾之外，还有吕岱、吕蒙、徐盛、潘璋、骆统、朱然、是仪、胡综、朱桓、步骘、陆绩、陆逊等，他们以最快的速度和最密集的阵容迅速崛起，成为孙吴事业的骨干力量。

吕岱字定公，广陵郡人，作为“新人”其实他的年龄并不小，只比孙坚小几岁，年轻时做过郡吏，为避战乱南渡长江。孙权掌权后四处召募人才，吕岱这时前来应征，被孙权任命为吴县丞。

孙权很重视基层政权建设，有时还对他们的工作亲自检查。一次，孙权把各县的县长、县丞都召来，让他们汇报本县仓库、监狱等重要部门的管理情况（亲断诸县仓库及囚系，长丞皆见），吕岱的汇报最让孙权满意，把他调到身边工作，成为幕僚。

孙权后来发现吕岱的实干经验丰富，就让他出任余姚县长。吕岱到任后，召募精壮男子一千多人，把他们组织起来进行训练。这时会稽郡东冶等五县发生叛乱，孙权就任命吕岱为督军校尉，让他配合蒋钦前往征讨。吕岱将叛军首领擒获，被孙权升为昭信中郎将，军职提升速度相当快。

吕蒙字子明，豫州刺史部汝南郡人，他有个姐夫叫邓当，是孙策的部将。吕蒙南下，依附于姐夫。

这时，吕蒙大概十五六岁，邓当经常参加讨伐江东境内山越的战斗。吕蒙悄悄混在士卒之中，在战斗中勇敢杀敌，邓当看见大惊，呵斥他但不能阻止。回来后，邓当把这件事告诉了吕蒙的母亲，母亲要责罚吕蒙。

吕蒙对母亲说：“贫穷又卑贱的日子真难过，去打仗假如可以立功，就能得到富贵（贫贱难可居，脱误有功，富贵可致）。而且，不探虎穴，安得虎子？”

母亲听后尽管很伤心，但也不再阻止他。有一个职吏认为吕蒙年纪小，看不起他，对他说：“你小子能有什么作为？还不是拿肉喂老虎吗（彼竖子何能为？此欲以肉喂虎耳）？”有一天吕蒙见到他，他又嘲讽吕蒙，吕蒙大怒，拔刀就把此人杀了。

吕蒙闯下大祸，逃到同乡郑长家里躲避。躲了一阵，吕蒙觉得不是办法，就跑到一个叫袁雄的校尉那里自首，袁雄很欣赏吕蒙，就千方百计替吕蒙在孙策面前求情，孙策召见吕蒙，发现他的确是个人才，就留在自己左右。

吕蒙的姐夫邓当不久死了，在张昭推荐下吕蒙统领起邓当的旧部，被任命为别部司马。孙权统事后，对各部进行整编，准备将人马较少的部曲合并（料诸小将兵少而用薄者，欲并合之）。吕蒙很有心计，偷偷借了钱，给每个人都制作了大红色的衣服和裹腿（阴赊贳，为兵作绛衣行縢）。到检阅的那一天，吕蒙所部阵容整齐，操练认真，孙权大为高兴，不仅没有整编他们，还给吕蒙增了兵。

吕蒙后来参加讨伐丹阳郡的叛乱，因功升为平北都尉，兼任广德县长。

徐盛字文向，徐州刺史部琅琊国人，遭乱客居江东，以勇气相闻，孙权统事后给他五百人，任命他为别部司马，让他代理柴桑县长。

柴桑县即今江西省九江市，紧邻荆州，是西拒黄祖的最前线。黄祖曾派儿子黄射率数千人来攻徐盛，徐盛当时手下可用的人马不到二百，与敌相拒，用弓箭射杀敌人一千多人，又抓住战机，打开城门，主动出击，大败黄射，孙权升其为校尉。徐盛后来征讨临城山贼有功，再升为中郎将，孙权让他负责军队训练（督校兵）。

潘璋的事之前已作过交代，作为孙权格外厚爱的将领之一，潘璋的进步也很快。孙权先让他在豫章郡的西安县当县长，邻县建昌县贼寇横行，孙权让他过去兼任那里的县令，潘璋很有手段，仅用一个月就将叛乱平息，被孙权任命为武威校尉。

骆统字公绪，会稽郡人。骆统的父亲叫骆俊，当过陈国相，相当于太守，袁术向其征粮，骆俊不给，袁术派人刺杀了他。

骆统的母亲后来改嫁给华歆当了妾（为华歆小妻），当时骆统只有八岁。母亲改嫁后，骆统就要被送回老家，临别时，骆统拜辞母亲，之后就上车，头也不回，母亲在后面哭泣不止。驾车的人对骆统说：“夫人还在那里。”骆统回答：“我不想让母亲增加思念，所以不能回头。”

孙权兼任会稽郡太守时骆统二十岁，孙权让他担任乌程县令，他治理得井然有序，被孙权征为郡功曹，负责人事工作，又让他代理骑都尉，参与军事。

孙权对骆统的能力和为人十分欣赏，就出面把从兄孙辅的女儿嫁给了骆统，骆统成为孙权的心腹之一。

骆统平时处事谨慎，看到或听到什么都及时向孙权报告，重要事情从不过夜。骆统曾建议孙权要尊贤纳士，注意利弊得失，宴请部下可以分别进行，问寒问暖，以示关怀，让大家说出自己的心里话，以此观察他们的思想状况，增加大家的忠诚（飨赐之日，可人人别进，问其燥湿，加以密意，诱谕使言，察其志趣，令皆感恩戴义，怀欲报之心）。这些建议，多被孙权采纳。

被孙权特别器重的人里还有朱然。之前介绍过，他是孙权的同学，孙权统事后朱然进步也很快，不久就升为折冲校尉，孙权后来从丹阳郡分出一个临川郡，让朱然到那里当太守。

是仪字子羽，青州刺史部北海国人，他本来姓“氏”，当过县吏，后来任职于郡政府，当时孔融当北海国相，看到是仪的姓，开玩笑说“氏”字是“民”无上，可改为“是”，是仪于是改姓。

是仪后来依附刘繇，避乱江东。刘繇军败，是仪迁居会稽郡。孙权征召名士，优待文人，就征用了是仪。孙权对他的才学很欣赏，对是仪很信任，让他负责机要事务（专典机密），还拜他为骑都尉。

孙权的同学除朱然外，还有一个胡综，其事之前已作介绍。胡综的进步不如朱然快，一直担任金曹从事，大概相当于孙权讨虏将军府里的一个处长，后来跟随孙权讨伐黄祖，被任命为鄂县县长。

朱桓字休穆，吴郡吴县人，孙权任讨虏将军，朱桓来到他的身边任幕僚（给事幕府），后来外任为余姚县长。

朱桓到任后，遇到疾病流行，粮食也出现饥荒，朱桓带着部下亲自处理医治病人的事情，解决他们的吃饭问题，受到民众感戴，孙权升他为荡寇校尉，派他在吴郡、会稽郡整合遗散的士卒，一年之后，多达万人。

在孙权亲自发现、选拔的新人中，出自吴郡陆氏的陆逊、陆绩颇为引人瞩目。

吴郡有“四大家族”之说，分别是虞、魏、顾、陆。据《后汉书》记载，陆家世居会稽郡和吴郡一带，最早可追溯到汉光武帝时的尚书令陆闳，陆闳之孙陆续涉中国最早的佛教徒楚王刘英谋反案，被朝廷勒令还乡，禁锢终身。

陆续有个孙子叫陆康，之前提过，他是汉末三国时代的一个风云人物，当过庐江郡太守。《吴录》记载，陆康有个侄子当宜春县长，被变民所攻，派人求救于孙坚，孙坚出兵相救，与陆氏建立起良好关系。

孙坚死后，孙策初依附于袁术，袁术杀杨州刺史陈温，占据淮南，又向庐江太守陆康借米三万斛，陆康不给，袁术派孙策攻陆康。《后汉书》说这一仗打得时间非常长，前后达两年，最后城陷，陆康发病而死，时年已七十岁。孙氏和陆氏虽同出吴郡，自此结下仇恨。

陆逊是陆康的侄孙，他的祖父、也就是陆康的兄弟陆纡当过朝廷的城门校尉，也算是“省部级”高官，父亲叫陆骏，在九江郡当过都尉。陆逊十岁丧父，跟着陆康一起生活（少孤，随从祖庐江太守康在官）。孙策围城前，陆康预感到不妙，于是让族人带着陆逊回到吴郡。

陆逊回吴郡时只有十二岁，但陆康的儿子陆绩年龄更小，陆逊便承担起家族门户的重任（逊年长於康子绩数岁，为之纲纪门户）。

孙权掌事，组建讨虏将军府，征陆逊到府中任职，分别担任过东曹和西曹令史，当时陆逊二十一岁（孙权为将军，逊年二十一，始仕幕府，历东西曹令史）。陆绩后来也被孙权征召，担任奏曹掾。他们二人的职务，相当于将军府里的处长。

陆康被杀后，孙氏和陆氏结了仇，孙权为何还要聘陆逊、陆绩？这应该缘于孙策临终前的反思，他教诲孙权要注重选贤任能，收服人心，不要像他一样一味杀戮。孙权按照孙策的遗嘱改变了只重武力的政策，注意化解矛盾，尤其是与那些世家大族的矛盾，征聘陆逊、陆绩，就是出于这样的考虑。

为了进一步让陆逊归心，孙权出面把孙策的女儿许配给陆逊为妻，孙策是陆氏的仇人，陆逊没有因此而拒绝，孙权感到满意。

吴郡四大家族中陆氏最显赫，其次数顾氏，在汉末三国时期其代表人物是顾雍。

顾雍字元叹，也是吴县人，他的曾祖父顾奉当过颍川郡太守。当年，天下最知名的大学者之一蔡邕被宦官迫害避难到吴地，顾雍曾向其学琴，受到蔡邕的赞叹，《江表传》说，顾雍字元叹，意思就是被蔡邕所叹。

由于出身世家，顾雍弱冠后即被征召为合肥县长，又转到曲阿等地当县长，所过皆有治迹。孙权兼任会稽郡太守，但他长年驻扎在吴郡的吴县，不能到会稽郡赴任，就任命顾雍为郡丞，代理太守（行太守事）。顾雍也干得很好，讨除寇贼，郡界平静，吏民归服。

吴郡四大家族中的陆氏、顾氏选择了与孙权合作的道路，陆逊、顾雍以后都当过孙吴的丞相，陆逊及其子陆抗都曾是孙吴军中的核心人物，对孙吴政权的影响十分深远。

除他们外，孙吴政权中还有一个步氏家族，影响力虽然稍不能及，但也令人瞩目。

步氏家族的核心人物叫步骘，祖籍不在江东，而是临淮人。步骘避难江东，生活很穷困，和同乡卫旌以种瓜为生，但他为勤奋，目标也很远大，博研道艺，昼勤四体，夜诵经传。

郡中豪族焦矫霸道胡为，步骘与卫旌在他的地盘上谋生，担心被侵凌，于是共同带着名帖和瓜果献给焦矫。到府邸后，焦矫在睡觉，两人只得在外面等待。过了一段时间，卫旌等得不耐烦了，想就此离去，步骘制止道："我们来的初衷就是畏惧他势力强大，如今到来拜访未果又擅自离去，想以此来表示清高，只会与他结怨。"

过了很久，焦矫开窗看见了他们，于是命人在外面铺上座席，让他们坐在室外，而自己却在室中帷幄端坐。卫旌越发觉得耻辱，但步骘神色言谈自若。焦矫安排他们就餐，自己的案子上堆满了佳肴美味，却以小盘盛饭给步骘和卫旌。卫旌郁闷，难以下咽，而步骘却把饭菜全部吃光。

回来后，卫旌怒骂步骘："你怎么能忍受这种侮辱？"步骘答道："我等本是卑微低贱之人。主人以低贱之礼招待我等，本来就很恰当，有什么可耻辱的？"

孙权组建讨虏将军府，征步骘为主记，相当于主任秘书。

步骘得以来到孙权身边任职，一方面缘于他勤奋好学，另一方面缘于孙权纳其族人步氏为夫人。步夫人与步骘同族，也避难到江东，孙权因她长得很漂亮，便纳其为妻，这至少是孙权继谢氏、袁氏、徐氏之后第四个妻子，《建康实录》说她名叫步练师，其余史书均不载。

《三国志》说步夫人不仅长得漂亮，而且性格也好，不妒忌，得宠于孙权。步夫人没有给孙权生下儿子，却给孙权生了两个女儿，大女儿取名叫孙鲁班，字大虎，小女儿取名叫孙鲁育，字小虎，孙权很喜欢这两个女儿，步夫人因此更加受宠。

孙权的大女儿孙鲁班先嫁给了周瑜的儿子周循，周循死得早，又改嫁全柔的儿子全琮。

全琮字子璜，吴郡钱唐县人，父亲全柔曾被举为孝廉，在尚书台任过职，董卓之乱后弃官归乡，被扬州刺史辟为别驾从事，后担任会稽郡东部都尉。孙策进兵至江东，全柔举兵归附，被孙策任命为丹阳郡都尉。

全琮长大后一直在父亲手下做事，他出来独立任职已经到了赤壁之战后，孙权任命他为奋威校尉。由于是孙权的女婿，全琮职务升得很快，成为孙吴政坛上的一颗明星。

第三章　改变历史的决战

西征黄祖

孙权十八岁接班，用了短短三年时间，就让江东的面貌焕然一新，那些对他掌权并不看好的人，无论是敌还是友，现在都不再怀疑他的能力。孙策留下的地盘不仅没有缩水，而且不断扩大，人马快速增加，内部也进一步理顺，没有人再胆敢从内部向孙权发起挑战，一批新人迅速成长起来。

从外部情况看，也都朝着有利于江东的方向发展。曹操忙着北方的事，刘表胸无大志，一心守成，给江东制造了难得的战略机遇。

所谓战略机遇，就是别人有事的时候你没事，别人忙自己的事时你可以不忙别人的事，一心办你的事。

孙权始终记得鲁肃向他提出的规划，待内部安定之后，他决心立刻向西扩张，打败黄祖、刘表，继而占领荆州。

孙权知道，曹操也是这么想的，只是曹操目前还顾不上，孙权必须跟曹操、也跟时间赛跑。

当然，刘表、黄祖也会这么想，所以对于荆州西线的防务进行了周密部署。黄祖当时以江夏郡太守的身份驻守西陵，即今湖北省武汉市新洲区。为了把黄祖牢牢拉住，刘表新设了一个章陵郡，任命黄祖的儿子黄射为太守，驻沙羡，此处位于今湖北省武汉市以上的长江边上，黄射以沙羡为基地，控制着从沙羡到柴桑这一段江防。

为了支持黄祖父子，刘表还让侄子刘磐率兵驻扎在彭蠡以西地区。彭蠡即今鄱阳湖，这里是豫章郡的辖区，总体上是孙吴的势力范围，刘磐东进至此，与江夏郡的黄祖、章陵郡的黄射形成三角之势，江东出兵攻击其中一部，另外两部可以策应和增援。

为了打破敌人的防御体系，孙权也做了一番准备。他让周瑜以中护军、江夏郡太守的身份率一部主力进驻宫亭，此地详细位置已不可考，只知道它在鄱阳湖一带。同时，他命徐盛以柴桑县长的身份驻柴桑，此处即今江西省九江市。

为了对付刘磐，孙权让太史慈以建昌都尉的身份驻扎在海昏，此处在鄱阳湖西南面，今江西省永修县一带。

孙权一直等待着发起进攻的机会，机会很快来了。

建安八年（203 年）八月，曹操亲自带兵南下征刘表，声势很大，驻军西平，即今河南省中南部的西平县。

曹操此时耀兵南下，有点奇怪。当时北方的总体形势是，袁绍虽然于一年前病死，但他的三个儿子和一个外甥仍然手握重兵，北方四州的大部分地区仍在袁氏控制之下，曹操彻底完成对他们的消灭，是四年之后的事，北方仍然是曹操的战略重点。

这一年的三月，曹操在北方的黎阳大败袁绍的儿子袁谭和袁尚，二袁退保袁氏的大本营邺县，曹操追击至邺县，考虑到短时间内无法攻克这座坚固的城池，曹操撤兵。

现在曹操突然向南攻击，其实是他虚晃的一枪。他有两方面考虑，一方面是对刘表施压，曹操虽然一直忙着北方的事，但对荆州心里并不踏实，总担心刘表趁机在他背后来一下，但分重兵布防南线他又做不到。作为最出色的《孙子兵法》研究专家之一，曹操当然明白最好的防御就是进攻，所以他主动出击，让刘表更加不敢进犯。

另一方面，也是最重要的，曹操有意放缓对袁谭、袁尚的进攻，以促使他们内乱。袁绍有三个儿子，其中长子袁谭和三子袁尚矛盾很深，身边各有一帮人，围绕着谁是继承人的问题在袁绍生前就展开了明争暗斗。

黎阳之战结束后曹操手下大部分人都主张乘胜追击，郭嘉主张不追，郭嘉说："袁绍对这两个儿子，不知道让谁继位好，结果让郭图、逢纪等人做他们的谋士，他们必然会争权夺利。现在，如果进攻他们太急他们就会团结在一起，进攻稍缓他们就会内讧（急之则相持，缓之而后争心生），不如做出南征刘表的样子，让他们内讧，然后趁机出击，一举攻占河北。"

曹操采纳了郭嘉的建议，这就是此次南征的原因。

刘表吓坏了，赶紧调集人马向襄阳及其北部一带布防，对于孙权来说，这当然是西征的最好机会。

建安八年（203）十月，孙权集中江东精锐人马西进至扬州和荆州交界的宫亭、柴桑一带，开始了一征黄祖之战。

综合《三国志》孙吴各将领的传记，参加战斗的，除先期驻扎在那里的周瑜、徐盛以及驻扎在海昏的太史慈外，还有荡寇中郎将程普、讨虏中郎将吕范以及凌操、黄盖、韩当、周泰、吕蒙等部。

江东精锐尽出，孙权志在必得。

开始进展得比较顺利，孙权率各部突入江夏郡，由柴桑沿江一路西上，一直抵达章陵郡的沙羡。

那时候汉水汇入长江的地方还没有重镇，武昌建城以及武汉三镇崛起都是以后的事，其上游不远的沙羡重要性相当于今天的武汉，是一座重镇。

沙羡如果攻破，刘表的江夏郡和章陵郡将尽入孙吴，荆州将失去整个西部防线。为此，黄祖父子十分着急，组织人马拼死守城。

沙羡攻防战打得很激烈，孙权亲自指挥，城池仍久攻不下。黄祖本人也亲自率兵增援，双方在城里城外展开了激烈争夺。

据《吴书》记载，黄祖有一次被打败，孙权领兵追击，黄祖眼看凶多吉少，这时黄祖负责断后的队伍里有人射出一箭，正中破贼校尉凌操，凌操被射身亡，黄祖趁势才得以脱身。

凌操战死是此次西征黄祖孙吴军队遭受的最重大损失，凌操的儿子凌统时年十五岁，孙权任命他为别部司马，代理破贼都尉，统领他父亲的人马。

孙权后来得知，射死凌操的那个人名叫甘宁，是一员虎将。

山越复动

沙羡之战至为关键，黄祖父子为了守住此城已拼尽了力气，按理说不下此城孙权不会收兵。

然而，孙权很快下令撤军了，原因是后方出了问题，各郡的山越趁孙吴主力西进之机同时起事（权西伐黄祖，破其舟军，惟城未克，而山寇复动）。

山越问题始终困扰着孙吴，孙策使用武力手段对付他们，孙权继承孙策的做法，哪里有人挑起叛乱，就立即派兵前去镇压，孙吴的一线将领中，几乎每个人都有与山越作战的经历。

但是，军事讨伐解决不了根本问题，一伺有机可乘，各地的山越总会起来作乱，总也杀不完灭不净。

这次山越同时起事，范围非常大，涵盖了豫章、丹阳、庐陵、吴、会稽等郡，来势异常凶猛，孙权不得不下达回师命令。

据《三国志》记载，孙权先回到了豫章郡，在那里做出军事部署，派吕范到鄱阳，派程普到乐安，派太史慈仍然在海昏，派韩当、周泰、吕蒙等分赴其他闹事厉害的郡县，全面开展平定山越的战斗（还过豫章，使吕范平鄱阳，程普讨乐安，太史慈领海昏，韩当、周泰、吕蒙等为剧县令长）。

众人领兵分赴各地，进展倒也顺利，程普很快平定了乐安境内的山越，之后又赴海昏支援太史慈；吕范在鄱阳一带也取得了胜利，山越不敢再生事（山越畏服）；周泰兼任宜春县长，也取得了胜利，当地的税赋征收得不错，足以保障本地驻军的需要（所地皆食其征赋）。

除此之外，董袭、凌统、步骘、蒋钦、潘璋等人也都参加了这次平定山越的战斗。鄱阳一带有一个叫彭虎的，聚集起数万人，董袭前往追剿，彭虎被打败，望风而逃；才十几岁的小将凌统随孙权行动，作战中非常勇敢，带着敢死队冲在最前面，不顾飞石流矢（率厉士卒，身当矢石），勇猛异常；山越在建昌起事，潘璋在附近的西安县当县长，孙权命他改任建昌县长，同时提拔他为武猛校尉，在建昌县镇抚山越，十来天就使局势平静（旬月尽平）。

除了豫章郡、丹阳郡的叛乱活动，远在吴郡、会稽郡也有山越人反叛。在吴郡，山越人还打起了黄巾军的旗号，领头的有陈败、万秉等人，孙权命吴郡太守朱治就地征讨，朱治将陈败、万秉擒获。

最大规模的山越叛乱发生在会稽郡的建安、汉兴、南平等地，其中洪明、洪进、苑御、吴免、华当等五人各纠集万户作乱。孙权下令在建安设立都尉府，让永宁县长贺齐代理都尉，让每县各发兵五千，由县长带领，统一交贺齐指挥（郡发属县五千兵，各使本县长将之，皆受齐节度）。

按汉朝制度，县里的长官多于一万户的县叫县令，少于一万户叫县长，所以当时一个县也就一万户左右，每县出五千兵，相当于每两户出一人，征兵的比例相当高。不过，往建安调兵的应该不是会稽郡所有的县，可能是附近山越人闹事比较凶的那几个县。

贺齐发兵讨汉兴，经过余汗，他认为敌人多而讨伐的军队人少，如果过于深入十分危险，就让松阳县长丁蕃留守余汗。丁县长和贺县长辖区相邻，过去大家是同级，现在一时还不适应，丁县长听说让自己留守，不太愿意（耻见部伍，辞不肯留）。

一般人遇到这种情况肯定没招了，你不过是个县长，我也是，你能把我怎么样？

可贺齐不是一般人，见丁县长这个态度，没请示也没汇报，二话不说，上来就把丁县长斩了，这一下镇住了全军，大家都不敢再违命（于是军中震栗，无不用命）。

贺齐分兵留守，其余各部进剿，连续取胜，将洪明斩杀，其他四人全部投降，前后共斩首六千级，重新恢复了政权。征调来的各县人马陆续回去，贺齐一清点，剩下来的竟多出一万人（料出兵万人）。

孙权对于贺齐的临机决断和战绩非常欣赏，本来已经让贺齐代理都尉，现在立了功改为正式都尉就行了，但孙权觉得这不足以表彰贺齐立下的战功，直接升他为平东校尉。

这场波及面很大、参与将领众多的战斗持续了很长时间。根据《三国志》的记载，一直到建安十年（205 年），豫章郡的上饶一带还发生着叛乱，孙权调集驻扎在外地的平东校尉贺齐、讨越中郎将蒋钦前来才把这里平定，事后孙权分上饶的一部新成立了建平县。

建安十一年（206 年），孙权命周瑜指挥孙瑜等部进行了一场规模较大的军事行动，目的地是麻、保二屯。

周瑜此时的职务是中护军、江夏郡太守。有人认为孙权主事后他就是军中的统帅，其实这与事实有很大出入。

中护军、中领军等职位掌管禁军，有的也兼主持选拔武官、监督诸武将，但绝不是总司令。曹操手下长期担任中护军的人是韩浩，他曾是袁术的旧部，在曹军中论名气和地位根本排不上号。

周瑜在担任中护军之前的军职是建威中郎将，中护军与中郎将相比哪个军职更高不好说，中护军应当相同或略高，相当于大校师长。比较起来，孙瑜的军职就比周瑜高得多，孙瑜被任命为丹阳郡太守后军职提升为绥远将军，是孙吴目前极少数拥有将军头衔的人之一。绥远将军与孙权的讨虏将军一样都是杂号将军，相当于少将军长。

孙瑜的军职高，按理说应该让他来指挥周瑜，但孙权命令孙瑜听周瑜的指挥。之前说过，这就是孙吴兵制上的一大特色。

从孙策到孙权，孙吴一般不设固定统帅，要有统帅那就是孙权一人，只要是独立统兵的将领，无论是将军还是中郎将、校尉、都尉，都直接受孙权指挥，如果孙权忙不过来，就临时指定一位总指挥。

确定临时总指挥时，孙权不看年龄、资历和职务，只看能力和水平，经常出现下级指挥上级的情况。

麻、保二屯是两处营垒，位于今湖北省嘉鱼县境内，沙羡沿长江还要往上走。沙羡之战孙吴并未取胜，城池目前还在黄祖父子手中，绕过沙羡远击麻、保二屯，似乎有点不好理解。

其实，这里驻扎的不是黄祖父子的人马，也不是刘表的部下，而是和山越一样的变民或者地方武装。周瑜和孙瑜由宫亭西进数百里，快速出击，将这两处地方的渠帅斩杀，俘虏了一万多人，之后快速回师宫亭（枭其渠帅，囚俘万馀口，还备宫亭）。

这次军事行动的目的就一个：抢人。

到处打仗，人员伤亡惨重，需要及时补充。同时，发展生产、保障军队后勤供应也需要人，人成为战争年代的稀缺资源。听说麻、保二屯有人聚集，孙权认为这是个到敌人地盘上抢夺人力资源的好机会，所以不惜来一次长途远征。

黄祖吃了亏，也不甘示弱，派部将邓龙率数千人进入柴桑，要么是为了追击，要么也想抢点儿人回去。结果被周瑜打败，并且邓龙被生擒。

在此前后太史慈病逝，成为孙吴的一大损失。

在《三国志》中，太史慈的传记不与程普、韩当等将领在一块，而与刘繇、士燮二人合为一传。刘繇是朝廷任命的扬州刺史，士燮长期割据交州，他们都不是孙氏的部属。

太史慈虽然归附孙吴，但在陈寿看来他与孙权手下的其他将领仍有不同，在江东以外有比较广泛的知名度。

《三国志》记载，曹操也听说过太史慈的大名，希望他能回到北方效命于自己。曹操曾给太史慈写过一封信，用木函封着，打开一看，信里什么都没说，但是随信放着一些中药当归（曹公闻其名，遗慈书，以箧封之，发省无所道，而但贮当归）。

曹操是一个爱玩文字游戏的人，他要告诉太史慈的话不用多猜就很清楚：你应当归来了！

但太史慈没有回去，建安十一年（206 年），太史慈病逝于建昌都尉任上，年仅四十一岁。

《吴书》记载，太史慈临死前叹息道："大丈夫处于世，应当带七尺之剑，来到天子面前（以升天子之阶）。今所志未成，怎么就死了呢？"

按照太史慈的意思，只有他看到了孙权称帝的那一天才死而无憾。

孙权听到太史慈的死讯，十分悲痛，也很惋惜（甚悼惜之）。

海昏是鄱阳湖以西的战略要地，孙权命程普继太史慈后驻守此处。

二征黄祖

解决完境内的山越问题，孙权又在谋划西征黄祖的事，这时候甘宁突然前来投奔，增加了打败黄祖的把握。

甘宁就是射死凌操的那个人，他是一个奇人。

据《三国志》记载，甘宁字兴霸，是益州刺史部巴郡人，他年轻时就有一把子力气，好游侠，身边围着一帮年轻人。甘宁是他们的头儿，这帮人出来进去都聚在一起，每人都挟带弓弩。甘宁自己还带着一种毦带铃，老百姓一听见铃声，就知道他来了。

甘宁就是一个问题青年兼黑社会成员，在当时靠这个混饭吃的人很多，有的人还混进了政府。根据《吴书》的记载，甘宁在郡政府为吏，后来还升任蜀郡丞，相当于副太守，诸葛亮的父亲诸葛珪干了一辈子，到死时才干到这个位子上，这已经不算低了。

《吴书》还说，甘宁一边当差，一边继续混黑社会，有点像宋江，只是比宋江胆子还大，轻侠杀人，藏舍亡命，闻于郡中。每次出门，乘车有车队，乘船船相连（其出入，步则陈车骑，水则连轻舟），所有跟侍都穿着丝绣的衣服，把道路都能照亮，常以绵约缎系船，走的时候用刀砍断不要，以示富有（从被文绣，所如光道路，住止常以缯锦维舟，去或割弃，以示奢也）。

大家都逢迎他，就连本地的长官也不例外。对于那些热情接待的人，甘宁就跟他交朋友，态度不好的，甘宁就让人去抢他们。甘宁一伙过着一种无法无天没人管的快活日子，前后达二十多年。

突然有一天，甘宁感到厌倦了，就停止胡作非为，专心读起书来。经过对人生与时局的思考，甘宁大概觉得再这样下去没有意思也没有前途。更重要的是，他的作为不是没有人管，而是时候不到，时候一到，自然有人出面算他的账。考虑到这些，甘宁决定带着手下人出去找个靠山。

甘宁没有去成都找刘璋，毕竟在人家的地盘上折腾了那么多年，欠的债太多。甘宁去了荆州，想依附刘表，跟随他一同前去的有八百多人。

《三国志》说，刘表让甘宁等人住在南阳郡，对他并不重用。刘表把甘宁只当成利用的工具，时时都在防范。刘备那时也被安排在南阳郡境内，刘表让他们在那里驻扎，其实是给自己当一面挡箭牌，曹操率军南下必过南阳郡，正好可以为自己挡枪。

甘宁看透了刘表的意图，他不愿意替刘表作无谓牺牲，于是另找出路，经过一番辗转，他投到黄祖门下，但黄祖也不重用他，视他为平常之辈（后转托黄祖，祖又以凡人畜之）。

《吴书》说，甘宁观察刘表是个儒人，不懂军事，必然无法成事，而荆州一旦生乱，自己就要受牵连。他想走，想去的地方是孙吴（欲东入吴）。后来之所以投到黄祖门下，是因为黄祖控制着江夏郡，甘宁走到这里过不去，只得投靠黄祖。

甘宁在黄祖这里待了三年，黄祖不重用他，甚至对他也不大尊重（祖不礼之）。孙权上次讨黄祖，甘宁射杀凌操，替黄祖解了围，对于这种救命之恩，黄祖仍视而不见，还拿之前的态度对待甘宁（军罢还营，待宁如初）。

黄祖手下有一个重要将领叫苏飞，很欣赏甘宁，多次在黄祖面前推荐甘宁。但黄祖不听，反而派人秘密联络甘宁的部下，试图分化瓦解他们。

在这种情况下甘宁只有离开，但又担心黄祖不让，心里闷闷不乐。苏飞看出他的心思，就想再帮帮他。一次，苏飞请甘宁喝酒，喝得差不多了，苏飞对甘宁说："我多次推荐你，但上面不肯用，日月如梭，人生几何，你还是远走他乡吧，或许能遇到知己（日月逾迈，人生几何，宜自远图，庶遇知己）。"

甘宁想了一会儿，说："我虽然有这个想法，可不知道该怎么办（虽有其志，未知所由）。"

苏飞说："我想办法推荐你当邾县县长，你去那里上任，那地方是边境，到任后谁还能拦住你？"

甘宁一听大喜："太好了！"

苏飞去做黄祖的工作，黄祖果然任命甘宁当了邾县县长。甘宁于是召集那些想跟他一起走的人——有数百人——投奔到了孙吴。

主持前线事务的是周瑜。他见到甘宁，认为甘宁是员猛将，又了解黄祖那边的情况，是一个不可多得的人才，就推荐给了孙权。

孙权亲自接见甘宁，对他格外优待，把他当成老臣一样看待（孙权加异，同於旧臣）。

甘宁在刘表和黄祖手下都做过事，孙权最想听的就是他对于荆州问题的见解。甘宁对孙权说：

"如今汉室日益衰败，曹操越来越强大，他终将篡汉自立。荆州山川丘陵多布，江川流通，确实应该向西发展（诚是国之西势也）。我观察刘表，他缺乏远虑，儿子也非大器，不是能继承基业的人。"

"您应当早做规划，不能落在曹操的后面（至尊当早规之，不可后操）。要图荆州，应先取黄祖。黄祖现在老了，十分昏聩，财政和粮草都短缺，左右都欺骗愚弄他，以他的名义索要财货，损害官兵利益（左右欺弄，务於货利，侵求吏士），部下士卒心生怨愤，舟船战具都顿废不修，农民也怠于耕作，军纪散漫。"

"您如果现在攻打，必然可以把他击破。击破黄祖，一鼓作气向西挺进，占据楚关，势力范围更加宽广，可以慢慢制定攻取巴蜀的计划。"

甘宁先在益州，后附刘表，再依黄祖，对巴蜀、益州以及江夏郡的社会风物以及刘璋、刘表和黄祖的个人品性都有很深了解，他上面这番话绝不是纸上空谈，而是根据长时间观察得出的结论。孙权对他的这番话深表赞同。

但是，也有人反对。据《三国志》记载，甘宁向孙权陈述对荆州问题看法时张昭也在座，张昭不同意甘宁的看法，质疑道："吴国现在尚未稳定，如果西进，国内恐怕会出现混乱（吴下业业，若军果行，恐必致乱）。"

甘宁虽然知道这个老同志是谁，但仍不客气地反驳道："国家交给您萧何那样的重任，但您却只想过太平日子，害怕国家动乱，难道您只会羡慕古人并效仿他们过太平日子吗（君居守而忧乱，奚以希慕古人乎）？"

孙权也不理会张昭，当场举起酒杯向甘宁敬酒道："兴霸，今年西进讨伐的事，就像这杯酒一样，我全权交给你了（今年行讨，如此酒矣，决以付卿）。你只管努力出谋划策，一定要打败黄祖，这是你的功劳，不必在意张秘书长怎么说（何嫌张长史之言乎）。"

张昭对孙权西征黄祖、刘表的计划不大支持，至少态度有点消极，这是他第一次就重大战略问题和孙权发生分歧。说到底，张昭并不了解孙权的雄心壮志。乱世激流，强者为王。要想生存只能自强，寄人篱下形同等死。这一点，张昭还不是完全懂。

孙权不客气，当面对张昭进行了驳斥，毫不留情面。这就是孙权，可以尊你敬你，但在核心利益上一旦发生分歧，他不会有丝毫迁就，也不会抹稀泥。

建安十二年（207 年），孙权第二次西征黄祖，所带的人马还是上次西征时的部将。不过，对于这次西征，史书记载极为简略，只是说孙权虏获不少人口就回来了（权西征黄祖，虏其人民而还）。

《三国志》里有一处记载，说孙权此次出征前曾问卜于术士吴范。吴范字文则，会稽郡人，以治历数、知风气闻于郡中，被推荐到朝廷任职，但因为兵荒马乱不能成行。孙权起事于东南，吴范前来效力，每有吉凶吴范都进行推演预言，而他的预言往往应验（每有灾祥，辄推数言状，其术多效）。吴范于是名声远扬。

对于这次征黄祖，吴范推演后认为："现在出兵没有多少好处，不如等到明年（今兹少利，不如明年）。明年是戊子年，刘表将身死国亡。"

孙权对吴范的预言一直深信，但此次征黄祖他的决心很大，也不想再等一年，于是不听吴范的劝告继续西征，结果未能成功。

对于二征黄祖的草率结束，有一种意见认为可能因为孙权的母亲此时去世了。《三国志》记载孙权的母亲吴夫人死于建安七年（202 年），但《志林》等史书认为她死于孙权二征黄祖的建安十二年（207 年），《资治通鉴》采用了《志林》的说法，认为孙权第二次征讨黄祖时，吴夫人病危，召见张昭等人嘱托后事，之后病逝（权母吴氏疾笃，引见张昭等，属以后事而卒）。

按照这个说法，孙权也只好撤军，他匆忙往吴郡赶，但也没能见上母亲最后一面。

三征黄祖

建安十三年（208 年）春天，孙权发动了第三次西征黄祖战役，距上一次西征才不过几个月时间。之所以如此着急，与北方局势有关。

去年，就在孙权二征黄祖的同时，曹操冒险亲自带队远征乌桓，越过二百多里的无人区，奇袭乌桓人的大本营柳城，在白狼山取得大胜。

袁绍的儿子袁尚、袁熙开始逃到乌桓人这里避难，后又逃到辽东的公孙康处，公孙康畏于曹军的强大把二袁杀了献给曹操，曹操彻底统一了北方。

现在南方有三股势力，自西向东依次是益州的刘璋、荆州的刘表和江东的孙权。下一步曹操将挥师南下，最有可能的是先解决刘表，之后再解决孙权和刘璋。对孙权来说，与曹操直接对决的一天迟早会到来，现在能做的，就是在决战之前尽可能壮大自己的力量。打败黄祖父子，占有荆州西部的江夏郡、章陵郡，就是要给江东建立起一道抵挡曹操的屏障。

孙权命张昭和吕范留守吴县，其他能带的人马都尽数带上，此次出征，更是志在必得。据《吴书》记载，孙权还做了两只木匣，要用它们分别装黄祖和苏飞的首级（先作两函，欲以盛祖及苏飞首）。

孙权想起上次西征前吴范的劝告，就把他也带上。

孙权乘船沿长江西进，过了柴桑，行至寻阳段，吴范观察天象，立即跑到孙权的战船上道贺，催促大军加快进兵速度（行及寻阳，范见风气，因诣船贺，催兵急行）。

孙权任命周瑜为前敌总指挥（前部大督），命偏将军董袭、平北都尉吕蒙、代理破贼都尉凌统为前锋，自己亲率其余各部随后跟进。

这是一场硬仗，打头阵的人孙权用的是年轻将领，而没有用程普、韩当等老将，对孙权来说这需要有些魄力才行。

尤其是凌统，今年不到二十岁，而且前不久还犯下大错，按说应予严诫。

据《三国志》记载，凌统参加了此前征讨麻、保二屯之战，他跟一个叫陈勤的将领编在一起。陈勤此人打仗很勇敢，但也很傲慢。凌统和陈勤等人一块喝酒，陈勤当“酒司令”，他不按规矩行酒，谁喝谁不喝都由他说了算（因督祭酒，陵轹一坐，举罚不以其道）。凌统年轻气盛，当面顶撞陈勤。陈勤气恼，大骂凌统，连凌统的父亲凌操也骂了，骂得凌统当众流下了眼泪（勤怒詈统，及其父操，统流涕不答）。众人离去，陈勤借着酒劲还在骂，骂了一路。凌统无法忍受，挥刀就砍，陈勤受重伤，数日后死去。

战斗打响，凌统对部下说：“我只有一死才能谢罪。”于是奋勇当先，冲在最前面，身当矢石，立下首功。

回来后，凌统把自己捆起来到负责军纪的军正那里自首。孙权知道后，考虑到事出有因，凌统又立了大功，所以没有严惩，而是让他戴罪立功。

这一仗打得异常激烈，对黄祖父子来说这是保命之战，所以使尽了所有力气拼死抵抗。但吴军更勇猛，连下蕲春、鄂县、邾县等要地，沿长江一直打到了沔口。

汉水也称沔水，沔口即汉水入长江之口，也就是今天武汉三镇一带。由此上溯不到百里，就是荆州西部重镇沙羡，黄祖父子在沔口布下了一道坚固防线。

黄祖父子命人在沔口的江面上横着两只大船，然后用棕榈大绳系石为碇，把船固定在江中（横两蒙冲挟守沔口，以栟闾大绁系石为碇）。在这两只船上有上千人，他们手持弓弩，飞矢雨下，吴军不得近前。

前锋董袭和凌统各率一百人的敢死队，每人穿两副铠甲，乘大船突至敌人的大船下。

董袭亲自挥刀砍断了系船用的两根大绳（袭身以刀断两绁）。敌船不稳，在江中横摆，让开了江面，吴军趁势突破了沔口防线。

在其他方面吴军也取得大胜。黄祖命部将陈就抵挡吴军的另一路前锋吕蒙，吕蒙与其激战，亲自将陈就枭首。

凌统还率数十名健儿乘坐一条船深入敌后数十里侦察情况，路遇黄祖的部将张硕，凌统将其斩首，其他敌兵连船带人全部俘获。凌统回来把情况报告了孙权，引导大军继续前进。

孙权报仇心切，一定要抓到黄祖。

吴军各路齐进，兵至沔口城下，孙权原本想这里会如上次在沙羡那样再打一场攻坚战，但结果轻松得多，没费多大事就把城攻破了，黄祖父子弃城而逃。

孙权有些失望，下令追捕，不惜一切代价，一定要抓到黄祖。

孙权太想把仇人捉住了，他问卜于吴范，吴范又看了看天象，向他报告说："黄祖还没有跑远，必能生擒（未远，必生禽祖）。"

还没过一天，好消息便传来，黄祖在逃亡途中被吕蒙手下一个叫冯则的骑士遇到，将其枭首。

黄祖儿子黄射的下落史书未予记载，想必也一同死于此战。

第三次西征黄祖取得全胜，孙权报了杀父之仇，这一业绩无疑彻底巩固了孙权在江东的地位。

更为重要的是，攻占沔口后，孙吴的势力由柴桑西进了数百里，打开了荆州西面的门户，使周瑜这个江夏郡太守名至实归。尽管黄祖死后刘表派长子刘琦继任江夏郡太守，但刘琦的势力仅限于江北地区，沔口以下的长江各要塞都掌握在吴军手中。

黄祖被杀后的第二天，孙权下令召开庆祝大会，设宴招待有功将士。

宴会上，孙权举杯对董袭说："能有今天这个大会，是你砍断棕绳之功啊（今日之会，断绁之功也）！"

孙权又对吕蒙说："此次打败黄祖，是从陈就被擒开始的（事之克，由陈就先获也）！"

戴罪立功的凌统此次作战勇敢，又立下大功，孙权正式任命他为承烈都尉，前面犯下的杀人之罪算是一笔勾销了。

孙权当然不会忘记甘宁的功劳，此战虽然甘宁没有担任前锋，但没有他的建议和情报，也不会打得那么顺利。但是，还没等孙权表扬甘宁的功劳，甘宁却来到孙权的面前，叩头流泪，头都磕出了血来（宁下席叩头，血涕交流）。

孙权有些惊讶，等甘宁一说，才明白是怎么回事。

原来，孙权没有生擒黄祖，却活捉了黄祖手下最重要的部将苏飞。在孙权心目中，黄祖是首犯，苏飞就是次犯，所以也给他专门准备了一只木匣，用来盛苏飞的首级。

苏飞曾有恩于甘宁，被捉后，想办法通知了甘宁，让甘宁救自己。甘宁道："苏飞不说，难道我能忘了吗（若不言，吾岂忘之）？"

庆祝会上，甘宁趁孙权高兴，出来叩首为苏飞谢罪，甘宁对孙权说："苏飞对我有大恩，如果不是苏飞，我早已葬身沟壑，哪能来到您的麾下效力？现在苏飞罪当夷戮，但我还是想请您留他一命！"

孙权听后很感动，对甘宁说："我现在把他交给你，如果他跑了怎么办（今为君致之，若走去何）？"

甘宁回答："苏飞如果能免除身首异处之刑，得再生之恩，赶他他都不会走，怎会逃亡？如果他真的逃跑，甘宁愿把自己的头放在那个木匣里（若尔，宁头当代入函）！"

孙权于是下令赦免了苏飞。

甘宁是凌统的杀父仇人，凌统一心想报仇。据《吴书》记载，甘宁也知道这些，平常总防备着凌统，尽可能不跟他碰面（宁常备统，不与相见），孙权也叮嘱凌统不要为难甘宁。

但还是有见面的时候，有一次吕蒙设宴，甘宁、凌统都在座，喝得有点多。凌统起身挥刀而舞，心里可能没打好主意，大概想瞅机会一刀杀了甘宁，然后就说自己喝多了。

甘宁看透了凌统的心思，于是也起身相舞，二人剑拔弩张，随时有血光之灾。吕蒙见状，一手拿刀，一手拿盾，也加入进来，用身体把他们分开（以身分之）。

这件事让孙权知道了，他让甘宁率部驻守在半州，尽量离凌统远一些。

因甘宁的身份特殊，孙权对他特别留意，有谁如果再刁难甘宁，他都会予以干预。甘宁有一阵归孙瑜的弟弟孙皎统领，也是在喝酒的时候甘宁为一点小事跟孙皎发生了矛盾，有人劝甘宁主动赔罪，甘宁不肯：“孙皎虽为公子，但作为臣下我们都是一样的，他也不能专干欺侮人的事吧？我生逢明主，只知道效力尽职，以报上天给我的机遇，实在不能忍受别人的摆布。”

甘宁认为孙皎是有意欺侮他，一生气就向孙权打报告，要求归吕蒙统领。孙权马上写信给孙皎给予训诫，信是让诸葛瑾捎去的，话说得很严厉。孙皎看后大悔，上书认错，并主动和甘宁结为好朋友。

曹操来了

孙权在荆州西部的军事行动让刘表焦急万分，他病了。

最近以来，对刘表来说净是烦心事。西面有孙权，北面有曹操，都不是善茬，都想把他的荆州吞为已有，每想到这些，刘表都如坐针毡。

这一年刘表六十七岁，到荆州也将近二十年了。他曾经是一个党人，也是相当不错的一名文人，但他一点都不文弱，而且颇有胆识和谋略，依靠老同事蒯越以及蔡氏、马氏等大族的支持，迅速在荆州站住了脚。

刘表治理政务、发展经济都有一套，是个实干家，这些年把荆州治理得不错。在一片纷乱扰攘的时局中，荆州一度成为中原人避乱的最佳地点，人才的大量涌入，又进一步推动了荆州经济和社会的发展。

但是刘表没有打过什么像样的大仗，大部分时间是在和平的环境中度过，舒舒服服过了二十年的太平日子。这是幸运，同时也是不幸。因为虽然和平是美好的，但和平得太久了也害人。

刘表手下军队的人数应该超过了十万，而且水军方面是他的强项。但刘表心里明白，这是一支在和平年代里成长起来的军队，岂是能征惯战的曹军的对手？

除了大兵压境，刘表自己的家事也让他烦心。他有两个儿子，长子刘琦，次子刘琮。据《后汉书》记载，刘表开始比较喜欢刘琦，原因是刘琦长得像自己（初以琦貌类于己，甚爱之）。

作为长子的刘琦深得父亲的喜爱，在嫡长子继承制的体制下，接班是迟早的事。但是，出现了插曲。

刘表的前妻死了，刘表的后妻蔡氏出于荆州大族蔡家。蔡氏有个弟弟叫蔡瑁，蔡瑁有个外甥叫张允，二人掌握着刘表的水军，是刘表也不敢小视的人物。刘表喜欢刘琦，蔡氏却喜欢刘琮，原因是刘琮娶了蔡氏的侄女，成了亲上加亲。蔡氏为了抬高刘琮，不断在刘表面前诋毁刘琦。次数多了，刘琦居然慢慢相信，于是对刘琦逐渐疏远。

表面上看刘表有些糊涂，犯了废长立幼的大忌。袁绍之败就在眼前，他居然没有汲取教训，重蹈覆辙，实在不明智——《三国志》的作者陈寿就持这样的观点。

但仔细一想也许未必。当年袁氏诸子相争的事，刘表比谁都清楚，他还先后给袁尚、袁谭写过长信，劝他们团结起来，不要搞分裂，他怎能不知道兄弟不和的危害？但刘琮背后有蔡氏集团的支持，而刘琦没有后盾。如果他不顾实力强大的蔡氏集团反对执意让刘琦接班，不用多想都能猜到，在他死后荆州必然是一场内乱。

所以，他主动疏远了刘琦，以安抚蔡氏集团。《后汉书》和《三国志》都记载，刘琦也明白自己的处境，主动提出到外地任职。当时黄祖刚刚被杀，刘表顺势派刘琦接任江夏郡太守。

当时的江夏郡一部分已被孙吴的军队占领，刘琦到江夏郡后，驻扎于夏口，这里也在汉水入长江口附近，正好与孙吴的人马形成对峙。

据《三国志》记载，刘琦之所以主动离开襄阳前往与孙吴交战前线的夏口，是刚刚来到刘备手下的诸葛亮给出的主意。诸葛亮字孔明，是诸葛瑾的弟弟。之前说过，他们的故乡遭遇战乱，一家人分成两部分，诸葛瑾携继母去了江东，诸葛亮和三弟诸葛均还有两个姐姐辗转到了荆州定居。

诸葛亮在襄阳近郊的隆中隐居十年，授业于名师司马徽、庞德公等人，与庞统、徐庶、崔钧、马良等人结为挚友。大约在建安十二年（207年）前后，寄寓荆州的刘备听说诸葛亮是个人才，三顾草庐才让诸葛亮来到刘备身边出谋划策。

诸葛亮和刘表、刘琦也有亲戚关系，诸葛亮的岳父叫黄承彦，岳母姓蔡，跟刘表的妻子蔡氏是亲姐妹，刘表是诸葛亮的姨父，刘琦是诸葛亮的表兄弟。

建安十三年（208年），曹操五十四岁。

对曹操来说，这是异常繁忙的一年，北征乌桓，痛失首席谋士郭嘉和爱子曹冲，诛杀华佗、孔融，迎接故人之女蔡文姬归汉。虽然这么忙，又刚刚远征回师，但曹操的心里仍然特别着急。

七月，在许县处理完有关事务的曹操，来不及让人马作长时间休整，就正式发起了南征荆州的战役。孙权打败黄祖，让曹操觉得不能再等了。

消息传到襄阳，刘表的病情加重。

刘琦急忙从江夏郡赶回襄阳探望，他是个孝子（素慈孝）。但蔡瑁姐弟俩认为待他们父子二人相见，刘表很难说不会突然托后事于刘琦，于是千方百计阻止他们父子相见。

蔡瑁对刘琦说："你父亲命令你镇守江夏郡，这个担子很重呀。你现在放下众人擅自前来，你父亲见到你必然生气，影响你们父子的亲情，还会增添他的病痛，这不是孝道（伤亲之欢，重增其疾，非孝敬之道也）。"连门都不让刘琦进（遂遏于户外）。

八月，刘表病逝。据《后汉书》记载，刘表死于背疽，现代医学称为背部急性化脓性蜂窝织炎，其外因是外感风热、火毒，湿热蕴结所引起，内因是七情郁结，脏腑蕴热而发，也就是说这个病全是愁的。

刘表死时长子刘琦不在跟前，在刘表妻子蔡氏以及荆州主要将领蔡瑁、张允等人主持下，以刘表的次子刘琮继位。

据《英雄记》、《魏书》等记载，刘表临死前留下了政治遗嘱，但他指定的接班人既不是刘琮，也不是刘琦，而是刘备。《英雄记》说刘表在病中向献帝上表，推荐刘备代理荆州刺史。《魏书》说刘表病重期间，托国于刘备，对他说："我儿不才，而诸将也没有特别突出的，我死之后你来统领荆州。"

但刘备不了解刘表此话的虚实，说："将军您的儿子们都很贤能，不要担心。”对刘表的好意给予拒绝。

裴松之分析这件事时认为上面的记载有误，原因是刘表夫妻立刘琮为接班人的想法早就确定了（情计久定），不会临终前突然改变决定。但是仔细想一下，如果刘表病重期间真的见到过刘备，这种可能性则完全存在。

不仅因为他们都姓刘，而是因为刘表心中的苦衷除了刘备恐怕已无人能解。刘表临死前想必已经意识到两个儿子之间的相争不可避免，他此时唯有把平息内乱的希望寄托在刘备身上。

刘备是个老江湖，不然他活不到现在。荆州虽然是他做梦都渴望得到的，但他深知这里不属于他。刘表的话可以相信是真的，但对刘备而言却毫无用处，原因很简单，此时的荆州已经不在刘表的掌握之中了。

刘琦以江夏郡太守的身份驻守在夏口。为了安抚刘琦，刘琮命人将刘表生前朝廷授予的侯爵印绶送给刘琦，刘琦怒不可言，将印绶扔在地上，准备借奔丧之机发难。

眼看袁绍死后儿子们相互恶斗的一幕将在刘家重演，只不过他们还没有打起来，曹军就杀到了家门口。

九月，曹操亲率大军推进到襄阳北部的军事要地新野。

刘表在荆州北部的守将文聘率部投降。文聘字仲业，荆州刺史部南阳郡人，日后成长曹魏著名将领之一，曹操让文聘继续统率所部，给予很高礼遇。

面对大军压境，刘琮赶紧召开紧急会议研究对策。

荆州的水军基地在江陵，即今湖北省沙市，这里也是荆州的后勤基地，重要性非同一般。刘表死后蔡瑁、张允亲自赶到那里加强控制。刘琦在夏口，离此地很远。离这里较近的是刘备，但刘琮有意没通知他，并对他封锁消息。

参加这次讨论的主要是蒯越、韩嵩等人。出乎刘琮意料的是，大家的意见相当一致，投降。

一个单位、一家企业如果没搞好，面临破产的危险，对员工来说，这其实无所谓，甚至还会盼着赶紧破产。如果有人肯接手，破产重组，让这个企业继续发展下去，那当然比苦熬着强了。

从管理层到一般员工在这个问题上的看法是一致的，蒯越、韩嵩等人就是这样的想法。但是，作为企业的股东和所有人，他是不愿意被兼并的，被兼并以后别人照样打工领薪水，而原来的老板就得炒鱿鱼。

群雄割据，诸侯争霸，表面风光，其实沧桑，甚至远不像被炒鱿鱼那么简单。一旦臣服于外人，没准还有更大的灾难在后面等着。刘琮虽然没有哥哥刘琦聪明，但这一点道理还看得明白。他急了。

刘琮说："现在我们据有整个荆州，守着先君之业，又有刘备相助，即使要投降，也再观望一阵子难道不行吗?"

主降派们都不愿意等，他们轮番做刘琮的工作，向他施压，就连在荆州作客的"建安七子"之一的王粲都参加了。

刘琮纵使心有不甘，也无可奈何，于是决定投降。

曹操兵不血刃就占有了襄阳。

鲁肃出使

荆州形势突变，这时孙权在柴桑。

孙吴的主力除一小部分留守在江东各郡县，一小部分驻防在皖城以防备曹魏的合肥之敌外，其余都在柴桑至夏口一线。

早在刘表去世前，孙权就密切关注着荆州的形势：刘表父子不敌曹操的大军，这几乎没有悬念，问题在于他们是投降还是抵抗，如果抵抗能坚持多久，这些都关系到下一步时局的走向。鲁肃也意识到已经到了一个重要关头，他对孙权说：

"荆楚和我们相邻，水流顺北，外有长江和汉水，内有山岭阻隔，城池坚固，沃野万里，士民殷富，如果据而有之，可以成就帝王之业。现在刘表死了，两个儿子向来不和，军中诸将各怀心事。另外，刘备是天下枭雄，和曹操有矛盾，寄寓于刘表，刘表忌讳他有能力所以不能重用。"

"如果刘备与荆州同心协力，上下一致，那我们应该采取抚慰的策略，与之结盟；如果他们各有异心，互不合作，我们就另想办法谋取荆州，以成就大业（如有离违，宜别图之，以济大事）。"

"我请求奉命到荆州吊唁，慰问刘表的两个儿子和军事上主事的人（肃请得奉命吊表二子，并慰劳其军中用事者）。同时说服刘备让他安抚刘表的部属，同心同德，共同对付曹操，刘备一定乐意这么做。如果能够成功，天下就可以平定了。现在必须尽快前往，否则就会让曹操抢先一步。”

孙权同意鲁肃的分析，命令他赶紧成行。

《魏书》和《九州春秋》都记载，鲁肃此前其实并不敢确定孙权的打算，他先故意对孙权说：“曹操是个强敌，刚灭亡了袁绍，兵马甚精，乘战胜之威，伐刘氏父子的丧乱之国，胜利是必然的。不如遣兵助曹操，并送家眷到邺县（不如遣兵助之，且送将军家诣邺），不然的话，就危险了！”

孙权听完大怒，要杀鲁肃（权大怒，欲斩肃）。

鲁肃经过这一激，摸清了孙权的真实想法，于是说：“现在的情况很严重了，既然不想这么做，不如遣兵助刘备。”

鲁肃从柴桑出发前往襄阳，走到夏口时，听说曹操的大军已抵近了襄阳。鲁肃加快行程，晨夜兼道，到达南郡时，听说刘琮已投降曹操。

襄阳不能再去了，鲁肃焦急地打听刘备的消息，他知道刘琮可以投降，而刘备绝对不会。

刘备时年四十七岁，是天下尽人皆知的英雄。史书记载他是汉景帝儿子中山靖王刘胜的后代，算是汉室宗亲，但是与刘岱、刘繇、刘表、刘焉这些宗亲相比，刘备已经不算贵族。现在是东汉，景帝在西汉，年代太久远了，当时像刘备这种情况的人很多，虽然也姓刘，但已与普通百姓无异。

刘备的父亲叫刘弘，当过县令，但很早就死了。在刘备的人生道路上，影响最深的是他的母亲。她一心要供刘备读书，无论家里条件多差，也要想办法让刘备上学，并且要上最好的学。

涿郡出了个大学者叫卢植，辞官回家办了个私学。刘备的母亲想方设法把他送到卢植那里学习。根据史书记载，刘备的母亲以贩履织席为业，是下层人中的下层，卢植是天下知名的学者，他办的私学堪称贵族学校。刘备能到这里读书，说明这位母亲很伟大。

在卢老师那里刘备结识了日后对他帮助很大的同学公孙瓒，毕业后来不及谋个一官半职，就遇上黄巾民变，天下大乱。而家乡幽州是主要战乱区。刘备的公务员梦破灭了，但却找到了另一个机会。

之前说过，朝廷重新启用卢植镇压黄巾军，公孙瓒和刘备听说后都跑到老师那里报名参了军。跟随刘备一块去的还有他新结识的异姓兄弟关羽、张飞。后来因为军功，刘备被授予中山国安喜县尉一职，协助县令按察盗贼、维护地方治安、征发卒役。

刘备不喜欢干这些杂事，但他没有背景，唯一的后台卢老师因为再次得罪宦官而被降职。这时，大将军何进征召外兵入京，刘备觉得时机来了，便弃官而去，带着关羽、张飞跑到洛阳，几经辗转，来到洛阳，后又因战功，先后升任县丞、县令。

一次次出生入死，换来的只是芝麻大的官，刘备有些心灰意冷。这时听说老同学公孙瓒在幽州崛起，势力很大。刘备再次弃官，到老同学那里效力，被公孙瓒任命为别部司马，相当于独立团团长。

独立团刘团长带着关羽、张飞这两位“营长”追随公孙瓒，他们作战勇敢，受到公孙瓒的重视。大约在初平三年即一九二年前后，公孙瓒派刘备到青州平原国任平原相，这一职务相当于太守。

平原国在今山东半岛，刘备在此待了三年，关羽、张飞升任别部司马。除他们二人外，公孙瓒还派赵云率部协助刘备。

公孙瓒与袁绍交战，平原国处于中间地带，刘备策应公孙瓒对袁绍的进攻，出了很多力。徐州牧陶谦是公孙瓒的盟友，袁绍的盟友曹操猛攻徐州，陶谦向公孙瓒求援，公孙瓒派刘备前去支援。刘备率关羽、张飞、赵云等人到了徐州，帮助陶谦顶住了曹操的进攻。

恰在此时陶谦病死，临终前嘱咐人去迎请刘备来主持徐州大局。刘备借机占有了徐州，成为徐州牧，从此脱离了公孙瓒。

刘备成为一方大员，周旋于袁绍、曹操、吕布、袁术之间，与袁术、吕布先后多次交战，几番流离失所。官渡之战前，被吕布从徐州打跑，投奔了曹操。

当时有很多人看不上刘备，比如袁术，听说刘备当了徐州牧心里很不忿，曾对人不屑地说还从来没有听说天下有个什么刘备，凭什么和自己平起平坐（术生年以来，不闻天下有刘备）。

但是也有人对刘备十分高看。据《三国志》记载，曹操有一次请刘备吃饭，漫不经心地说了一句话：“现在天下的英雄，只有你我二人，像袁绍那样的，都不在话下（方今天下英雄，唯使君与操尔，本初之徒，不足数也）。”

这一句话发自曹操肺腑，说明他很会看人。但也正是这句话，吓得刘备够呛，因为他是寄人篱下，平时最害怕的就是被人看出胸中大志来。

所谓英雄，从字面来看，英就是聪明，雄就是胆大，聪明又胆大者就是英雄。英雄出于乱世，天下太平时难出英雄。现在就是英雄辈出之际，谁够聪明，谁的胆够大，谁就有出人头地的可能。

为防曹操加害，刘备借机逃到了袁绍那里，参加了袁曹官渡之战的序战。

建安五年（200年）七月，曹操的大后方汝南郡发生叛乱。刘备向袁绍建议抓住这个机会，派一支人马前去那里接应叛军，给曹操背后插上一把刀。袁绍同意，就派刘备前往。

其实刘备根本不打算真给袁绍卖命，他只是想找机会脱离袁绍。这时，官渡之战出人预料地提前结束了，袁绍惨败，刘备主动撤出汝南，这才来到荆州投奔刘表。

因为有之前在曹操那里投降又复叛的历史，加之曹操对刘备能力的忌讳，所以刘备不会天真地再去投降曹操。刘琮已降，刘备失去依托，他只有逃跑这一条路。

鲁肃在打听刘备的去向，当时从襄阳一带有不少南下逃亡的难民，想知道刘备的消息并不难。听大家说，刘琮决定投降前并没有知会刘备，结果让刘备措手不及。他当时驻扎在樊城，与襄阳只隔一条汉水，曹军如果来得快，刘备就有被断后路的危险。

刘备赶紧撤退，他让关羽率一支水军由汉水南下，估计是去夏口方向与刘琦会合，自己带着张飞、赵云、诸葛亮等人绕过襄阳直接南下，目标是江陵。

江陵是荆州的水军基地和后勤基地，鲁肃看出来刘备是想抢在曹操之前拿下江陵，以此为资本与曹操抗衡。

鲁肃没有去江陵等刘备，他怕刘备在曹操的追击下到不了江陵。鲁肃计算了刘备行走的路线，决定在半道上等他。

鲁肃走到南郡的当阳县时遇到了刘备，此处即今湖北省当阳市。鲁肃见到刘备时，刘备正与曹操亲自率领的一支先锋部队在当阳境内的长阪一带发生了激战，刘备败得一塌糊涂。

原来，刘备想抢占江陵的动机被曹操识破，曹操来不及进襄阳城，就亲自率领虎豹骑对刘备猛追。刘备被打败后，改变路线，向东行进。曹操一心惦记着江陵，不再追击刘备，仍率虎豹骑向正南方向急行，并很快占领了江陵。

鲁肃见到刘备的地方，应该在当阳的东部某地。据《江表传》记载，见到刘备后鲁肃开门见山，转达了孙权的想法（因宣权旨），与刘备共论天下大势。

鲁肃问刘备："刘豫州下一步想往哪里去？"

刘备回答："我和苍梧太守吴巨有些交情，想到那里投靠他。"苍梧郡属交州刺史部，大体在如今的广西一带，治所在今天的广西梧州，当时叫广信县，那时属于特别偏僻荒凉的地方。吴巨其人事迹不详，只知道他是刘表的旧部，由此推断，刘备认识他并且与他有交情也是有可能的。

鲁肃对刘备的这个打算不以为然，他说出了自己的想法："孙权将军聪明仁惠，敬贤礼士，江东英豪都归附他，目前已据有六郡，兵精粮多，足以成就大事。现在为君计议，不如派心腹之人出使江东，双方联合起来，共创大业（莫若遣腹心使自结於东，崇连和之好，共济世业）。而吴巨不过是凡人一个，又地处偏远，马上就会被人吞并，怎么可以以身相托呢？"

《江表传》说，刘备听完鲁肃话的反应是非常高兴（大喜），原来他没有打算真的去投吴巨，那些话只是个托词，目的是看鲁肃下面怎么说。刘备于是派诸葛亮随同鲁肃一起赴柴桑面见孙权，完成结盟的任务。

《三国志》还记载，鲁肃与诸葛亮有过一次私下谈话，在这次谈话里鲁肃告诉诸葛亮，他是子瑜的朋友（我子瑜友也），子瑜就是诸葛瑾。

力排众议

建安十三年（208 年）九月下旬，就在曹操忙着接收刘表的江陵基地时，诸葛亮随鲁肃来到了柴桑，在这里见到了孙权。

这一年，诸葛亮二十七岁，孙权二十六岁，就在他们见面前后，孙权迎来了一件喜事，他的长子出生了。

孙权已娶谢氏、袁氏、徐氏为妻，但她们都还没有为孙权生下儿子，为孙权生下这个儿子的女人地位不高（所生庶贱），以至于没有留下姓名，而且不久后就死了。

孙权为长子取名孙登，把他交给目前最宠爱的徐氏抚养。

诸葛亮不是来道喜的，见到孙权也顾不上客套。据《三国志》记载，诸葛亮对孙权说："天下大乱，将军起兵于江东，刘豫州拥兵于汉南，都在与曹操并争天下。现在曹操占领荆州，威震四海。根据眼下的局势，我为将军考虑，无外乎两条出路：如果能以吴、越之众与曹操抗衡，不如早下决心；如果不能，何不按兵束甲，向曹操投降（北面而事之）。”

孙权还不太了解诸葛亮，没听出来这是诸葛亮说的反话，所以很不痛快：“如果真如先生所说，刘备为什么不投降（苟如君言，刘豫州何不遂事之乎）？”

诸葛亮装得很认真地说：“田横是齐国的壮士，尚且能守义不辱。刘豫州是王室之胄，英才盖世，众士慕仰。如果成不了大事，那是命运不济（若事之不济，此乃天也），怎么能干投降敌人的事？”

孙权被激怒了，刘玄德是英雄，孙仲谋难道就不是吗？孙权道：“我不能举全吴之地，十万之众，反而受制于人。我意已决，不是只有刘豫州能抵挡曹操，刘豫州失败了，还有我！”

诸葛亮的试探取得了成功，就接着说：“刘豫州虽然败于长坂坡，但手下人马加上关羽将军统率的水军还有万人之多，刘琦所率的江夏郡人马也不下万人。曹军远道而来，所谓‘强弩之末势不能穿鲁缟’。而且北方之人，不习水战，荆州投降过去的军民又未必心服。将军如果能命猛将统兵数万，与刘豫州协规同力，必然能打败曹操！”

孙权听了很高兴（大悦），立即召开会议进行研究。

恰在此时，曹操的使者也到了，还给孙权捎来一封信。这封信的具体内容已不知道，只保存下来几句话：“最近我奉天子的命令讨伐罪臣，大军南下，刘琮束手投降。现在我已集结八十万水军，想邀请将军到东吴会猎（近者奉辞伐罪，旄麾南指，刘琮束手。今治水军八十万众，方与将军会猎于吴）。”

会猎，可不是打猎，而是邀你出来找个地方练练。这是一封挑战书，也是一份重要的文献，但这封信在史籍中只出现过两次，均出于一向吹捧孙氏的《江表传》中，因而其真实性常受质疑。

要么与刘备结盟共同对付曹操，要么投降曹操，现在只有两条路可走。孙权在柴桑召开了军事会议，除周瑜在鄱阳湖一带训练水军暂时赶不过来外，孙吴最重要的谋士和将领都参加了会议。

让孙权感到意外的是，大家在会上讨论的意见呈现一边倒，投降，孙权心里很不痛快。

张昭最积极：“曹操是虎狼之辈，挟天子以征四方，动不动就拿朝廷说事（动以朝廷为辞），现在要抵抗他不一定有把握。我们过去可以赖以抗拒曹操的是长江，如今曹操得到荆州，获得了刘表经营的水军，各式各样的战船有几千艘，曹军水陆俱下，长江之险已经和我们共有了，实力相差悬殊，我认为不如投降（而势力众寡又不可论。愚谓大计不如迎之）。”

张昭的观点受到大家的附和，他们的心理与蒯越、韩嵩等人并无太大不同，他们主张投降，倒不是对孙权不忠诚，而是觉得投降也没什么了不起，就像当初曹操逼迫送质子一样，送就送呗，曹操又能怎么样？

这是一种政治上的短视，因为乱世出头没有退路，从来只能迎难而上。就像当初周瑜说的那样，今天让你送质子你送了，明天他让你到许县去一趟，你去不去？去了还能回来吗？

但投降论当时很盛行，据《三国志》记载，有人已经悄悄地想自己干了。孙权的从兄豫章郡太守孙贲，他的女儿嫁给了曹操的儿子，觉得有层关系，孙权降不降他可以先投降（贲畏惧，欲遣子入质）。朱治听说后，赶紧去见孙贲，为他陈说利害。据《江表传》记载，朱治对孙贲说：

“破虏将军当初率义兵讨伐董卓，声冠华夏，义士壮之。讨逆将军继承他的遗志，廓定六郡，因为跟君侯你是骨肉至亲，所以上表朝廷，把一个郡委托给你，又交给你兵权，让你得以荣冠宗室，为远近所瞻。”

“现在，讨虏将军聪明神武，继承大业，延揽英雄，周济世务，军众日盛，事业日隆，必克成王业，兴盛于东南。所以刘玄德大老远派心腹人前来求救，这是天下共知的事。前一阵我在东边听说将军你有别的想法，想想真不应该啊（前在东闻道路之言，云将军有异趣，良用怃然）！”

“如今曹操拥兵，欲倾覆汉室，幼帝流离，百姓不知所归。中原萧条，或百里无烟，城邑空虚，道殣相望，士叹于外，妇怨于内，又兴师旅，以此观察，他哪有力量越过长江与我们争雄？在这个重要关头，将军要背骨肉之亲，违万安之计，割同气之肤，啖虎狼之口，为一女子，改虑易图，失机毫釐，差以千里，岂不可惜吗？”

孙贲听了这番话，才停止行动。

孙权那边还在讨论着，作为会议主持人，孙权必须最后作会议总结，但现在的情况让他实在不知道该怎么总结，于是中途离席去上洗手间（权起更衣）。

鲁肃紧跟了出来，刚才张昭说那番话的时候，只有鲁肃没有应和。孙权紧紧握住了鲁肃的手：“先生有什么话要说？”

鲁肃道："刚才听了大家的议论，我认为他们都是要耽误将军，而不足以与他们讨论大事（向察众人之议，专欲误将军，不足与图大事）。你听我说，现在我鲁肃可以投降曹操，但是将军你不可以，为什么呢？"

鲁肃说得很着急，也很恳切，他接着说："我鲁肃要是投降了曹操，曹操一定会给我官做，我继续吃香的、喝辣的，最少也得弄个太守、刺史当当（操当以肃还付乡党，品其名位，犹不失下曹从事，乘犊车，从吏卒，交游士林，累官故不失州郡也）。将军投降曹操，曹操会怎么对你？请早定大计，不要听大家瞎议论！"

这些话都说到孙权心坎里了。孙权叹息道："刚才大家说的，很令我失望，还是先生站得高、看得远，你的这些想法正和我一样（此诸人持议，甚失孤望；今卿廓开大计，正与孤同，此天以卿赐我也）。"

孙权此时面临着与刘琮一样的处境，面对强敌是降是战，都不好抉择。刘琮手下的一帮人坚决主张投降，结果他们都捞到了好处，仅被曹操封了侯爵的就有十几个，至少任命了三个朝廷的部长，其他人也是该提拔的提拔，该加薪水的加薪水。这就是鲁肃所分析的，投降了曹操不会为难我们这些人，吃香的、喝辣的活得会更滋润。

但是刘琮就不一样了，曹操不得不提防他，即使刘琮自己不多事，但难保有人把他抬出来当大旗，所以只能弄到别处去，好的话给个闲职，其实是软禁终生，稍有风吹草动脑袋随时得搬家。

张昭等人的表现让孙权很失望，从此也记在了心里。

鲁肃建议把周瑜赶快召回来，共同商议破敌之策。

周瑜回来，见到孙权，也坚决主张不投降："曹操虽然托名汉相，其实是汉贼。将军有神武雄才，继承着父兄的遗业，占据江东，地广兵多，应该横行天下，为汉室除残去秽。现在曹操来了，他这是自己送死（况操自送死），请让我为将军来分析分析：现在北面的形势未定，马超、韩遂都在关中，是曹操的后患；曹操舍弃擅长的鞍马，改乘舟船，来与我吴越争衡，现在天气寒冷，北方兵士远涉江湖之间，肯定不习水土，必然会生疾病。上面这些都是用兵之忌，曹操贸然行之，可以预言，将军擒获曹操，必为时不远！"

周瑜同时提出了具体应对计划，他请求率精兵数万，进军到夏口，以迎击曹操。看到周瑜如此有信心，孙权激动地说："曹操想废汉自立已经很久了，只是顾忌二袁、吕布、刘表与我罢了。如今群雄已灭，只剩下了我。

我与曹操势不两立，你说应当迎敌，这与我的想法相合，这真是上天把你赐给了我呀（此天以君授孤也）！”

这次谈话之后，孙权再次召集会议，不再征求大家的意见，而是直接宣布自己的决定。为了表达决心，防止有人再反对，孙权拔出佩刀，挥刀砍向奏案，孙权大声宣布：“以后有人再敢说投降曹操的，与此案相同（诸将吏敢复有言当迎操者，与此案同）！”说罢宣布散会。

孙权连夜召周瑜研究行动方案，周瑜帮孙权分析了敌情，认为曹操虽然扬言有水陆两支部队人数八十万，但仔细分析，也不过二十多万，其中十五六万是自己带来的，荆州降卒有七八万。

应该说，周瑜的这个分析是准确的，作为孙吴的主要将领，他平时不可能不注意搜集敌人的情报，他对曹军人数的判断应该是建立在一定情报分析基础上的，因而更准确。

但即便如此，也远远超过孙权现在能调动的兵力。周瑜让孙权不必着急，他认为曹军是一群疲病之卒和狐疑之众，人数虽然占优，战斗力却不怎么样。他认为只要有五万精兵，就足以打败敌人。

孙权拍着周瑜的背说：“公瑾，你说得太好了，跟我想的一样（卿言至此，甚合孤心）！不过，五万精兵难以马上集齐，现在有三万人，船粮战具都已准备好，你们先出发，我随后调集人马，准备物资，做你们的后援。”

孙权还说了一句话，让周瑜很感动。孙权说：“你能打赢就打，打不赢你就撤回来，让我亲自上，跟曹孟德决一死战（卿能办之者诚决，邂逅不如意，便还就孤，孤当与孟德决之）！”

君王送主帅出征，一般会说“我就这点家当，全交给你了，你可得努力杀敌呀，打了败仗提头来见”。但现在孙权必须给周瑜减压，毕竟拿三万人对决三十万人的事，谁都没有玩过。

孙权发布命令，任命周瑜为前敌总指挥（左都督），老将军程普为前敌副总指挥（右都督），鲁肃为参谋长（赞军校尉，助画方略），率三万主力由柴桑沿长江西进，迎击曹军。

赤壁交兵

周瑜率领的孙吴兵团有三万人左右，别看人数不多，但以水军为主。这些水军里有不少接受过周瑜在鄱阳湖里的长期训练，装备精良，打起仗来很有章法，战斗力很强。

这支三万人的队伍主要包括：丹阳郡都尉黄盖、承烈都尉凌统、长水校尉孙匡、当口县令甘宁、横野中郎将吕蒙、中郎将韩当、奋威校尉全琮、督军校吕岱、征虏将军兼豫章郡太守孙贲、竞威校尉陆逊、武猛校尉潘璋。

担任后勤保障工作的是扶义将军朱治、裨将军兼彭泽郡太守吕范。彭泽郡是孙权不久前设立的。

以上基本囊括了孙吴军队的全部精华，从军职来看，他们的职务普遍不高，孙贲、朱治、吕范等人有将军的名号，算是军长、副军长，其他的校尉、都尉大约可以看作是师长、旅长这一级。

如果从军职上说，孙权本人目前也不过是个讨虏将军，算起来跟曹操手下的于禁、乐进、张辽这些人差不多。

作为孙吴西进兵团的总司令，周瑜的军职还不够将军，此战胜利后他才被提拔为偏将军，算是个副军长。

周瑜指挥的孙吴兵团沿江而上，很快到达鄂县的樊口，刘备在这里已经等得很心焦了。刘备派诸葛亮出使柴桑后，一直忐忑不安地等待消息。刘备派了不少侦察兵打探长江上游的消息，得到的情报都是曹操亲率大军乘船而来，他十分焦虑不安。

据《江表传》记载，刘备每天都派人到长江上看孙吴水军有没有来（日遣逻吏于水次候望权军）。

终于，刘备接到报告，说看见了孙吴的战船。刘备激动万分，但仍不敢相信，他问侦察人员，这会不会是曹军中的青徐兵团（何以知之非青徐军邪）？青徐兵团是奉曹操之命南下长江下游威慑孙吴的一支部队。

侦察人员报告说不是曹军而是孙吴的船，因为孙吴船上标志很明显。刘备这才放心，于是派人前去慰问。

接下来双方在一些礼节安排上发生了小争执。周瑜在自己水军大营里没有等来刘备本人，只见到刘备派来的使者，有点不大痛快。周瑜告诉来使："在下有军务在身，不能随便离开，如果能让刘将军屈尊前来，那是最好不过。"

刘备虽然很狼狈，但他是朝廷正式任命的左将军，军职比孙权高好几级，更何况小小的中郎将周瑜？论年龄，刘备此时四十七岁，周瑜三十三岁，也差了一代人。

但周瑜就是不给刘备面子，这不是摆谱，而是涉及下一步两军联合作战他的命令好不好使的问题。使者回来报告，惹得关羽和张飞很不爽，《江表传》记录着刘备是如何给他们做思想政治工作的："他想让我去，我们如今一块合作抗曹，如果不去，体现不出我们的诚意。"

刘备于是乘坐一条小船去见周瑜（乃乘单舸往见瑜）。这个安排也是有讲究的，轻舟简从，既显得潇洒，同时也表明我们其实并没有特别在意你。

刘备见到周瑜，商量拒敌之策，他开门见山提出了自己眼下最关心的问题："周将军此次前来，带了多少人？"周瑜如实相告："三万人。"刘备大失所望："太少了啊（恨少）。"周瑜自信地说："这已经足够了，刘将军但请看我周瑜如何破敌。"

刘备在周瑜那里又聊了一会儿，他想请周瑜把鲁肃叫过来一块聊，周瑜说："接受命令就不能私自离开（受命不得妄委署），想见子敬的话，你可以专程前往拜访（若欲见子敬，可别过之）。"

周瑜同时告诉刘备，诸葛亮也一块回来了，再有三两天即可到达。据《袁子》记载，诸葛亮出使柴桑，给江东不少人留下了深刻印象。张昭很欣赏诸葛亮的才华，把他推荐给孙权，希望他跳槽到孙吴来，但诸葛亮不打算换老板。有朋友不解，诸葛亮解释说："孙将军算得上是个好领导（孙将军可谓人主），然而据我观察，他能重任我，却未必能让我能尽情施展才华，所以还是算了（能贤亮而不能尽亮，吾是以不留）。"

刘备与周瑜的初次见面印象十分不好，周瑜完全不给面子，态度颇为冷淡，但目前的形势是离不了人家，实在没有办法。根据刘备与周瑜商谈的结果，刘备将所属人马以及此时已经实际上归自己指挥的刘琦所部，全部交与周瑜统一调度指挥。

刘备和刘琦的人马大约有两万来人，其中包括关羽南撤时带出来的水军，也就是说，孙刘联军总兵力大约五万多人。

根据联合作战的惯例，刘备应该把所部人马的详细驻防位置、人数、指挥官姓名等如实告诉周瑜，以便统一指挥。但是，据《江表传》记载，刘备还是留了一手，他私下里隐藏了两千人，这是刘备自己的特别预备队（将二千人与羽、飞俱，未肯系瑜，盖为进退之计也）。

江陵那边，曹操经过简单修整后，也率大军顺江而下，找孙权“会猎”来了。一方志在必得，一方斗志昂扬，两支大军终于在长江上相遇了，相遇的地方名叫赤壁。

这个地方的具体位置历来有争论，归纳起来居然有二十多种说法。比较集中的有五种，包括蒲圻赤壁、江夏赤壁、汉阳赤壁、汉川赤壁、嘉鱼赤壁等，它们不仅有在长江上的，还有在汉水之上的。

一般来说，现在公认的地方是湖北省蒲圻县，如今该地已改名为赤壁市。如果从曹军出发地江陵算起，以曹操的目的地夏口为终点，蒲圻赤壁大体位于其四分之三处。曹操率水军走了四分之三的路，眼看快到夏口，遇到了周瑜率领的孙刘联军，此时是建安十三年（208 年）农历十月。

《后汉书》对此战的记载很简单，只说十月一日，发生了日食。曹操率水军讨伐孙权，孙权命周瑜将其击败于乌林、赤壁（冬十月癸未朔，日有食之。曹操以舟师伐孙权，权将周瑜败之于乌林、赤壁）。

《三国志》关于这场重要战役的记载也十分简单，而且多有自相矛盾之处。根据《三国志》的记载，双方相遇于赤壁，此时曹军中发生了疫情。刚一交战，曹军就败退了，曹操下令在江北扎营，周瑜率军在南岸。

周瑜的部将黄盖说：“现在敌众我寡，难以持久。我发现曹军船舰首尾相接，可以采取火攻。”于是找了数十艘小战船（蒙冲斗舰数十艘），里面装上柴草，浇上油脂，外面裹上帷幕，上面再插上牙旗。黄盖先给曹操送去封信，要诈降。又准备轻舟，系在大船后面，一块前进。曹军将士伸着脖子都在那里观望（公军吏士皆延颈观望），都以为是黄盖来投降。黄盖趁机放出诸船，同时点火。这时风很大，全部烧向曹军水营。顷刻之间，烟炎张天，人马烧死和落水溺死的很多，曹军大败，退保南郡。

《江表传》补充了一些细节，它保存了黄盖写给曹操的那封诈降信，说曹操吃不准这封信是真是假，还特地召见信使，亲口对他说：“如果这封信是真的，将大大奖赏你，封你的爵位将超过其他人（盖若信实，当授爵赏，超于前后也）。”

《江表传》还记载说，到了交战的那天，黄盖先命人准备了轻舟十只，把干燥的荻草和枯柴堆在船上，浇上鱼油，用赤色的幔布盖着，在船上插上旌旗龙幡。

这时江面上刮起了东南风，这十只轻舟在前，到江中心时升起帆，黄盖手持火把告诉部下，让大家大呼“投降了”、“投降了”。曹军将士闻听都出来观看，离曹军还有二里多地时，孙吴的各小船上同时点火，火烈风猛，船行如箭，烧向曹军的战船，并引燃了曹军在岸边的营寨（延及岸边营柴）。

周瑜趁势挥师跟进，一时间雷鼓大作，曹军大败。

《吴书》记载，冲在最前面的黄盖被流矢射中，这时是冬天，江水寒冷，幸好黄盖被随后赶上的韩当所部救起，不过大家并不知道是他（不知其盖也），把他放在一张床板上。

黄盖迷迷糊糊醒来，强打精神叫了一声韩当，韩当听见了，惊讶道：“这是公覆的声音啊！”看到黄盖，韩当忍不住垂涕，马上为他换了衣服，黄盖才得以生还。

不过，仅有上面这些零星史料似乎还勾勒不出来赤壁之战的全貌，但史书所载的确如此。看起来，赤壁之战并不像是一场有谋划的大战役，倒像是一场没有准备好仓促打起来的遭遇战，围绕这场大战的其他故事，如舌战群儒、借东风、草船借箭、蒋干盗书、周瑜打黄盖、关羽义释曹操等等，在史书上均查无出处。

根据这些有限的记述，可以看出此战中曹军遭遇了严重的疫病，导致战斗力下降得很厉害，这是曹军失败、并且在失败后不能有效组织防守反击的最重要原因。

过去一般都认为这个病是血吸虫病。血吸虫是一种寄生虫，人一旦感染，就会出现发热、斑疹、丘疹、腹泻、腹水、腹痛、肝肿大等一系列症状，致死率很高。曹军士兵多来自于北方，水土不服，对疾病的抵抗力低，防护流行性传染病的意识也差，一旦疫情蔓延就无法控制。

但也有人怀疑。因为血吸虫病有一个潜伏期，大约在八至十周左右，曹军士兵在长江上行进总共也没有么长的时间，这是一个疑点。另外，血吸虫在寒冷的季节发育缓慢，冬天一般不是其大规模爆发的时间。于是，有人提出了另外两种观点：疟疾和流行性斑疹伤寒。

对赤壁突然烧起的大火，大家都缺少必要的思想准备。

曹操当然做梦都没有想到会在这个地方有一劫，对周瑜和刘备来说，固然想到了，但没有想到的是这把火会烧得如此厉害，直接确定了战役的胜负。

曹军开始全面溃退，刘备的主力多驻扎在江北一带，他指挥关羽、张飞、赵云等人四处出击，截杀曹军，曹军的水军一旦弃船登岸战斗力大减，加上有不少人得了病，所以不少做了俘虏。

慌乱间曹操做出了一个也许比较奇怪的决定，他没有向北撤，而是向西撤，这似乎不明智。由赤壁对岸的乌林往西，就是茫无边际的云梦泽，到处是河湖、沼泽湿地，行动起来很不便。西边是江陵，有曹仁在那里驻守，曹操大概想率败兵尽快与曹仁会合。

但江陵距此尚远，从地图上看，他应该向北穿越云梦泽，迅速向汉水方向靠拢，那里有正在南下途中的北部兵团，与他们会师后，甚至可以迅速展开反击，不必休整即刻可以杀个回马枪，反败为胜的几率也很大。

曹操是没有地图，还是在慌乱中来不及看？他也许想是从江陵来的，只想退到江陵去，于是吃了不少苦头。

据记载，曹操率败军用了四天时间才走到华容县境内，道路泥泞，天气条件转坏，刮起大风，曹操下令让士兵背着草，遇到有水的地方填上草，马匹才能勉强通过。其间大家争先恐后，人马相撞，老弱病残的士兵被战马踩踏，有的陷入沼泽中，又死了不少人。

不过，最后总算连滚带爬地撤到了江陵。

兵围合肥

前线大胜的消息以最快的速度传回柴桑，孙权紧绷的神经一下子放松了，感到如释重负，虽然战事还远未结束，但孙权知道，危机渡过了。

周瑜继续指挥孙刘联军乘胜追击，作为联军参谋长的鲁肃回到柴桑，向孙权汇报情况。

据《三国志》记载，听说鲁肃回来，孙权率领在柴桑的所有重要官员出迎，孙权亲自为鲁肃牵马（持鞍下马）。来到里面，鲁肃拜见孙权，孙权起身向他施礼（起礼之），孙权对鲁肃开玩笑道："子敬啊，我用这样的礼节欢迎你，足以使先生显耀了吧（足以显卿未）？"哪知鲁肃回答道："还没有（未也）。"

众人听到，无不吃惊。鲁肃也不着急，从容坐下，举起手中的马鞭说："希望至尊您有一天能威加四海，包揽九州，克成帝业，到那时改用安车来征召我，那才使我荣耀呢（更以安车软轮徵肃，始当显耳）！"

孙权听罢抚掌大笑。

通过鲁肃的汇报，孙权了解到战斗的前后过程，他更想知道的是，赤壁遇挫后的曹操下一步有什么部署，何时退出江陵乃至荆州，抑或马上组织起反攻。

鲁肃大概会告诉他，曹操在赤壁被打败了，但现在就庆贺胜利为时尚早，因为赤壁之战重创的只是曹军的一部，曹军整体实力仍很强，就荆州而言，孙刘联军仍然处于敌强我弱的态势。

曹军是分成两路进攻的，一路由江陵沿下东进，是西路兵团，另一路由襄阳方向沿汉水南下，是北路兵团。

西路兵路的人数只有不到五万人，根据《三国志》记载，之前随曹操一同到达江陵的有曹仁、曹纯统率的虎豹骑，还有许褚统率的宿卫营，除他们外，还有陆续到达江陵的徐晃、满宠、任峻等部，徐晃此时担任横野将军，满宠担任奋威将军，任峻是曹操的堂妹夫，此时担任长水校尉。曹操不可能把这些人马全部带走，他留下曹仁守江陵。

曹操手下还有几个能干的将领也参加了赤壁之战，他们并没有出现在西路兵团里。对照一下《三国志》中各人的传记，发现他们那时还在襄阳一带，这支部队至少包括于禁、张辽、张郃、乐进、路招、朱灵、冯楷等七部，构成了北路兵团，其中于禁是虎威将军，张辽是荡寇将军，张郃是平狄将军，乐进是折冲将军，路招是扬武将军，冯楷是奋威将军，他们每个人的军职都与孙权的讨逆将军一样。

按照东汉的军制，杂号将军应该各率领一个"军"，通常情况下一个"军"有一万多人，也就是说，北路兵团的总人数接近十万人，相比西路兵团，这才是曹军主力。

据《三国志》记载，曹操考虑到这些将军们资历差不多、平时都有点互相不服气，就专门派前丞相府主簿、现任章陵郡太守的赵俨担任北路兵团都督护军，相当于北线兵团联席参谋长，曹操还派丞相府参谋处长（军祭酒）杜袭协助赵俨。

除了这七部人马外，北线兵团还有文聘率领的水军，文聘原来是刘表手下的部将，投降曹操后被任命为江夏郡太守。文聘参加了北线兵团，他主要负责指挥刘表在汉水流域的水军，相对于江陵水军来说，汉水的水军规模较小。

除了这两大兵团，曹操手下还有臧霸、李典、李通、曹洪、夏侯渊、夏侯惇等部间接参加了荆州会战，他们有的负责遥相呼应，有的负责后勤供应，有的驻扎在其他地方负责防守。

在西路兵团沿江东进的过程中，北路兵团也沿汉水南下，后来他们也与孙刘联军发生了遭遇，打了一仗。尽管曹操和周瑜本人没有参战，但这场战斗也很精彩，孙刘联军同样采取了火攻的办法，烧了曹军的竹筏，曹军败走，这场战斗又叫浦口之战，其过程记载在《英雄记》中。

据《英雄记》记载，曹军沿汉水南下，当时最头疼的问题是没有船，就临时造了许多竹筏，乘着这些竹筏到达浦口（无舡，乘簰从汉水下，住浦口）。

浦口位于今日何处不详，但可以肯定的是它在汉水上，而不在长江上。曹军到达这里，还没来得及渡江，孙刘联军就连夜密派轻船、走舸等一百多艘，每艘五十人划船，手持火炬，用火烧了曹军的战船和竹筏，一时火大起，火光照天，曹军败走。

有人认为赤壁之战发生在汉水上，而不是长江上，依据的就是《英雄记》里这条记载。其实，赤壁之战和浦口之战都存在，只是作战对象不同罢了。

这两场遭遇战重创了曹军，但曹军及时撤退，减少了损失，而江陵和襄阳还有大批曹军留守部队，曹军在荆州的主力仍然有十几万人，对于总人数只有五万人左右的孙刘联军来说，下面的战斗仍然不好打。

曹操退回江陵，荆州七郡的重心在江北的南阳郡、南郡，军事重镇有宛县、襄阳、江陵，这些地方仍然在曹操的控制中，孙权、周瑜、刘备也看到了这一点，必须把曹操赶走才算彻底胜利。

基于这种形势，建安十三年（208 年）十二月，孙权突然离开柴桑，率一部主力急行千里，秘密渡江后直赴合肥，这一招让曹操吃惊不小。孙权还命令张昭率一部人马进攻九江郡的当涂县，做出孙吴主力在东线战场全面反攻的架势。

扬州刺史部的治所一直是寿春，曹操任命刘馥为扬州刺史后，刘馥把治所搬到了合肥。根据《太平寰宇记》的有关记载，东汉合肥县的位置应当在今天安徽省合肥市以东，当时战乱不息，合肥县一度成为废墟，刘馥下令对城池进行大规模整修。

刘馥跟曹操是老乡，又是正宗的汉室宗亲，还是个很有本事的人，经过几年的治理，合肥一带经济发展，人口兴旺。刘馥还重点加固了合肥城墙，在城墙上堆积了不少木石，没事时就组织大家编草苫，不停地编，积攒了成千上万个草苫，都堆到城墙上，还在城上储存了大量鱼油（鱼膏）。大家挺纳闷，刘刺史弄这些东西做什么？后来大家才明白，这些都是用来救命的。

孙权进攻合肥时刘馥并不在城中，因为就在赤壁之战发生的这一年，他去世了。

孙权突然发起合肥战役，目的不在于攻城，而是给曹操制造压力，让他退出江陵，但是战役开始后吴军打得很顺手，孙权改变了想法，想一举把合肥攻克，给赤壁之战来个锦上添花。

曹操接到消息，命令一个叫张喜的部将前往救援。张喜事迹不详，只知道他此前驻扎在与扬州刺史部相邻的汝南郡，之所以现在把他派去，可能是他的防区离合肥最近，他带来的人马只有一两千人。

孙权亲自率部猛攻合肥，这时老天爷帮忙，下起了连阴雨。

攻城的人最喜欢下雨，而且最好是连阴雨，因为那时候城墙都是夯土结构，雨水一泡就得塌，所以过去的城墙需要经常维修。

合肥城虽然进行了整修，但也没有防水功能，被水泡得快要倒了（时天连雨，城欲崩）。危急关头，刘馥留下的成千上万个草苫发挥了作用，守城军兵用它们盖到城上，保护城墙。

不仅如此，储备的大量鱼油和木石也派上了用场，一到晚上城上就燃起鱼油火把，把城上城下照得一清二楚，让下面的人无法乘夜偷袭。而木石是给攻城敌人准备的，招呼爬墙的敌人，没有什么比大木头和石块更过瘾的了。

因为刘馥有先见之明，生前做了大量精心准备，合肥城得以不失。孙权围住合肥前后多达一百多天也没有什么进展。

刘馥死后，曹操任命原丞相府办公室主任（主簿）温恢为新刺史，任命将济为副州长（别驾）。蒋济字子通，后来成为曹魏的重臣之一，他当过郡吏，实践经验丰富，现在大约二十六七岁。

蒋济悄悄建议温刺史，对外诈称接到了张喜的书信，说有四万人马正往这里赶来，目前已经到了雩娄。蒋济还假装派人迎接援军，回来时分成三个小分队，一队进城，告谕城内军民，让大家增添信心；另外两个小分队故意让敌人捉去，并有意让敌人“缴获”伪造的张喜的书信。

孙权正因久攻合肥不下而郁闷，张昭那边进攻也受挫，没有攻下当涂，进退维谷。张昭独立带兵似乎只有这一次，看来学者改行要格外小心，不是读过兵书就是军事家。

据《三国志》记载，孙权急了，想亲自冲锋陷阵（权率轻骑欲身往突敌），这时接替张昭担任孙权秘书长（长史）的张纮赶紧死死相劝，孙权才打消念头。

恰在此时，孙权得到了俘获的书信，这让孙权犹豫起来，从荆州方向也传来情报，说曹军的主力有从江陵撤退的迹象，此战的目的也算达到了，孙权于是下令烧掉攻城的器具和营寨，从合肥撤退。

扩大战果

在孙权兵围合肥的同时，周瑜、刘备指挥孙刘联军加紧了对江陵等军事要地的攻击，让曹军新败之后不得喘息之机。

曹操知道孙权兵出合肥的用意，但他也无奈，因为赤壁之败严重影响到士气，而且疫病仍在蔓延，短时期内扭转荆州的败局没有把握。如果此时孙权真的在合肥搞出名堂，后果就太严重了。

还有，赤壁之战是近年来曹军败得最惨的一次，朝廷和地方上的反曹势力说不定已经开始蠢蠢欲动，绝不能低估他们的能量。

想到这些，曹操决定把主力从荆州撤回去。但是，江陵和襄阳两个重镇仍然不放弃。他任命曹仁为征南将军，由原属西部兵团的横野将军徐晃协助，共同守卫江陵，原属北部兵团的折冲将军乐进守襄阳。之后，曹操率领其余主力北撤。

征南将军是四征将军之一，地位高于一般杂号将军，如果徐晃这样的杂号将军是军长，曹仁的征南将军就是曹军南方军区的司令，意味着他可以节制整个战区内的各路曹军。

曹操刚走，周瑜就率人马杀到江陵附近，前锋有数千人，曹仁率领南方军区秘书长（征南将军长史）陈矫等人登城察看敌情，曹仁觉得必须乘敌人新到未稳，打他一个措手不及，用胜利提高队伍的士气。

当时的江陵城仍然被失败的阴影所笼罩，曹操率大部队撤走后，这里还能不能守得住，大家都在疑问。

为此，曹仁征集了一支三百人组成的敢死队，由部将牛金率领，主动出城迎击敌人。牛金是南阳郡人，日后逐渐成长为曹魏的高级将领，因为忠于曹氏，后被司马懿所忌，用毒酒害死了。

牛金冲入敌阵后，虽然杀了不少敌人，但毕竟人数悬殊，一下子被吴兵围住，不能脱身。在城上观战的曹司令看到，让人牵过战马，他要亲自率兵解围。陈秘书长看司令员要亲自上阵，那还得了？赶紧跟身边的人上来阻拦。曹仁不理，披甲上马，只率领数十名勇士纵马杀出城。

陈矫是徐州刺史部广陵郡人，曾经在曹操的司空府工作过。他虽然是个文人，但看到曹仁出了城，也不敢怠慢，骑了匹马跟了出来。

城外有一条小河，牛金等人在河对岸一百多步外的地方正与敌兵厮杀，陈秘书长仍然考虑首长的安全，他建议曹司令就在河这边为牛金他们助阵就行，千万不要再往前走了（矫等以为仁当住沟上，为金形势也）。

但曹司令好像没有听到，他跃马过了小河，杀入敌人阵中，经过一番搏杀，将牛金一行救了出来，不过回头一看，还有几个人仍然被围敌阵中没出来，曹司令二话不说再次杀回（余众未尽出，仁复直还突之）。最后，曹仁将他们全部救了出来，吴兵被敌方主将的这种气势所震撼，于是退兵。

陈矫他们看傻了，等见到曹仁，陈矫不由得惊叹道："将军您真是天人啊（将军真天人也）!"

江陵暂未攻下，周瑜派甘宁占领了江陵上游的夷陵，即今湖北省宜昌市。这里原已成为益州的地盘，刘璋手下的将领袭肃率部投降，周瑜想把袭肃的人马编入横野中郎将吕蒙所部，吕蒙建议说袭肃是个人才，主动投奔，不宜于夺其兵权，周瑜采纳。

夷陵被甘宁攻占后，曹仁受到来自上下流的夹击，为此他分兵夷城攻打甘宁。对于救不救夷陵，吴将分歧很大，大家认为现在兵力不足，如果分兵，曹仁必来攻，首尾难顾。吕蒙提出不同意见，他建议留下凌统防守，由周瑜亲率其他人马解救夷陵，只要凌统能守住十天，就不会有问题。

周瑜接受吕蒙的建议，到夷陵大破曹军，曹军从夷陵退还。

这段时间，三十岁的年轻将领吕蒙脱颖而出，屡建功勋，孙权提拔他为偏将军，守寻阳令，以副军长的身份兼任寻阳县令。

然而，曹军随后在江陵城外也取得了重大收获，在一次激战中，周瑜亲自督战，结果右臂被曹军射中一箭，伤势很严重。据《三国志》记载，曹仁得知周瑜负伤，率军前来挑战，为了不影响士气，周瑜勉强挣扎着起来，到各营巡视。

曹仁在江陵前后坚持了一年多，吸引了周瑜率领的主力和一部分刘备的部队，为减轻其他战场的压力做出了贡献。到第二年下半年，曹、孙决战的主战场已转向东线的合肥，曹操决定把曹仁从江陵撤到襄阳。

曹仁撤走后，周瑜带伤指挥作战，迅速攻下江陵及其以东长江沿线的许多重要据点，从柴桑到夷陵一线的军事要地基本上都被孙吴占领。孙权任命周瑜为南郡太守，驻守江陵；任命程普为江夏郡太守，驻守沙羡；任命吕范为彭泽郡太守，驻守柴桑。

至此，赤壁之战才算完全落下了帷幕。

战前，曹操轻而易举地得到了荆州，实力倍增，占有天时、地利、人和上的优势。面对惊慌出逃的刘备，以及实力明显不足的孙权，曹操完全有必胜的把握。

本来这一仗不难打，比官渡之战好打，比征河北好打，比北征乌桓也好打。但是，在官渡赢了，在河北赢了，在乌桓人那里也赢了，唯独在这里输了。

有人归之于曹操在战略上的失误，有人归之于曹操的轻敌，有人归之于疫病，有人归之于那场大火。但是，历史只记录结果而不看中假设，赤壁之战成为一个转折点，一路势如破竹般攻城略地的曹操不得不放下扩张的脚步，以更大的耐心与孙权和刘备这两个对手纠缠，这个时间还将很长很长。

第四章　复杂微妙的联盟

出让南郡

现在，不可一世的曹操被打败了，势力退回襄阳以北，荆州大部落入孙刘联军手中。但有时候，共同为一件事而奋斗是容易的，一块享受却很难。

失去了敌人的威胁，联盟还有继续存在的必要吗？这个问题在双方将士心中存在。尤其孙吴一方，自认为这场仗是他们出的力，等于救了刘备一命，胜利成果理应只有他们享用。

但也有一些人认为，曹操虽然暂时被打败，这个强大的敌人依然并长期存在，只要曹操没有灭亡，孙刘联盟就不能拆散，而且还要不断加强。

在如何对待刘备的问题上，孙吴内部出现了以上两种不同的观点，其中持第二种观点的人是少数派。

周瑜持第一种观点，他认为现在虽然不至于立即与刘备撕破脸，但必须对他进行限制。在给孙权的密信中，周瑜认为刘备不是一般人物，有巨大的野心（有枭雄之姿），如果放任，将来必定大事，也必然是孙吴的一大后患。

周瑜兼任太守的南郡，治所江陵，是荆州七郡中最为要害的一个郡，它地跨长江两岸，下辖十七个县。西部与益州相接，益州牧刘璋趁荆州有事，还悄悄地把手伸向这里，宜都以西的地区被刘璋占领。

周瑜还是孙刘联军的总指挥和孙吴荆州事务的负责人，拿下南郡后，他进驻江陵，把刘备安排到油江口，让他在那里驻扎。

油江口在长江南岸，由江陵沿江而下不远，把刘备放在这里，主要目的是便于监控。但毕竟刘备手下也有上万人马，一个小小的油江口难以满足需要，周瑜便把南郡长江以南的地区划归刘备所有（分南岸地以给备）。

刘备忙活半天只得到半个南郡。南郡十七个县大部分在江北，江南很少，与江北的富庶发达相比，这里偏远落后、地广人稀，西部一大块还被刘璋占着。

换成别人准得大吵大闹，凭什么你吃肉我只能喝汤？没有我你能轻易打败曹操吗？但刘备没有这么做，作为一个经受过各种坎坷磨难的人，刘备已经是一个成熟的政治家，他深知没有实力做后盾的愤怒不仅无用，而且有害。

刘备率部来到油江口，这个地名实在太小气，有点像乡政府，刘备把它改成公安，此后这里便成为刘备在荆州的大本营。

随后，刘备抢在孙权的前面，表刘琦为荆州牧，这是相当高明的一招。

孙权实际控制了大部分荆州，又任命了多位郡太守，但还没有任命荆州刺史或荆州牧，这让刘备钻了个空子。但对于这项任命，孙权又实在不好说什么。

刘琦是刘表的长子，担任荆州牧有广泛的民意基础，更重要的是，刘琦还是孙刘联盟中的重要一方。严格意义上，孙刘联盟不是孙权和刘备的两方联盟，而是孙权、刘备、刘琦的三方联盟，作为战胜方，于情于理刘琦也应该得到回报。

刘琦的势力主要局限在江夏郡一带，实力有限，加上他身体不好，很难在孙刘角力中发挥太大作用，但他的存在至少可以对孙权在荆州日益膨胀的势力有所遏制。

跟周瑜硬碰还不具备条件，刘备便向南发展，好在他在荆州人气也很高。据《江表传》记载，刘表的旧部听说刘备在公安，都纷纷跑来投奔他（刘表吏士见从北军，多叛来投备）。

刘表的旧部现在分成两类：一类是随刘琮投降了曹操，目前还在曹营；另一类是先投降曹操，后又投降了孙吴。现在来投奔刘备的，应该以第一类人居多，蜀汉政治版图中有个荆襄集团，除了先前效力于刘备的诸葛亮外，成员还包括马良、杨仪、向朗、刘敏、伊籍、蒋琬、董允、马谡、费祎、廖立等人，他们中的大多数都是在此前后投奔刘备的。

然而，还没过多久刘琦就病逝了。

刘琦一死，荆州牧出现空缺，刘备怕孙权下手，赶紧自兼了荆州牧。

刘备知道这一定会引起孙权不快，为了换取孙权的支持，他表奏孙权代理车骑将军（行车骑将军）。

表奏是没有法律意义的，表奏孙权当丞相都行，对刘备来说，不需要付出任何实际代价，相比而言荆州牧要实在得多。刘备可能也意识到这一点，所以同时表奏孙权兼任徐州牧。徐州是曹操的地盘，刘备除了送空头人情之外，还有挑拨离间的嫌疑。

但是，对刘备的这个举动，孙权欣然接纳，不仅没有追究他自兼荆州牧的行为，还很认真地组建起了车骑将军府。

车骑将军相当于全国武装部队副总司令，论军职仅次于大将军和骠骑将军。朝廷的大将军是袁绍，袁绍死后大将军空缺，而骠骑将军目前也空缺，理论上车骑将军是天下最高的军职。刘备虽然自兼荆州牧，荆州牧在车骑将军之下，刘备的潜台词也许是说，不管怎么样，我都在您的领导下。

孙权目前的头衔仅是讨逆将军，他自己倒不在乎名分，但这极大地限制了手下人的发展，随着一大批将领的快速成长，孙权需要不断提高他们的军职以奖励军功、振奋士气，此时真的需要有一个更大的名头。

朝廷是曹操家开的，想从那里捞一份任命书就甭想了，下面的路只有两条，一是别人表奏，一是自领。

自领就是自己任命自己，也没有法律效力，不过说出来实在不好听，往往会成为别人诟病的话题，孙权自然不愿意那么做。要是有人表奏就委婉些，这可能是孙权目前想获得更高头衔的唯一方式了。

表奏其实也是有学问的，不是随便在大街上拉个人都有资格。要表奏别人职务，自己的身份必须合法，你连给天子上奏书的资格都没有，表奏岂不成为笑话？同时还要有相当的地位，县长表奏别人当刺史，或者别部司马表奏别人当将军，那也都是笑柄。

当前，放眼天下能满足孙权这个心愿的几乎只有刘备最合适了。论知名度，刘备已是天下尽人皆知的人物，与公孙瓒、陶谦、袁术、吕布、袁绍、曹操这些人都打过交道，论资历，当过太守、刺史，是朝廷正式任命的左将军。所以，刘表的这个表奏具有很高的含金量，孙权很认真地接受了。

合肥退军后，孙权没有回柴桑，也没有回吴县，而把大本营安在了京口。

宋人王安石有一首诗："京口瓜洲一水间，钟山只隔数重山。春风又绿江南岸，明月何时照我还？"其中的京口，就是这个地方。

此地距曲阿不远，具体位置在今江苏省镇江市附近，北临大江，南据峻岭，形势险要。其实那时候它并不叫京口，孙权迁大本营于此后改此地为京，也称京城，后代修建的大运河从此地穿过，成为运河的入江之处，人们才称它为京口。

孙权迁居京口，主要为适应形势发展的需要。目前孙吴的地盘已跨有扬、荆二州的十来个郡，吴县太靠东，迁到京口进出就方便多了。吴县在苏州，京口在镇江，现在从镇江到苏州走高速公路大约一百六十公里，那时没有高速公路，路程应该接近二百公里，相当于汉代五百七十里，可以节省出好几天时间。

地盘扩大，人马增加，管理得跟上。孙权组建了车骑将军府，除原讨逆将军府一部分人改任外，还任命了一批新人，统一管理辖区内的军政事务。

张昭长期担任孙权的秘书长（长史），这个职务只有刺史、州牧或者三公、将军开府时才有，所以张昭的长史应该是孙权讨逆将军长史。孙权改任张昭为车骑将军军师（刘备表权行车骑将军，昭为军师）。军师不能理解为幕僚或参谋长，它是汉代一个常见的官职，可以细分为军师祭酒、军师中郎将、军师将军等，诸葛亮在刘备手下就长期担任军师中郎将、军师将军。

不过张昭的任命只是军师，按照《词源》的解释，这个职务不带兵，只掌管监察军务，张昭从此由前台走向后台，并距孙吴的核心决策层渐行渐远。赤壁之战以全胜而结束，张昭内心里恐怕多少会产生羞愧吧？

孙权任命全柔为车骑将军府长史，接替张昭成为“大管家”，全柔是全琮的父亲，全琮是孙权的女婿，他们还是亲家。长史之下设有主簿，相当于办公室主任，孙权任命了吴郡人张敦，关于他的记载并不多，只有《吴录》说他德量渊懿、清虚淡泊、擅长文辞。

除了长史、主簿，还有两个部门的负责人很重要，一个是西曹掾，一个是东曹掾，西曹和东曹都管人事，只是分工不同，好比人事局和组织部，孙权任命步骘为东曹掾，任命张承为西曹掾。

步骘是孙权步夫人的族人，因为步夫人很受宠，所以步骘得到了孙权的格外关照。张承是张昭的儿子，任命他为西曹掾，多少是对老同志的安慰吧。

胡综、是仪、徐详等人继续掌管机要。车骑将军府还设有军司马一职，分管军事事务，与长史地位相当，孙权任命滕耽为右司马。滕耽是孙权另一个女婿滕胤的伯父，《三国志》说他和前扬州刺史刘繇是同乡并有通家之好，依附刘繇避乱于江东，为人宽厚。

那边，刘备最头疼的是人马多了，半个南郡实在满足不了需要。

刘备不得已向孙权提出扩大地盘的请求，他现在最渴望的是孙权能让出南郡的江北部分，好让自己有一个真正的立足点。为此，刘备专程到京口来见孙权，当面请求。诸葛亮对刘备此行表示忧虑，劝他不要前去，以免遇到危险，但刘备执意前往。

刘备到了京口，见到孙权，这是联军首脑的第一次相见。刘备提出了自己的请求，随即在孙吴内部引起了激烈争论。

周瑜得知刘备前往京口时向孙权上书说：“刘备是个枭雄，又有关羽、张飞这样的熊虎之将，不会久居人下。我建议把刘备留在吴地，给他修宫室，让他整天吃喝玩乐，使他与关张二人分隔一方，我趁机发起挑战，大事可定（愚谓大计宜徙备置吴，盛为筑宫室，多其美女玩好，以娱其耳目，分此二人，各置一方，使如瑜者得挟与攻战，大事可定也）。”

周瑜认为，如果割地给刘备，刘关张三人必然如蛟龙得云雨，一定不是池中之物。

《三国志》记载，时任彭泽郡太守的吕范也建议孙权趁机把刘备扣留，不要放他走（范密请留备）。

孙权何尝不理解周瑜、吕范等人的想法，但他现在却强硬不起来。建安十四年（209 年），曹操整顿人马以谯县、寿春、合肥等为基地发起了东线攻势，孙权不得不全力以赴保卫东线。此时既然无力增兵荆州，就不能与刘备闹翻。

《汉晋春秋》记载，鲁肃与周瑜的观点不同，他是孙刘联盟的拥护者，他建议把南郡的江北部分让给刘备，理由是给曹操树个相对强大的对手，给自己添个盟友，这才是上计（多操之敌，而自为树党，计之上也）。

孙权经过再三斟酌，最后同意了鲁肃的建议，决定撤出南郡的江北地区，把它交给刘备，这就是所谓借荆州的来历。其实，孙权让出的并非整个荆州，而只是半个南郡。

目的达到，刘备不敢多留，赶紧离开京口回荆州。

《江表传》记载，刘备走时，孙权携张昭、鲁肃等十多人乘坐飞云大船相送，又在船上举行宴会叙别。宴罢，张昭、鲁肃等人出去，孙权单独与刘备密谈。

谈话中，刘备故意叹道：“公瑾此人文武兼备，是天下少有的俊才，我看他志向远大，恐怕不是能久居人下之人（公瑜文武筹略，万人之英，顾其器量广大，恐不久为人臣耳）。”

裴松之看到这里发出了感慨，认为刘备此言有些不够厚道，到人家那里做客，目的也达到了，还不忘挑拨离间一把（瑜威名远著，故曹公、刘备咸欲谮之）。

当然，以孙权对周瑜的信任和了解，刘备此言毫无作用。

刘备虽然取得了成功，但正如诸葛亮分析的那样，在京口也处处充满杀机。《山阳公载记》记载，刘备在京口时感到了危险的气氛，见过孙权后，他曾对亲随说："孙将军这个人长得上身长、下身短，这样的人不可能居于人下，我可不想再见到他了（孙车骑长上短下，其难为下，吾不可以再见之）。"

刘备离开京口，让手下马不停蹄往回赶（乃昼夜兼行）。

《江表传》记载，不久后曾在周瑜手下任功曹的庞统投奔刘备，刘备听说庞统那一阵正好也在江东，了解一些内部情况，就问他："我到京口，听说周瑜曾劝孙权把我扣下，有没有这事？"

庞统回答："有此事。"

刘备深感后怕："当时情况很严峻，因有求于孙权，不得不亲自前往，没想到差点儿落入周瑜之手。天下智谋之士所见略同，当时孔明竭力劝我别去（时孔明谏孤莫行，其意独笃），担心的也是这个。我主要考虑到孙权最大的威胁在北面，还希望引我为外援，所以才敢去。看来这是一次冒险行动，不是万全之计。"

从战略上看，孙权出让南郡是高明的一招，使孙刘联盟得以巩固，从孙权一方说，由于受制于东线战事，目前占有整个荆州并徐图益州的时机并未成熟，与其荆州让曹操逐步蚕食，不如通过支持刘备给曹操制造一个强大的对手，对曹操进行制衡。

《三国志》记载，曹操听说孙权撤出南郡的消息时正在给人写信，这个消息让他吃惊不小，一紧张笔都掉到了地上（曹公闻权以土地业备，方作书，落笔于地）。

孙刘联姻

周瑜的建议虽然没有得到孙权的采纳，但他仍然未放弃在荆州方向进一步发展的想法，在撤出江陵前，他回了一次京口，向孙权当面提出了新的构想。

周瑜说："如今曹操刚刚遭受惨败，内部也不稳定（忧在腹心），他已没有能力发起主动进攻。我请求和奋威将军率兵进取西蜀，拿下西蜀后，进而取张鲁，之后留下奋威将军守在那里，并与马超结援，我回来和您一起占据襄阳，北攻曹操，大事可成。”

周瑜提出的是一个宏大计划，他想趁曹操无力南下之机去取益州，之后再取汉中，这样孙吴的势力就连有长江的上中下游，地跨扬、荆、益州，以汉中、成都、襄阳等为依托，向北方的曹操发起全面进攻。

周瑜还提出了联合马超的设想，马超是凉州军阀马腾的儿子，经过多年的经营，目前已整合起凉州一带的势力，并且联合了盘踞在关中地区的多路割据力量，发展势头很猛，成为曹操眼下最头疼的心腹大患，曹操正准备集中兵力予以讨伐。

这个方案让人觉得有点儿熟悉，它几乎是诸葛亮向刘备提出隆中对的全部内容，从气势上说还超过了隆中对。在对局势的把握分析方面，周瑜和诸葛亮可谓英雄所见略同。

奋威将军指的是孙瑜，周瑜毕竟只是偏将军，伐蜀这样的大事他特意把孙瑜拉出来，让孙权更放心。

周瑜的计划得到了孙权的批准（权许之），孙权让周瑜回江陵准备。如果后面的事按照周瑜的计划进行，那天下将没有三分，可能只有二分了。

刘璋暗弱是有目共睹的事，以孙吴此时的实力和士气一举拿下益州胜算还是很大的，益州被攻下，汉中的张鲁要么倒向曹操，要么被孙吴吞并，而刘备此时还处在发展阶段，正忙着到荆州南部抢地盘，独立攻打益州还是奢望。

可惜，天不成事，年仅三十六岁的周瑜还没有回到江陵，就病逝于途中的巴丘。一般认为他的英年早逝与当初在江陵城外所中的那一箭有关。

周瑜比孙权大七岁，孙权把他视为兄长，他对孙权很尊重。《三国志》记载，孙权当时名义上只是一个将军，大家跟他在一起时礼节还很简单，只有周瑜每次见孙权都毕恭毕敬，行臣子之礼（是时权位为将军，诸将宾客为礼尚简，而瑜独先尽敬，便执臣节）。

周瑜对孙权忠心耿耿，所以孙权放心地把最精锐的主力交给他指挥。据《江表传》记载，在周瑜主持荆州事务期间，曹操曾产生过拉拢周瑜归降的想法，他派蒋干到江陵来见周瑜，作策反工作。

蒋干字子翼，是九江郡人，跟周瑜是老乡，可能过去也有过交往。《江表传》说蒋干仪表堂堂，口才很好，在江淮一代无人能比（有仪容，以才辩见称，独步江、淮之间，莫与为对）。

蒋干到了周瑜那里，周瑜已知他的来意，没等老朋友开口，先说道：

"子翼辛苦呀，远涉江湖是来为曹氏当说客的吗?"蒋干说："我跟足下是老乡，这么多年未见，很是想念，只来叙旧，并没有别的意图（吾与足下州里，中间别隔，遥闻芳烈，故来叙阔，并观雅规）。"

就这样，周瑜先把蒋干的嘴给堵上。之后，他们一块吃饭，饭后邀请蒋干参观军营，还让侍者拿出来服饰珍玩向蒋干展示，周瑜还发表了一番他对人生的感悟。周瑜说："大丈夫处世，遇知己之主，对外有君臣之义，对内好比是骨肉兄弟，言听计从，祸福与共，这样的情谊，是什么都无法动摇的啊!"

蒋干始终笑而不答，也没有说任何劝降的话。蒋干回去后向曹操报告了情况，说明周瑜雅量之高不是言辞所能策反得了的（称瑜雅量高致，非言辞所间也）。

周瑜不幸病逝的消息传到京口，孙权悲痛欲绝。《江表传》记载，孙权流着泪说："公瑾有王佐之才，却如此短命，我今后依赖谁?"

孙权亲自素服举哀，悲伤之情让左右感动。周瑜归葬，孙权亲自到芜湖迎接他的灵柩。

周瑜有两个儿子和一个女儿，女儿后来嫁给孙权的长子孙登为妃，长子周循娶了孙权的女儿为妻，曾任骑都尉，次子周胤也娶了孙氏宗室的女儿为妻，被授予兴业都尉。

周瑜死了，他提出的西进益州计划就暂时搁置了，孙吴的军队从江陵等南郡地区撤出，刘备拥有了整个南郡。

刘备的动作很快，迅速以南郡为支点向荆州的江南四郡扩展势力，武陵郡太守金旋、长沙郡太守韩玄、桂阳郡太守赵范、零陵郡太守刘度都投降了刘备。刘备任命赵云等人为江南四郡的太守，任命诸葛亮以军师中郎将的身份督办零陵、长沙、桂阳三郡的赋税，他自己把大本营仍然放在公安。

到建安十五年（210 年），荆州七郡的大体格局已定，在这七个郡里，曹操仍占有南阳郡，孙权占有江夏郡，刘备占有南郡、零陵郡、长沙郡、桂阳郡和武陵郡，他们三家瓜分了荆州，这种格局将维持相当长一段时间。

据《三国志》记载，周瑜临终前，给孙权写信道："当今天下还有战事，这是我内心里早晚都忧虑的事，希望陛下思虑忧患于没有来临之时，然后再享安乐（原至尊先虑未然，然后康乐）。现在已经和曹操成为敌人，刘备近在公安，边境相邻，百姓未附，应该选拔良将镇抚。鲁肃的智慧和谋略都足以胜任，请求让他代替我，这样，我死后也就没有什么不放心的了。”

《江表传》的记载大致相同，说周瑜在信中推荐鲁肃，认为鲁肃为人忠烈，临事能当机立断，因而推荐他来代替自己（鲁肃忠烈，临事不苟，可以代瑜）。

于是，孙权任命鲁肃为奋武校尉，在此之前，鲁肃的职务是赞军校尉，不过那是一个临时性安排，由于鲁肃资历尚浅，所以暂时当校尉，这一职务比偏将军低，还不如中郎将，孙吴一大批将领军职都比他高，但就实际职权而言，鲁肃此时的地位很重，实际负责着孙吴在荆州方向的事务。

南郡让出后，鲁肃将指挥部搬到江陵下游的陆口，此处在今湖北省蒲圻西北。鲁肃在这里治理地方，发展军务，很有成效，所统率的人马由接手时的四千人左右发展到一万多人。后来孙权划出自己一方占有的长沙郡以及周边一部分地区新设了一个汉昌郡，任命鲁肃为汉昌郡太守，军职升为偏将军。

如果周瑜是鹰派，鲁肃就是鸽派，在鲁肃主政荆州期间，孙刘关系总体不错。

就在周瑜去世之前的建安十四年（209 年），刘备身边也有一个重要的人去世了，她是刘备的夫人甘氏。在鲁肃等人建议下，孙权决定把自己的妹妹嫁给刘备，加深业已存在的同盟关系。

这桩政治婚姻很有名，但史书的记载却极简单，只有《汉晋春秋》、《华阳国志》以及《三国志》简略提过几次。孙权的这个妹妹叫什么名字无确考，《汉晋春秋》说她叫孙仁献，不太像女人的名字，也有叫她孙仁、孙尚香的，都是后人的附会。

孙坚的这个女儿实在算不上淑女，而是个女汉子。据《三国志》记载，她很有才，但也很有男人气，性格像她哥哥孙策和孙权（才捷刚猛，有诸兄之风），身边有一百多名侍卫婢女，个个执刀弄枪，刘备每次见了都心惊胆战（刘备每入，内常觉凛然惊惧）。

但不管怎么说，这段时间是孙刘结好的蜜月期，为了对付共同的敌人曹操，双方尽量搁置分歧，互相让步，让联盟不断巩固，他们知道只有这样才能与曹操真正抗衡。

刘备入川

大约在建安十五年（210 年）年底前后，接替周瑜的鲁肃由京口赴荆州前线任职，他路过寻阳，吕蒙在此兼任寻阳县令。

论年龄，鲁肃比吕蒙大六七岁；论实际职权，鲁肃是荆州方向的总负责人，还是赤壁大战中孙吴联军的参谋长；论行政职务，鲁肃是太守，吕蒙是县令。

但论起军职，鲁肃当时还只相当于师长（校尉），而吕蒙已是副军长（偏将军）。按礼节，地位低的一方应该主动拜访地位高的一方，二人的情况有点儿特殊，谁先去拜访好像也都说得通。鲁肃一直在孙权身边工作，对孙吴的将领们尤其是像吕蒙这样近年来迅速成长起来的将领并非都熟悉，他也没打算主动去拜访（肃意尚轻蒙）。

有人劝鲁肃说："吕将军功名日显，不能故意不理他（不可以故意待也），您应当主动拜访他。"鲁肃听从了劝告，主动拜访吕蒙。

吕蒙设酒款待鲁肃，喝得差不多了，吕蒙问鲁肃："您担当重任，今后将和关羽为邻，打算用什么办法防备不测事件的发生呢（将何计略，以备不虞）？"

鲁肃只顾喝酒，没有多想，顺口答道："到时候再说（临时施宜）。"

吕蒙道："现在我们跟刘备虽然是一家人，但是关羽其实是熊虎之人，怎能不预先想好对策呢？"

吕蒙于是提出了自己的想法，非常全面和系统，各种预案就有五项之多。

鲁肃听罢吃惊不小，再也不敢轻视吕蒙，他激动得越过座席跳到吕蒙那边，拍着吕蒙的背说："子明，我还不知道自己的才略原来比你差得这么多（吕子明，吾不知卿才略所及乃至于此也）！"

鲁肃于是跟吕蒙结为挚友，并拜见了吕蒙的母亲。

这些年，孙权亲自选拔培养的年轻一代将领中，吕蒙确实显得非常突出，除了作战勇敢，吕蒙还很重视学习和思考，提高得很快。

据《江表传》说，吕蒙开始并不喜欢读书，孙权有一回对他和另一个青年将领蒋钦说应该多读读书，这样有好处（宜学问以自开益），吕蒙回答说军中事务繁忙，根本没有时间读书（在军中常苦多务，恐不容复读书）。孙权于是耐心地给吕蒙上了一课，从自己的读书体会讲起，说明勤学的重要。这次谈话打动了吕蒙，改变了他对读书的看法，于是开始发愤向学，手不释卷，经过长期坚持和积累，学问居然超过了一些文人（蒙始就学，笃志不倦，其所览见，旧儒不胜）。

鲁肃跟吕蒙熟悉后，对他的进步感到不可思议，跟他开玩笑说："现在你的学识这么好，既有武力又有谋略，再也不是吴下阿蒙了。"

吕蒙回答："一个人分别三天，就应该另眼相待（士别三日，即更刮目相待）!"这就是"士别三日，当刮目相看"的出处。

虽然从江陵退出，但孙吴的控制区仍然西起陆口，东到吴郡，即今天湖北省武汉市以下的长江都掌握在孙吴的手中，形成一条两三千里的长江防线。

孙吴不仅悉数占领了位于这段防线长江以南的地区，还占领着江北的江夏郡、庐江郡、九江郡的各一部，在江北形成了一定距离的纵深，进可攻、退可守。

为了更好地经营这条长江防线，孙权想把大本营从京口再往上游迁，他看好了秣陵，即今江苏省南京市一带。

秣陵属丹阳郡管辖，距离适中，可以兼顾荆州方向和后方的吴郡、会稽郡，但秣陵附近缺少重要的军事屏障。建安十六年（211 年）孙权提出在秣陵以上数百里的濡须口修建军事要塞的设想。

此议一出，大多数将领不同意。曹操在江北目前以合肥为基地，由合肥南下长江距离并不算远，它们之间只隔着巢湖，当时这片水域比现在面积还要广阔，合肥有一条叫施水的河流与巢湖相连，在巢湖与长江之间也有一条河，名叫濡须河，它发源于巢湖，流入长江。

也就是说，战船由长江出发，经濡须水、巢湖、施水可以轻松到达合肥，当然反之亦然，可以说是一条黄金水道，是双方必争的一条战略要道。

濡须口是濡须河的入江口，在长江北岸，孙权想修建的军事要塞就在这里，看中的是它可以扼住这条战略通道。据《吴录》记载，大部分将领认为孙吴的长江防线是防御性的，重点应该放在江南，在长江对岸修工事没有必要，孙吴擅长的是游击战，上岸杀敌，转身上船，有没有固定的码头无所谓（上岸击贼，洗足入船，何用坞为）。

吕蒙认为修建这个军用码头十分重要，吕蒙建议："打仗有胜就有败，如果打了败仗，仓促之间都来不及上船（兵有利钝，战无百胜，如有邂逅，敌步骑蹙人，不暇及水，其得入船乎）。"

于是，孙权下决心修筑濡须坞，作为秣陵上游最重要的军事基地。

濡须口两边是山，孙权依托它们夹水筑城，下了很大功夫，把濡须坞修筑得很坚固，同时储存大量军用物资，来抵御曹军的进攻（夹水口立坞，所以备御甚精）。

濡须坞就像一把锁，牢牢地锁住了曹军入江的门户，在这里驻守重兵，也是庐江郡、九江郡方向拓展势力的战略支撑点，无形中把双方共有的长江天险变成了自家独有，在战略上完全处于主动。

稳固了长江防线，跟刘备的联盟也进一步密切，孙权想起周瑜临终前当面向自己提出的建议，觉得现在进军益州正是个好机会，于是派使者到公安，给刘备送去一封信。

据《献帝春秋》记载，孙权在信中说："张鲁据有巴郡、汉中郡为王，为曹操作耳目，妄图吞并益州，刘璋不武，无法自守，如果曹操占据蜀地，则荆州危矣。现在我想先攻取刘璋，之后进讨张鲁，使首尾相连，一统吴、楚。如此，即使有十个曹操来，也没什么可担心的了（虽有十操，无所忧也）。"

《华阳国志》的记载大致相同，只是说孙权在信里还有几句话："如果这个目标能实现，咱们自然就成为一家了，诸葛孔明的母亲和兄长还在吴地，也就可以让他们团圆了（雅愿以隆，成为一家，诸葛孔明母兄在吴，可令相并）。"

按照《华阳国志》的说法，孙权并不是单干，而是联合刘备一块干，拿下益州合为一家。

刘备近来发展得也很快，在诸葛亮、赵云等人的努力下，江南四郡得到巩固，刘备又指挥关羽、张飞等人北攻襄阳一带的曹军，不断扩大地盘。

现在的刘备人马增加，人气高昂，正欲大展身手。诸葛亮早为他做出过规划，那就是北面不与曹操争锋，东面与孙吴和好，战略重心向西发展，攻取益州，进而徐图中原。对于孙权借道伐蜀的建议，刘备当然不答应。

刘备手下的荆州办公室主任（主簿）殷观给刘备分析得更透彻："如果答应和孙吴联手并作为他们的先锋，进不能克蜀的话，想退回来就会被吴军所乘，那一切都完了（若为吴先驱，进未能克蜀，退为吴所乘，即事去矣）。”

殷观的意思是，孙权有多种盘算，一举拿下益州更好，如果拿不下益州，他们也不会吃亏，顺手抢了咱们的地盘也是收获，算是搂不上草也能打个兔子。

孙权不知道的是，这段时间刘备已展开行动，与益州内部一些有实力的人建立了秘密联系，正在着手夺取益州的准备。

益州的刘璋也是个“富二代”，他接班的时候条件更好，有一个现成的摊子，而且不小，但刘璋能力一般，既不能在原有基础上不断壮大发展，又搞不定内部林立的派系力量。

益州有本土派，还有随刘璋的父亲刘焉入川的东州派，两大派斗法，无力向外。在它们之间还有一些小帮派，其中有个扶风派，他们都是关中地区扶风郡人，主要人物有法正、孟达、射坚、射援、上官胜等，大多是建安初年由关中逃难到益州的。

扶风派人不多，却都是能人，他们没势力，政治地位不高，跟刘璋也没有太深感情，所以特别希望益州换人来当政。

刘璋和刘表、孙权都不一样，他知道自己能力有限，所以在曹操南下荆州前后先后三次派人到荆州考察形势，他原来的想法是机会合适的话，干脆投降曹操算了。

刘璋最后一次派的是益州副州长（别驾）张松，但张松对曹操印象特别差，加上曹操随后在赤壁打了败仗，所以张松回到益州后竭力劝说刘璋不要投降曹操，而是联络刘备共同对付曹操。

张松是蜀郡人，应属本土派，但他平时与法正、孟达等人关系最好，政治上倾向于扶风派。刘璋一直担心曹操进攻汉中，汉中的张鲁自然不是曹操的对手，曹操占有汉中后益州就失去了屏障，必须抢在曹操之前占领汉中。

张松最终说动刘璋，刘璋同意派人请刘备来益州，帮助自己攻打汉中。张松顺势推荐法正到荆州见刘备。

法正见到刘备，当着众人的面办完公事，待四下无人时，法正立即向刘备把话挑明，道出了夺取益州的具体计划（正既宣旨，阴献策于先主）。

法正对刘备说：“以将军的英才，应该乘刘璋的懦弱而有所作为。张松在益州是个重要人物，他可以从里面响应您（张松州之股肱，以响应於内），得手之后就拥有了益州的殷富以及天府之国在地理上的险阻，以此成就大业易如反掌！”

对刘备来说这真是不敢相信的好事，在确信法正不是忽悠自己后，刘备与法正密谈了相关细节。

现在，刘备的准备工作还在进行中，有些事无法挑明。对孙权的来信，刘备思索着如何作答，经过一番搜肠刮肚，刘备给孙权回了信。

《献帝春秋》记载，刘备在信中写道：“益州百姓富强，土地险阻，刘璋虽弱，足以自守。张鲁为人虚伪，未必肯忠于曹操。现在如果骤然用兵，人马军需将运转于万里之间，要取得成功，吴起、孙武在世也不敢保证（此吴起不能定其规，孙武不能善其事也）。曹操虽有无君之心，但是却有奉主之名，听说曹操失利于赤壁，现在已无远志。如今天下三分，曹操据其二，他的想法是饮马于沧海、观兵于吴会，怎么肯去攻打汉中、益州？我们之间不应互相猜疑、攻伐，那样就会让曹操有机可乘，非长久之计。”

刘备认为益州、汉中都不那么好打，吴起、孙武都办不成的事咱们有什么好办法？而且，曹操根本没把什么汉中、益州放在眼里，他盯的是你们江东，如何保全自己，你还不好好想想，到时候还得我来帮你，你哪有机会去攻打别人？

孙权看到刘备的回信，生气之状可想而知。盛怒之下，孙权决定单干，他让孙瑜率水军出夏口，正式知会刘备，要经过荆州去攻打益州。

由夏口溯江而上去益州，中间要经过公安、江陵、夷陵、秭归等要地，这些地方如今都在刘备手中，刘备不同意，孙瑜过不去。

孙瑜也是江东的鹰派，他非要过，不惜一战。

刘备急了，据《献帝春秋》记载，刘备对孙瑜发下狠话：“你如果强行通过攻取蜀地，我就披发入山，决不在天下人面前失去信义（汝欲取蜀，吾当被发入山，不失信于天下也）！”

在《三国志》里，刘备是这样说的：“我刘备与刘璋同为宗室，凭借先人的英灵匡扶汉朝。今天刘璋得罪大家，我深感竦惧，不敢听闻，希望阁下对他能加以宽贷，如不准，我将披发归于山林。”

刘备希望孙权不要为难刘璋，话还是比较软的，但软中带了硬，表明他坚决不同意有人经过他的防区去攻打益州，如果强行通过，那就不惜一战。

现在，需要孙权做出抉择了，是为益州不惜拆散孙刘联盟与刘备一战，还是暂且忍耐，继续保持孙刘联盟共同对付曹操？经过思考，孙权选择了后者。

因为孙权已得知，刘备的决心不是口头上的，孙瑜带兵到夏口后，刘备迅速调整军事部署，加强沿江一带的军事力量，让关羽屯江陵，张飞屯秭归，还把诸葛亮从江南调回，让他驻扎在公安，刘备自己驻扎孱陵，四部人马一字排开，布下重重防线，防备吴军硬闯。

孙权知道益州没法去了，只好命孙瑜撤回。

建安十六年（211 年）末，刘备的准备工作完成，留诸葛亮、关羽、张飞、赵云等人守荆州，自己率数万人马进入益州。刘璋派法正率四千人前来接应，随后又亲率三万人马赶到涪县迎接。二人相见甚欢，刘璋大摆宴席招待刘备及其手下将士，欢饮百余日。

张松认为在涪县就可以解决掉刘璋，他让法正向刘备转达这项建议，庞统也认为现在是机会，但刘备经过考虑后觉得时机并未成熟（此大事也，不可仓卒）。刘备看中的不仅是益州的地盘，还有益州的人心，所以一切需要时间和机会。

刘璋表奏刘备代理大司马，同时兼任司隶校尉，刘备此前担任的最高职务是曹操授意汉献帝任命的左将军，被刘璋推举为大司马，地位更高，但这并非朝廷任命因而不合法。刘备也礼尚往来，表奏刘璋为镇西大将军，仍然担任益州牧。

刘璋想让刘备去打汉中的张鲁，为此他给刘备补充了人马，又把成都北面白水关的驻军划归刘备指挥，刘备所部人马达到了三万多人，武器装备等军用物资也很充足。刘璋回到成都，让刘备驻军葭萌关，以此为基地展开对张鲁的攻击。

此后的三年里，刘备一直在益州，但他只与刘璋周旋，汉中没去过一趟。

首战濡须

刘备独自进军益州的消息传到江东，孙权大怒，知道自己被愚弄了。

孙权直接派大船到公安，要把妹妹接回娘家，负责留守的诸葛亮拦不住，只好放行。

据《云别传》记载，刘备走后，孙权的这个妹妹更加骄豪不法，刘备很头疼，特意留赵云任留营司马，协助诸葛亮处理公安的事务。赵云听说孙夫人不仅自己回娘家，还带走了刘备四岁的儿子刘禅（夫人内欲将后主还吴），赶紧邀上张飞一道沿江拦截。

刘禅的生母是刘备已故的甘夫人，由于刘禅年幼，平时就由年轻的继母带着，孙夫人想带走刘禅，可能出于跟刘禅相处日久产生了感情，不忍分离，更有可能是孙权的意思，让他把刘备的命根子先弄到江东再说。

幸好赵云和张飞从陆路赶到前面，勒兵截江，把刘禅抢了回来。

孙权没有趁刘备入川的机会向荆州发起进攻，刘备带走的只是一小部分人马，诸葛亮、关羽、张飞、赵云还在荆州，明摆着是防自己，现在集中江东的全部人马攻打荆州，虽然也有胜算，但那将是一场苦仗恶仗，战事焦着，曹操肯定会趁机而入，即使打败刘备，最终输的也是自己。

所以，孙权把妹妹接回江东，算是出了口恶气，剩下的事也就静观了。在孙权看来，如果刘备在益州顺利，今后就继续加强与刘备的联盟，如果刘备失败，再徐图荆州、益州也不迟。

孙权现在忙的是迁移大本营。经过一年多的修建，濡须坞初步建成，建安十七年（212 年）九月，孙权正式把大本营从京口移到秣陵，改名建业，成为此后孙吴的政治中心。

在此前后，孙权的第二个儿子出生，取名孙虑，他母亲是孙权的哪一位夫人，史书没有记载。

秣陵最早为战国时楚武王所置，当时就叫金陵，后秦始皇东巡会稽曾经此地，望气者对秦始皇说从金陵地形看有王者之气，秦始皇于是下令掘断连冈，破坏其风水，并改称金陵为秣陵。迁都至此后，为了加强防卫力量，孙权下令在附近长江边上的石头山上筑城，号为石头城，以此扼守长江咽喉。

据《吴录》记载，石头城建成不久，诸葛亮曾奉刘备之命再次访问江东，公务之余他登上秣陵近郊的山顶，目睹山水形势，叹道："紫金山山势险峻，像一条盘龙环绕着建业，石头城很威武，像老虎蹲踞着，这真是帝王建都的好地方（钟山龙盘，石头虎踞，此帝王之宅）！"

现在提起虎踞龙盘，世人想到的都是南京，典故由此而来。

这大概是一次秘密出访，也许为协调刘备入川后双方微妙的关系而来，因而其他史书没有留下任何记录，《吴录》以记载吴地山川风物、人情逸闻为主，属地方志性质，是在无意识中记录下来这件事。

建安十六年（212 年）下半年，就在刘备忙着进军益州、孙权忙着搬家的时候，曹操出兵关中，发起了潼关之战，作战对手是马超、韩遂以及关中诸将，这一仗打了大半年，直到次年年初曹操才回师。

潼关之战曹军取得大胜，曹操一改赤壁之战中的游移和恍惚，打得干脆利落，充分显示出曹操作为一流军事家的才华，说明他宝刀未老。战斗的结果是，马超、韩遂退回凉州不敢出来，原先割据在关中的近十位将领死的死、降的降，曹操完全控制了关中地区，并不断向凉州拓展。

回师后，曹操重新把目光投向东南，曹操发现孙权已在长江中下流构筑起一条两三千里的长江防线，这让他很不舒服。他给孙权去了一封长信，发泄了心中的不满。

这封信由“建安七子”之一的阮瑀代笔，保存在《文选》中。信的开头先叙旧，说自己没有一天不惦记着孙权，因为双方有姻亲之好（无一日而忘前好，亦犹姻媾之义），表明自己是重情重义之人。接着，为自己的赤壁之败辩护，说那是因为遇到了瘟疫，自己下令把船烧了撤的军（昔赤壁之役，遭离疫气，烧舡自还，以避恶地）。

曹操向孙权表示，他无意夺取荆州，愿意把那里让给孙权（荆土本非己分，我尽与君）。表面看曹操挺大方，但荆州现在是刘备的地盘，曹操这么说等于是让孙权打刘备。

当然，这些都是虚的，曹操紧接着话题一转，不加掩饰地表明自己现在实力很强大，孙权割江表于一域，势力无法远伸，长江虽险，也挡不住王师，从历史经验看，像江东这样以一地而对抗王师的如刘安、隗嚣、彭宠等人，最终都没有好下场。

曹操给孙权指了两条路：一条路是把张昭、刘备杀了，表明自己的忠心，曹操会原谅孙权犯下的过错，重新和好，并把江东一带交给孙权长期治理，到那时可以享受高官厚爵（内取子布，外击刘备，以效赤心，用复前好，则江表之任，长以相付，高位重爵，坦然可观）；另一条路是，如果不忍心杀张昭，把刘备杀了，也算数（若怜子布，愿言俱存，亦能倾心去恨，顺君之情，更与从事，取其后善，但擒刘备，亦足为效）。

曹操恨刘备，可以理解，但如此恨张昭就不好理解了。也许曹操知道张昭在江东德高望重，是孙权手下最重要的人物，所以才那么说。

总之一句话，要打你是打不过，要投降，你得拿出点儿实际行动来。

孙权根本不吃吓，赤壁之战前形势更为险恶，尚能奋力一搏，现在江东地广兵众，士气正足，怎能听由曹操的摆布？

孙权置之不理，曹操决定出兵。

经过数月准备，建安十七年（212 年）十月，也就是孙权刚搬到建业的次月，曹操亲率大军到了合肥，要与孙权争夺长江天险。

这一仗规模不小，是赤壁之战后魏吴之间最大的一仗，由曹操和孙权亲自指挥，意义相当深远。但是翻看《三国志》中的《魏志》，关于这一仗只记载了几句话，曹军哪些将领参加了这次会战也不清楚。

而在《江表传》、《吴历》、《魏略》以及《三国志》中的《吴志》里，对此战的记载得却十分详细，推测起来这一仗曹军又无功而返，虽然不像赤壁之战输得那么惨，但基本上可以认为是失败。

《江表传》记载，曹操此行带来了四十万人马，很快打到了长江岸边，与孙权对峙（曹公出濡须，号步骑四十万，临江饮马）。四十万的数字显然有点夸张，或者是曹操又在故意虚张声势。孙权得到报告，不敢怠慢，立即率领七万人马应战，这个数字如果是真的，那基本上就是孙权能拿出的全部家底了。

孙权派折冲将军甘宁率三千人为前锋，并给甘宁下达秘密指令，让他一到前线就发起攻击，打曹军一个措手不及。

这是吴军惯用的手段，人数既然不占优势，就得先发制人，先取得小胜，鼓舞士气，而甘宁圆满完成了任务。

据《三国志》记载，甘宁挑选了一百多名勇士组成敢死队，孙权赐给大家米酒和饮食，吃完，甘宁用银碗盛酒，自己先喝了两碗，然后再斟满交给敢死队队长（都督）喝，这个队长可能有点紧张，伏在地上不能起来，甘宁火了，拔刀横在队长的膝上，对他进行呵斥，队长见他神情严厉，赶紧接过酒喝了，后面的敢死队员每人也都喝了一银碗的酒。

二更时分，甘宁率敢死队悄悄出发（衔枚出斫敌），杀往敌营。《江表传》还说，他们拔掉曹营的鹿角，潜入营垒，杀了几十名曹兵，曹营一片混乱，不知道有多少敌人攻进来了，乱了好大一阵，等到慢慢平静下来，甘宁等人已顺利返回自己的大营。

甘宁连夜拜见孙权，孙权高兴地说："这下子一定吓着曹操这老家伙了吧，让他也看看我们甘宁的胆量（足以惊骇老子否？聊以观卿胆耳）。"孙权还对大家说："孟德有张辽，我有兴霸，足以匹敌！"

据《吴历》记载，濡须口附近的长江中有一个叫中洲的沙洲，曹操看到可以利用，于是命人乘油船率兵趁夜渡到洲上，哪知此举被孙权侦察到，立即调集水军前来围攻，曹军不是孙吴水军的对手，仅被俘虏的就有三千人。

曹军两战皆负，吴军士气大振，反而主动到曹营外发起挑战，曹操下令坚守不出。

《吴历》记载，有一次孙权亲自来挑战，乘轻船从濡须口前往曹军营寨，曹军将领要发起攻击，曹操说："这是孙权前来观阵，后面没准有阴谋。"于是下令军中整齐军容，严阵以待，弓弩不得妄发。孙权又向前行进了五六里才回去，在船上吹吹打打，故意气曹军（权行五六里，回还作鼓吹）。

《魏略》记载，还有一次孙权来挑战，这一次孙权是乘大船来的，曹操倒不客气，下令射箭，弓弩乱发，箭射到船身上，射中得太多，把船都压偏了，孙权下令掉转船头，让另一面受箭，等船只保持平衡后下令回去(船偏重将覆，权因回船，复以一面受箭，箭均船平，乃还)，这大概才是真实版的"草船借箭"。

对曹操来说，这一仗打得实在窝囊，整体实力虽然占优，但在场面上却处于劣势，以至于孙权频频挑战而不敢应。

《魏书》记载，曹操任命的青州刺史孙观也参加了这次濡须口会战，在战斗中被流矢射中左脚，但他仍然坚持战斗，事后曹操对他进行了嘉奖和慰问，把他由偏将军升为振威将军。但孙观够倒霉的，本来只是被冷箭射中了脚，但伤势却越来越重，居然死在军中。

此战再次暴露出曹军不善水战的弱点，随着春季到来，江水渐涨，孙权的水军优势将进一步发挥，形势对曹军更加不利。

吴军也有损失，一艘五楼船在暴风下倾覆。楼船就是甲板上建筑物比较高大的战船，外形似楼，五楼船即甲板上的建筑物有五层，这在当时可能是体积最庞大的战船了，可以盛载很多士卒。孙权后来建造了一艘长安号楼船，载员多达三千人。

在征讨黄祖中立下大功的偏将军董袭当时奉命在五楼船上指挥，夜里暴风突然来袭，五楼船马上就将被吹翻，大家惊慌失措，赶紧放救生艇逃生（左右散走舸），并劝董袭快走。

董袭怒道："我受孙将军的命令在此迎敌，怎么能私自逃走？有再言此者斩！"大家于是不敢再出声。当夜，船覆，董袭遇难。

孙权换上丧服为董袭出殡，对董袭的后人给予优厚待遇。

但总的来说，魏军始终处于被动态势，尤其在水军方面，更不如吴军。

据《吴历》记载，曹操在江上看到孙吴舟船整齐，军伍整肃，感叹道："生个儿子就应该像孙权这样，刘表的那几个儿子要比起来都如猪狗一样（生子当如孙仲谋，刘景升儿子若豚犬耳）！"

孙权大概也洞悉了曹操的心理，他给曹操写了封信，说："春水马上就要涨起来了，您应该赶紧撤退（春水方生，公宜速去）。"在这封信里孙权还另外夹了一张字条，上面只写了八个字："足下不死，孤不得安。"

曹操接到孙权的信后，对将领们说："孙权没有骗我（孙权不欺孤）。"

曹操下令撤退。

再下皖城

首战濡须，曹军便以失败告终。

曹军撤退后，孙权指挥人马趁机攻占了江北的许多地方。曹操担心沿江的各郡县被孙权占领，下令官民内迁，这一下造成大面积恐慌，沿江的庐江郡、九江郡以及蕲春、广陵等地有十多万户渡江逃到孙吴。

今后曹操还会用兵于此，但都成效不大，终其一生，他都未能攻克这处军事要塞。濡须坞故址在今天安徽省无为县境内，《资治通鉴》和北宋地理总志《太平寰宇记》等书认为无为地名的由来正与曹操在此的军事行动有关，是说曹操多次用兵于此但始终无所作为。诸葛亮在《后出师表》中有曹操"四越巢湖而不成"的话，说的也是同样的事。

经过此战，濡须口的重要性进一步显现，当初花大力气修筑濡须坞看来是英明的。曹操撤走后，孙权决定留一部分人马在此守备，其他各部撤回。

留下的是周泰、朱然、徐盛所部，这几支人马战斗力都很强，论年龄和资历也都不差上下，让谁在这里总负责就成为一个问题。

孙权最后决定提拔周泰为平虏将军，留督濡须口。考虑到朱然和徐盛不一定服气，孙权临走前专门做了一次特殊安排。

据《三国志》记载，孙权在濡须坞设宴，大会诸将。打了大胜仗，大家喝得都挺高兴。喝得差不多了，孙权突然走到周泰的席前，让周泰解开衣服，周泰及众人皆不知何意。

待周泰把衣服解开，身上露出累累伤痕。孙权指着每一道伤痕，分别问它们的来历，周泰就按照过去战斗负伤的经过一一进行了报告（权手自指其创痕，问以所起。泰辄记昔战斗处以对）。

问完之后，孙权让周泰穿好衣服，重新喝酒，欢饮到半夜。第二天，孙权又派人给周泰送来自己车驾上的伞盖（明日，遣使者授以御盖）。

从天子到百官，层级不同乘车的规格也不一样，不按规定乘车就是违制，处长车配桑塔纳，局长配丰田，部长配奥迪，这是规矩。过去的车子不按价格和排气量分等级，看的是拉车用了多少匹马、车上配什么规格和颜色的伞盖，孙权把自己的伞盖送给周泰，是破例超标给他配好车，目的是树立周泰的权威。

不过，孙权还不是皇帝，没有御用的车盖。

《江表传》对此也有记载，说周泰得知由自己作为濡须口的负责人，担心朱然、徐盛不服气，所以向孙权辞让，理由是自己出身寒门，威望不够。酒宴间，当周泰回忆起每一次出生入死的战斗时，孙权泪如雨下（流涕交连）。

孙权拉着周泰的胳膊说："幼平，你为我们兄弟南征北战，每战猛如熊虎，不惜性命，全身负伤几十处，肌肤刀刻如画（被创数十，肤如刻画），我怎么能不待你如骨肉，委你以兵马之重呢？你是孙吴的功臣，我一定与你同荣辱、等休戚。幼平，你赶紧答应下来，不要以寒门而推辞（幼平意快为之，勿以寒门自退也）！"

《江表传》说，孙权当即把自己经常使用的帻青缣做的华盖送给周泰（即敕以己常所用御帻青缣盖赐之）。宴会结束后，孙权不坐自己的车，而是让周泰和自己一起在士卒的引导下共同走出军营，鸣鼓吹角以为仪仗。

孙权对周泰如此厚爱，除了周泰作战勇敢，屡立战功外，还因为孙权始终不忘周泰当年舍身救命之恩。有孙权亲自出面为周泰树威，徐盛、朱然也就心服了。

孙权从濡须口撤军，曹操回到邺县后便忙着恢复五等爵制，以天子的名义给自己封了个魏公，本来两下相安无事，可以稍微消停一下，但曹魏在扬州方向又有了动作，甚至夺取了皖城。

皖城是庐江郡的郡治，江南重镇，孙策和孙权分别在此打败过刘勋和李术，一直将其控制在自己手中。但就在第一次濡须口会战结束后不久，皖城落入曹魏手中，具体过程史书未见记载。

这件事应该发生在建安十八年（213 年），根据《两汉太守刺史表》的说法，曹操于这一年任命了一个叫朱光的人担任庐江郡太守。在曹魏阵营中，朱光名气倒不大，不过他很有才能，到任后就广开稻田，发展农业。

这一招挺厉害，因为有粮食就能引来人，曹操从濡须口撤退后，江北一带大批人口逃往江东，庐江郡、九江郡乃至广陵郡一带人口锐减，没有人，曹军就是拿下皖城也守不住。朱光在庐江郡种稻子，解决了吃的问题，也就解决了人的问题。曹操觉得这个办法好，任命一个叫谢奇的人为蕲春典农都尉，在蕲春屯田。

第一个发现问题很严重的是吕蒙，他还在寻阳兼任县令，向孙权建议必须消灭朱光和谢奇，否则待到水稻大丰收，他们的势力必然倍增，放任他们发展上几年就不好收拾了（皖田肥美，若一收熟，彼众必增，如时数岁，操态见矣，宜早除之）。

孙权接受建议，于建安十九年（214）年五月发起了皖城战役。

孙权手下将领们认为应该堆积攻城的土山，准备攻城器具，才能拿下皖城。当时连续多天大雨，吕蒙认为大雨有助攻城，作土山有点来不及，且容易被水冲垮，应该举三军的锐气，从四个方向同时猛攻，不用太久必可将城攻破（以三军锐气，四面并攻，不移时可拔）。

其实，若想拿下皖也只有这一种办法，因为驻扎在合肥的张辽可以率援军很快来到这里，必须速战速决。

吕蒙推荐甘宁任攻城总指挥（升城督），甘宁手握绳索亲自攀城，吕蒙在后面支援，亲自擂鼓助阵，攻城战从半夜里展开，到拂晓时分便将城攻破（清晨进攻，食时破之），俘获庐江郡太守朱光和曹操派在庐江郡的联络员（参员）董和等以下男女数万人。

张辽率援军向这里赶来，但城破得太快了，才到达夹石就接到皖城被攻占的消息，于是撤回合肥。

消息传到邺县，刚当上魏公的曹操大怒，下令立即出兵合肥，誓把皖城夺回。

这时已是农历七月，再过一段时间就是秋雨季节，江淮一带的连阴雨一下就是十多天，行军打仗最怕这个。

而这时雨已经下了起来，道路泥泞，行军困难，士卒们都不愿意去（太祖欲征吴而大霖雨，三军多不愿行），曹操也知道这一点，但他决心已定，谁都劝不住。

《魏略》记载，曹操专门发布教令："现在不再接受进谏，有进谏的一定处死（今孤戒严，未知所之，有谏者死）。"

曹操此时的丞相府办公室主任（主簿）是名臣贾逵，他首先看了曹操发布的教令，觉得很有问题，就跟其他三个主簿说："现在确实不宜于出兵，但教令如此，不能不谏啊！"

贾逵起草了进谏稿，三个人不顾个人安危，把名字一一署上。呈给曹操一看，曹操大怒，把贾逵等人抓了起来，曹操问是谁出的主意，贾逵说是自己，径直往监狱去。狱吏一看是贾主任，就不给他上刑具（狱吏以逵主簿也，不即著械），贾逵催促狱吏赶紧给自己上。

后来曹操的怒气消下去，把贾逵等人放了，但继续出兵。这一年七月，曹操命儿子曹植留守邺县，自己亲率大军前往合肥。

《九州春秋》记载，参军傅干也向曹操进谏："治理天下有两种途径，文治和武治（治天下之大具有二，文与武也）。明公用武已十平其九，现在没有遵从王命的只有吴与蜀，吴有长江之险，蜀有崇山之阻，难以威服，应该采取德治。我认为现在应该按甲寝兵，息军养士，分土定封，论功行赏，以此稳固内外之心，然后兴学校，教导百姓崇尚节义。以明公的神武，再修以文德，那么普天之下就没有不服从的了。现在举十万之兵于长江之滨，如果敌人负险深藏，就不能立刻取胜，就会挫伤自己的锐气，敌人也不能心服。总之，明公应该多想想虞舜休兵养息之义，全威养德，以道制胜。"

曹操不听，不是他不想学虞舜，而是现在的形势有很大不同，他也想歇一歇，但形势逼人，敌人不允许他歇下来。

在行军路上，曹操的心腹智囊、刚刚就任魏国秘书长（尚书令）的荀攸得了重病。荀攸生病期间，曹操派随军行动的长子曹丕前去探视，曹丕独拜床下，但荀攸仍然病逝了，享年五十八岁。

但是，这一仗却没有打起来，史书没有记载关于这一仗的任何情况，只说曹操七月份出兵，十月份又回到了邺县，考虑到天下大雨，道路不好，行军速度不会很快，一来一回至少也得一个月，双方在合肥前线甚至没有交过手。

皖城重新回到了孙吴的手中，孙权任命吕蒙担任庐江郡太守。

湘水分界

曹操之所以仓促从合肥撤军，是因为他得到情报，说刘备已进入成都，夺取了益州，这让曹操吃惊不小。

曹操认为刘备得到益州后就会进兵汉中，所以待不住了，相对于合肥，汉中才是此消彼长的关键点。

曹操的情报是准确的，刘备自建安十六年（211 年）进入益州后，几乎沉默了三年，既没有按照刘璋的期望去夺取汉中，也没有与刘璋争夺益州，刘备一直驻守在益州北部的葭萌关，在那里等待机会的到来。

濡须口之战时，孙权曾向刘备方面求援。刘备抓住这个机会，向刘璋提出要回师荆州，并提出补充粮草和人马，刘璋有点不高兴，让你来是帮忙打仗的，好吃好喝好招待，待了这么长时间没有一点动静，现在要开溜，走就走吧，还提出这么多要求，刘璋想不通。

但刘璋不敢跟刘备闹翻，他没有全部答应刘备的要求，但还是按照刘备所提一半的标准补给了，按说这已经相当够意思。但刘备抓住这个机会，在葭萌关斩杀了刘璋手下的驻军将领，率兵南下，这是建安十八年（213 年）五月间的事。

刘备人马不多，但刘璋不是他的对手，益州军民各怀心事，投降刘备的不少。不过，刘璋父子毕竟在益州经营了多年，也有大量忠实支持者，刘备一直未能取得最后胜利。一年后的建安十九年（214 年）五月，刘备命诸葛亮率张飞、赵云等率部由荆州西进，留关羽守荆州，这时候正是孙权收复皖城的时间。

诸葛亮等人率部进入益州后，战事急转直下，刘璋很快被包围在成都。开始刘璋仍不愿意投降，这时被曹操打败的凉州名将马超来投刘备，刘备对外宣称凉州军也来助阵，刘璋彻底崩溃，于是出城投降。

刘备进入成都，自兼益州牧，改任刘璋为振威将军，把他迁往公安，实际上软禁了起来。

刘备用三年时间夺取了益州，实现了地垮荆、益的目标，地盘与孙吴不差上下。现在的大形势是，曹操占有天下的一大半，孙权和刘备分别占有另一半中的各一半，正式形成了天下三分的局面。

刘备夺取益州后，孙权再次向刘备提出荆州问题，但刘备仍然装糊涂。更可恼的是刘备说的话："等得到了凉州，再将荆州归还（须得凉州，当以荆州相与）。"

孙权大怒，这不是耍我吗？

孙权咆哮道："这个狡猾的家伙跟我玩阴的（猾虏乃敢挟诈）！"他不管那一套，直接任命了长沙、零陵、桂阳三郡的官吏，单方面前去接收地盘，但被关羽全部赶了出来，孙权急调吕蒙率兵二万攻打三郡。

吕蒙新任庐江郡太守，孙权发现在众将之中他的军事才能最为突出。前一阵，庐陵郡发生民变，孙权先后派多人率兵进剿都无法获胜，孙权最后启用了吕蒙，孙权说："一百只鸷鸟不如一只大雕（鸷鸟累百，不如一鹗）。"吕蒙果然没有辜负孙权的期望，到了庐陵郡就将民变平息，他只斩杀了为首的人，其余释放不究。

主持荆州事务的是鲁肃，但孙权知道鲁肃是孙刘联盟的一贯支持者，跟刘备拉关系可以派他去，跟刘备打仗鸽派不行，还得鹰派上场。

这时候老将程普已不在了，周瑜死后程普继任江夏郡太守，并升任荡寇将军。据《吴书》记载，有一次辖内发生叛乱，程普平叛，杀了几百名叛乱者，把他们的尸体投入火中烧了，结果当天晚上程普就病倒了，一百多天后去世。孙权称赞他生前立下的功劳，封他的儿子为亭侯。

吕蒙率兵渡过湘水到达三郡，他向三郡官民发布公告，长沙郡和桂阳郡望风归服，只有零陵郡太守郝普守城不降。

丢了江南的两个郡，刘备也急眼了，亲自从成都赶到公安坐镇指挥，派关羽率兵与吕蒙展开争夺。

孙权当仁不让，由建业前往陆口，孙刘大战眼看一触即发。

吕蒙这时还在攻打零陵郡，吕蒙知道南阳人邓玄跟郝普关系很好，就把邓玄找来，对他说："郝普素以忠义相闻，但是对现在的局势可能有点不清楚。刘备在汉中被夏侯渊所困，关羽在南郡，他们都没有余力救援这里。我考虑不出几天城必被攻破，城破之后落个身死的下场有什么益处？先生可以去见郝普，向他陈述利害。"

邓玄于是入城见了郝普，转达了吕蒙的意思，郝普投降。

后来郝普知道刘备已到公安，而关羽就在离此不远的益阳，羞愧不已，恨不得找个地缝钻进去（惭恨入地）。吕蒙留下孙河守零陵郡，自己率军赶赴益阳。

在益阳负责指挥的是鲁肃，甘宁在那里协助他。关羽已率兵前来，《三国志》说关羽带来的人马号称三万。

关羽从三万人马中挑出五千精锐，驻扎在益阳城外十里一条急流的浅滩上，扬言要在夜里发动进攻。甘宁来得匆忙，只带来三百人，他对鲁肃说："再给我五百人，我去对付他，保证他不敢渡河！"

鲁肃立即选拔一千名精兵交给甘宁，甘宁连夜出发，关羽听说后，果然不敢渡河，而是在河边筑起了营寨。《三国志》说，这个地方后来就叫关羽濑。濑，指湍急的流水。

虽然到了剑拔弩张的地步，但鲁肃仍没有放弃和平解决分歧的希望，因为他知道双方一旦真的开战，后果将不堪设想，那将是曹操做梦都想看到的结果。

鲁肃还想做更多努力，他想面见关羽当面陈述利害。甘宁等众将都认为太危险，劝他不要去（鲁肃欲与关羽会语，诸将疑恐有变，议不可往）。

鲁肃说："今日之事已到了关键时刻，刘备明显理亏，在是非未定之时，关羽也不敢轻举妄动吧（刘备负国，是非未决，羽亦何敢重欲干命）！"

鲁肃邀请关羽见面，双方约定兵马都停在百步之外，只有鲁肃和关羽两人单刀上前相见。关羽是一流的猛将，但鲁肃也不是文弱书生，之前说过，《吴书》记载鲁肃生得体貌魁奇，精通击剑骑射，有一次敌人的骑兵追击他，他厉声呵斥敌人，把盾牌立在地上，远远地弯弓怒射，每一箭都把盾牌射穿了，敌人被吓退。

《三国志》记载，鲁肃一见面就斥责关羽："我们把土地借给你们，当初是因为你们败军远来，无所依托。现在已经得了益州，却没有奉还之意，只求三个郡，又不接受。"

鲁肃的话还没说完，关羽身后有一人高声喊道："土地这个东西，谁有德谁占有，何人能永远拥有（土地者，惟德所在耳，何常之有）！"

鲁肃厉声呵斥这个人，声色俱厉。关羽操起刀，对身后说话的那个人道："这是国家大事，不要随便议论（此自国家事，是人何知）！"关羽自知理亏，也瞪了此人一眼，直到这个人离开。

《吴书》也详细记载了双方这次会谈。关羽首先说："乌林之役时刘将军亲临前线，寝不脱甲，戮力破曹，最后岂能只落得个徒劳，而无一块土地安身，足下是来收回土地的吗？”

鲁肃回答道：“不对吧，开始我与刘将军相会于长坂坡，刘将军的人马不过千把人（豫州之众不当一校），走投无路，士气低落，还打算逃往远方（图欲远窜）。我们主上有感于刘将军无处安身，给了他土地和人民，让他渡过难关。可刘将军隐藏自己的野心，违背道义和准则，破坏双方联盟。如今刘将军既已得到益州，却还想全部占有荆州，这是普通百姓都不会做的不义之事，何况像刘将军这样的英雄呢？我听说祸患起到贪婪和背信弃义，关将军如今身负重任，难道不能辨别是非吗？反而要凭借弱旅与我们抗争，你们能不失败吗？”

鲁肃一番话，让关羽无言以对。《三国志》说关羽与鲁肃当场达成和解协议，双方以湘水为界，湘水以东归孙吴，湘水以西归刘备，一场危机以和平手段化解。

这场纷争虽然和平落幕，但其实是孙吴的胜利，过去刘备实际控制着荆州在长江以南的地区，现在以湘水为界，分出几乎一半给了孙吴。

当然，如此重大的决策不可能由鲁肃和关羽在单刀会就能拍板，双方只是个草案，还需要进一步协商，由孙权和刘备亲自决定。

关羽不是个肯吃亏的人，他之所以做出如此重大的让步，可能是刘备已经给他交过底。因为这时刘备肯定接到了情报，说曹操亲率大军向汉中去了，汉中是益州的门户，是必须争夺的战略要点，相对于汉中，荆州在江南的几个郡不算什么（会闻魏公操将攻汉中，刘备惧失益州，使使求和于权）。

孙权趁热打铁，派诸葛瑾到刘备那里商谈湘水分界的具体事宜。据《三国志》记载，诸葛瑾拜见刘备的地方应该是成都，为了备战汉中，刘备已由公安返回。

在成都，诸葛瑾见到了他的弟弟、已了离别二十年的诸葛亮。但他们只谈公务，不谈私事，私下也没有见面（退无私面）。诸葛瑾由于独特的身份，以后还多次出使蜀汉，但公私分明的做法一直保持。

在诸葛瑾回访后，双方达成正式协议，以湘水为界将荆州一分为二，湘水以东的长沙郡、江夏郡、桂阳郡归孙权，湘水以西的南郡、零陵郡、武陵郡归刘备。

当初孙权让出的地盘仅是半个南郡而已，如今却拿回来差不多三个郡。孙权如果要表达谢意的话，一定得感谢曹操，没有曹操帮忙，刘备又怎么肯心甘情愿让出地盘呢？

合肥遇险

建安二十年（215）年七月，曹操终于抢在刘备的前面率兵到达汉中，张鲁并未望风而降，而是组织起抵抗。

这时候，荆州的问题已经解决，孙权决定抓住战机，再一次出击合肥，趁曹操在汉中无法抽身的机会一举将合肥拿下。

攻下合肥，也就有了整个扬州，以此为基地，可以进图徐州、兖州和豫州，不断蚕食曹操的地盘。

八月，孙权调集十万人马，由自己亲自率领进攻合肥。此战孙权志在必得，所以几乎带来了吴军的全部精锐，吕蒙、甘宁、蒋钦、凌统、陈武、徐盛、贺齐、潘璋等，最能打的都来了。

曹操西征汉中前留下张辽、李典、乐进三部守合肥，但给他们留下的人马并不多，只有七千人。

曹操也考虑到孙权将趁自己远征汉中之机前来进攻，他已经想好了对策，但没有公开，而是写在一封密函里，交给留守部队的联席参谋长（护军）薛悌。

当互不隶属、军职也相当的几路人马共同担任某项任务时，为了便于各路人马之间的沟通、联络和协调，往往设护军一职，他们地位一般不是特别高，但直接向曹操本人汇报，直接接受曹操的指令，因而地位很重要。

曹操走后薛悌谨遵指示，没有打开过那个密函，直到孙权率十万人马向合肥杀来，薛悌想时候应该到了，赶紧当着张辽、乐进、李典诸将的面打开来看。大家还以为丞相留下了什么秘密武器，期望值挺高，谁知只看到上面写了几句话："如果孙权来了，让张辽和李典二位将军出战，乐进将军留守，薛参谋长不得参战（若孙权至者，张、李将军出战，乐将军守，护军勿得与战）。"

大家有点失望，当前明显寡不敌众，宜采取守势，等待援军的到来，如果主动出击，能否取得胜利实在值得怀疑。只有张辽认为曹丞相的指示是正确的，他说："曹公远征在外，如果我们坐等待援，敌人必然会击破我们。所以曹公命令我们趁敌人没有集齐之时发起攻击，挫伤他们的锐气，以安定军心，然后才能守住。"

乐进、李典等人还有些犹豫，张辽有些生气："成败之机，在此一战。诸君如果还要怀疑，我张辽愿意单独一战！"

李典跟张辽平时有矛盾，此时慨然说道："这是国家大事，我不能以私心而忘记公义，请让我跟随你前进！"

于是，张辽连夜召募敢死队，共选了八百人，给他们杀牛飨食，饱餐一顿。到了天亮，张辽亲自披甲持戟，率领这八百勇士杀入敌营。

对于敌人的这一手，吴军没有任何思想准备，十万对七千，胜负几乎没有悬念，脑子只要还正常，就会选择死守待援，能多撑一天就多一份生的希望，主动发起挑战无异于自杀。

哪知敌人不仅杀了出来，而且士气很高昂，张辽一边杀，一边大呼自己的名字，他们连杀数十名敌人，其中还包括两员将领，他们冲锋的速度极快，转眼杀到孙权的指挥部（冲垒入至权麾下）。

孙权几乎来不及反应，跟前有一个土堆，可能是一处坟堆（高冢），孙权顾不了那么多，抱着一把长戟就上了土堆。

张辽站在土堆下，高喊让孙权下来一战，孙权不敢动，这时孙吴的众将们杀了过来，将张辽围住。

张辽率身边数十人又往外面杀，刚杀出重围，听见后面有人求救："将军，您要抛弃我们吗（将军弃我乎）？"

张辽回头一看，见是自己带来的人里有被孙吴的士兵围住不能脱身的，张辽于是又往回杀，敌兵人马披靡，没人敢挡，张辽顺利将被围的士兵解救出来。

这一战从早晨一直打到中午，张辽就用这八百人在孙权大营里连冲带杀，孙吴军队居然无奈，看着他们杀进杀出，孙吴士气大损。

孙吴军队又攻了十多天，被士气高昂的曹军挡在城下无法得手，孙权决定撤兵。

吴军接到命令陆续撤退，孙权和吕蒙、甘宁、凌统、蒋钦、陈武、潘璋等将领留在后面督阵。合肥城外有条淝水，淝水上有一个渡口叫逍遥津，孙权等人正在逍遥津以北等待过河，恰好被远眺敌情的张辽发现。

张辽再次率兵突然杀出，目标直指孙权。

这一击实在太突然了，孙权等人毫无防备，吕蒙和甘宁拼死保护孙权，凌统指挥身边的人架着孙权就走（甘宁与吕蒙等力战扞敌，凌统率亲近扶权出围），凌统把孙权转移到安全地带，返回来再与曹军交战，身边的人一个个战死，他也多处受伤，估计孙权已经脱险，才撤离战场。

吕蒙、甘宁、蒋钦等人死战张辽以掩护孙权，甘宁勇猛异常，不停地引弓射敌，负责鼓吹的士兵大概也伤亡得差不多了，甘宁发现自己一方的军乐队突然没了声响，还厉声询问（宁厉声问鼓吹何以不作），壮气毅然。凌统这时也过来，掩护孙权撤退后重新杀回，他跟甘宁默契配合，抵挡住了曹军的猛攻。

《三国志》记载，此战打得很惨烈，偏将军陈武力战而死，宋谦、徐盛、甘宁等人负伤。徐盛受伤后长矛都弄丢了，贺齐过来救了徐盛一命，拣回徐盛的长矛（徐盛被创失矛，齐引兵拒击，得盛所失）。

陈武自孙策时代便追随左右，孙权让他率领中军（督五校），负责保卫孙权的安全，他力战而死，算是尽到了职守。对陈武的死孙权很伤心，后来亲自参加了陈武的安葬仪式，《江表传》说陈武有个爱妾，孙权下令让她给陈武殉葬（命以其爱妾殉葬），陈武的儿子陈修日后也成长为孙吴的高级将领。

孙权对于心爱的部将常给予格外关照和尊崇，让部下感动和感激，但他命陈武爱妾殉葬一事遭到了后世不少批评。晋代史学家孙盛甚至认为孙吴国运不长，正是用生人殉死人这件事受到的报应（权仗计任术，以生从死，世祚之促，不亦宜乎）。

陈武战死，徐盛等人受伤，他们手下不少士卒纷纷后退，潘璋赶到，斩杀了两名后退者，才稳住了阵脚（横马斩兵走者二人，兵皆还战）。

《献帝春秋》记载，张辽遇到一个紫色胡须的吴将，上身长、下身短，在马上很善射，张辽问孙吴的降卒这个人是谁，降卒回答是孙权，张辽懊悔不已，赶紧跟乐进急追。

《江表传》记载，孙权骑马到了逍遥津渡口上的一座桥，这座桥年久失修，桥面已坏，有一丈多宽的地方没有桥板，此时只有他的卫士长（亲近监）谷利在身边，谷利让孙权握住马鞍稳住身体，他在后面挥鞭以助马势，马使劲腾越，最后跳过了断桥。谷利立下大功，后来被封为都亭侯。

孙权侥幸逃过淝水，遇上贺齐率三千人前来接应，孙权才得脱险。

贺齐把孙权迎入大船，摆上酒宴为孙权压惊，席间贺齐落下眼泪，他对孙权说："人主的安危是大事，今天我们几乎酿成大祸。群臣震怖，像没有天没有地了一样，我将把今天这件事作为终身之诫！”

孙权也走下座席，过去替贺齐擦干眼泪（权自前收其泪）。

《三国志》记载，甘宁等人随后突围而回，其中凌统受伤最重，到淝水边时，桥已被曹军破坏，凌统穿着甲胄潜水渡河，到了孙权的大船上，孙权见了又惊又喜，把凌统留在自己的船上。

《吴书》记载，孙权亲自为凌统换了衣服，拿出珍藏的卓氏良药为凌统疗伤，凌统才得以不死（统创甚，权遂留统於舟，尽易其衣服。其创赖得卓氏良药，故得不死）。

逍遥津一役，曹军以七千余人打退孙吴十万人的进攻，两次陷孙权于危难，打得吴军损兵折将，创造了战场神话。张辽经此战名气更大，自那时起张辽的名字便与逍遥津联系在了一起。

此战也是孙权一生中最大的一次失败，人多势众，猛将如云，却被打得难以招架，士气大伤。

后人评论此战的胜利，一方面归功于张辽等人作战勇敢，面对强敌敢于主动出击，以不足十分之一的力量对比，打得敌人节节退缩。另一方面，对于曹操知人善任也给予高度评价。

曹操在留下的封函里仿佛已经预知了一年后发生的情况，对于如何用兵给出了清楚的指示，他知道张辽、乐进、李典等人互相不服气，平时都不买对方的账，所以把拒敌方案暂时秘而不宣，他相信关键时候张辽等人能以大局为重，且互相激励，一定能出奇制胜。

之所以让张辽担任主攻，让李典守城，是因为曹操了解他们的性格。张辽作战勇猛，有狠劲，李典号称军中长者，是一员儒将，打起仗来比较冷静，适合守城。

除这两方面原因外，还有一个重要原因被忽视了。孙吴军队中正流行瘟疫，削弱了战斗力，迫使人马后退。《三国志》说，当时碰上了瘟疫，军队大部分撤出了发病区（会疫疾，军旅皆已引出）。瘟疫的威力在赤壁之战中表现得很突出，吴军此次在合肥失利，也与瘟疫有关。

今天的逍遥津旧址在安徽省合肥市老城区的逍遥津公园内，园内还有张辽墓。张辽祖籍并州刺史部雁门郡，跟关羽是同乡，因而关系很好。张辽于七年后去世于江都，死后要么就地葬于江都，要么葬于家乡，不大可能葬在合肥，这个墓应该是后人为纪念他而修的衣冠冢吧。

关羽发威

在孙权兵败合肥的同时，曹操终于拿下了汉中，张鲁先是逃往汉中以南的巴山，后出来投降，被曹操改任为镇南将军，封阆中侯，食邑万户。

随军出征的两位丞相办公室主任（主簿）司马懿、刘晔都建议曹操乘得胜之势南下益州，在刘备立足未稳的情况下把他赶出益州。郭嘉、荀攸等人辞世后，司马懿和刘晔脱颖而出。他们的眼光很毒，据《傅子》记载，曹军攻下汉中的消息传到成都，蜀中一日数十惊，刘备连杀了不少人都未能安定住局面（备虽斩之而不能安也）。

刘备虽然夺取益州，但内部情况很复杂，外面一有风吹草动，那些支持刘璋或者不满意外人入主益州的势力就会大做文章，曹操如果真的趁热打铁攻打益州，不是没有胜算。

但是，曹操拒绝了司马懿和刘晔的建议。此时他已年满六十岁，在人的平均寿命只不过三四十岁的当时，曹操已进入到暮年，加上身体不好，老有头风的痛苦折磨着，所以有些事他不再想那么多了。

曹操任命夏侯渊为护军将军，指挥张郃、徐晃所部留守汉中，派丞相府秘书长（丞相长史）杜袭以驸马都尉的身份处理汉中的政务。汉中郡之前被刘焉改为汉宁郡，曹操下令恢复汉中郡，将汉中郡的安阳、西城等县分出来设置西城郡，将锡县、上庸县等分出来设置上庸郡，分别设置了太守、都尉。

建安二十一年（216 年）二月，曹操返回邺县。经过几个月的准备，在手下一帮人的拥戴下，曹操晋爵魏王，距离当皇帝仅半步之遥了。

现在，摆在曹操面前有三个战场，西线是汉中，中线是荆州，东线是合肥、濡须。刚从汉中回来，不可能再去，中线的荆州是曹操的伤心之地，心里多少还有些忌讳，曹操决定到从东线战场发起进攻。

十月，曹操从邺县起兵，这次打仗曹操把夫人卞氏和长子曹丕都带上了，曹丕十二岁的长子曹睿、女儿东乡公主也由祖母卞氏带着随征。

大军到达合肥后进行了短暂休整，据《三国志》记载，曹操听张辽等人汇报了合肥之战的经过。专门察看了张辽大败孙权的逍遥津，并在此叹息很久（循行辽战处，叹息者良久）。之后，给张辽所部增加了人马，让他移屯于居巢。

居巢在今安徽省桐城市南，这里在濡须口的上游，距濡须口只有一二百里，距皖城也近在咫尺。次年正月，曹操也到达居巢。

曹操的想法是先不急于攻打濡须口，先夺回皖城，之后采取稳扎稳打的办法，彻底拔掉濡须口这颗钉子。但不凑巧的是，这时曹军中也发生了瘟疫。据《三国志》记载，曹操任命的兖州刺史、司马懿的大哥司马朗亲自到军中慰问得病的士卒，问医送药（军士大疫，朗躬巡视，致医药），结果自己不幸染病，不治身亡。

这场瘟疫来势凶猛，其波及范围包括整个北方以及长江流域，曹植在《说疫气》一文中写道：“建安二十二年瘟疫流行，家家都有失去亲人之痛，有的全家死光，有的整族灭绝。有人认为瘟疫是鬼神在兴风作浪，但是罹患此难的，多是穿粗布衣服、吃草食的人家的孩子，而身居高庭大院，整天锦衣肉食之家，死的却比较少。这是自然阴阳二气失调而发生的瘟疫，哪里是什么鬼神，愚昧的人插起桃符来驱鬼，真的可笑。”

曹丕给好友吴质的一封信里也写道，徐干、陈琳、应玚、刘桢都死于这场瘟疫，“建安七子”中的另一位重要人物王粲也死于这次行军途中，据推测也与这场瘟疫有关。

“建安七子”几乎同时死去了五个，这场大瘟疫对在对曹操的大军进行重创的同时，也给文学事业造成了无法弥补的损失。

因为有上次赤壁之战的教训，曹操深知军中流行疾病会对部队的战斗力造成很大伤害，所以不敢掉以轻心，有了撤兵的想法。

不想打的还有孙权。曹操老这么折腾，他也烦了，这些年来他主要的精力都放在了合肥、濡须口方向，但实际上收获甚微。

吕蒙多次提醒他，就目前形势看关羽的威胁远远大于曹操，应该早有防范，不能把注意力只放在合肥方向。孙权经过思考，做出了一个令人意想不到的决定，他派都尉徐详去曹操那里求和。

刚刚与刘备重修旧好，现在又向曹操求和，孙权的战略调整未免幅度太大，而且曹操是否接受尚未可知，如果曹操不接受，自己一方士气势必受损伤。

但孙权这么做是经过计算的，孙权接到的情报显示，曹军占领汉中后刘备一直耿耿于怀，汉中这个地方，戴在益州的头上是顶钢盔，攥在曹操的手上就是把刺刀，刘备不想让人弄一把刺刀顶着后背睡觉，说什么也得把汉中抢到自己手中。

就在不久前，刘备派张飞、马超攻占了汉中西面的武都郡治所下辩，这是全面攻击汉中的信号，孙权确信，曹操听到这个消息后一定会如坐针毡，如果此时求和，曹操就有了撤退的台阶。

果然，曹操已无心在合肥恋战，接住孙权递过来的梯子，下令回师。

二月来，三月就回，和上次南下合肥一样，曹操又虎头蛇尾了一次，不是孙权本事大，而是刘备帮了忙。对孙权来说，能不打就不打，不付出任何实质性代价，一句软话就把曹操哄得心情愉快地走了。

在三国时代，都说吕布最善变、刘备最务实。但从这件事上可以看出孙权其实比刘备还务实，孙权善于调整自己的姿态，在关键时刻往往干出许多出人意料的事来，所以有人总结说，曹操擅长玩军事，刘备擅长玩政治，孙权擅长玩外交。

曹操留下夏侯惇、曹仁、张辽等各部共二十六个军屯扎在居巢一带，按一个军一万人左右计算，在此区域驻扎的部队达二十多万人，这些部队由夏侯惇任总指挥。这大概是曹操为避免出现上次撤离时只留下七千人守合肥的惊险，索性在这里长住不走了。

就在这时，四十六岁的鲁肃病逝，让孙权悲伤不已。

孙权亲临鲁肃的葬礼，远在成都的诸葛亮也派人前来吊唁（诸葛亮亦为发哀）。鲁肃为人方正，内外节俭，治军整顿禁令必行，善谈论，属文辞，思度弘远，有过人之明。《吴书》认为，周瑜死后江东的人物鲁肃是魁首（周瑜之后，肃为之冠）。

鲁肃临终前没有向孙权推荐继任者，这时候最合适的人当数吕蒙，但不知何故，孙权起初确定接替鲁肃的是一个叫严畯的人。

严畯字曼才，徐州刺史部彭城人，喜欢学习，精于诗、书、礼，文章写得好，避乱江东，和诸葛瑾、步骘这些一块来江东避难的北方人士关系很好。他的性格质直纯厚，是个老实人，被张昭推荐给孙权，先后在孙权手下担任骑都尉、从事中郎。

听说孙权交给自己这么大一副担子，严畯傻眼了，他知道自己的能力和特长，根本带不了兵。所以当众人向他道喜时，他说："在下不过一介书生，根本不懂军事，没有这两下子勉强去，必然会后悔（朴素书生，不闲军事，非才而据，咎悔必至）。”

严畯说的时候很真诚，以至流下了眼泪（发言慷慨，至於流涕）。《志林》还记载，孙权想试试严畯，就让他骑马，结果严畯一上马就掉了下来（权又试畯骑，上马堕鞍）。

孙权这才收回成命，后来严畯一直担任文职，孙权称帝后，严畯做过朝廷的秘书长（尚书令）。

严畯不行，孙权这才改用吕蒙，任命吕蒙接任鲁肃的汉昌郡太守一职，屯驻于陆口，除吕蒙原来所部人马外，还有鲁肃这些年积攒下来的一万多人。

鲁肃是孙刘联盟的坚定支持者，无论多么困难，鲁肃都在维系着联盟不破裂，但吕蒙的想法截然相反，之前他就向孙权密陈计策：

“可以让征虏将军孙皎守南郡，潘璋守白帝城，蒋钦率一万人沿长江作为机动，我率兵占据襄阳，这样一来我们既不必忧虑于曹操，也不必看关羽的脸色了（如此，何忧于操，何赖于羽）。”

“刘备、关羽虚伪狡诈，反复无常，绝不能信任他们。现在关羽之所以没有进攻孙吴，只是因为陛下的英明，我们这些将领们还在，如果不在我们强壮时谋取荆州，一旦我们死了，还有成功的可能吗（一旦僵仆，欲复陈力，其可得邪）?”

孙权认为吕蒙说得很对（深纳其策）。孙权提出，是不是可以先取徐州再取荆州，吕蒙说：“现在曹操远在河北，被内部事务所牵制，暂时无力东顾，徐州的守兵虽然不足虑，可以一鼓作气拿下（往自可克），但那一带地势开阔，交通方便，适合于骑兵作战，我们拿下徐州，曹操没几天就会杀来，还得派重兵去守。不如先取关羽，占据整个长江防线，到那时我们进退就自如了。”孙权认为有理。

但是，吕蒙到了陆口后，表面仍不露声色，反而与关羽更加亲热（外倍修恩厚，与羽结好）。

接下来，时局发生了重大变化。

建安二十三年（218年）初，刘备终于对汉中动手，他亲率大军进攻夏侯渊。夏侯渊指挥张郃、徐晃等部在汉中与刘备周旋了将近一年，双方互有胜负。七月，曹操率军从郿县出发增援汉中。

不知何故，曹操率领的大军行进得很慢，一直到次年初还在长安。这时传来消息，刘备和夏侯渊指挥人马在定军山交战，曹军在汉中的主将夏侯渊意外阵亡，形势急转直下。

曹操慌了，于建安二十四年（219 年）三月从长安出发穿过秦岭山中的斜谷栈道前往汉中。

曹操亲自到来也未改变曹军的颓势，双方相持一个多月后，曹操见短时间内无法打败刘备，于是撤军，刘备占有了汉中。

七月，刘备在汉中称王，任命魏延为镇远将军留守汉中，之后回到成都。

汉中的胜利鼓舞了镇守荆州的关羽，刘备称王后晋升他为前将军，成为蜀汉的武将之首。经过长期备战，关羽认为自己在荆州的实力已经很强大，可以做点什么了。

对于这样的形势，早有人洞若观火。在曹军的居巢前线，有一天曹操任命的扬州刺史温恢跟兖州刺史裴潜聊起了当前的形势，温恢不无忧虑地说："咱们这里虽然有敌人，但不足为虑，曹仁将军守襄阳、樊城，势单力薄，关羽骁勇狡猾，恐怕南面会有变故呀！"

接下来发生的事完全如温恢所料。建安二十四年（219 年）八月，江汉一带遭遇霖雨，雨不仅连着下，而且雨量比较大，汉水暴涨。

曹军在前线的主要据点襄阳和樊城都在汉水边上，一个是汉水南岸，一个是汉水北岸，汉水发了大水，水势很猛（平地数丈），城池及军营都被淹了。关羽意识到这是天赐良机，命令南郡太守糜芳守江陵，将军傅士仁守公安，自己率水陆两军向北进攻，先攻打的是樊城。

战事呈一边倒态势，这个仗简直没法打，关羽有水军，曹军来不及准备，在樊城外围防守的于禁等人只能坐以待毙。无奈之下，也算是一代名将的于禁竟然向关羽投降。

关羽回身猛攻樊城，城内到处是水，房屋大量崩坏，大家都很害怕。有人向曹仁建议趁关羽还没有把樊城全部围住，乘小船趁夜逃走，但曹仁不同意，他知道现在不咬牙顶住，就真的一败不可收拾了，曹仁命人找来一匹白马，效仿当年刘邦白马盟誓，跟大家共同宣誓，决心同心固守。

此时樊城内仅有数千人，城里没有被水淹的地方也很少，关羽率部乘船而来，把樊城围了好几重，城内与城外断绝消息，情况已经到了最危险的地步。驻守在襄阳的曹军是吕常部，关羽派人把襄阳也围了起来。襄阳和樊城成为大水浸泡下的两座孤城。

曹魏在周边的驻军和官民纷纷投降了关羽，其中包括曹操任命的荆州刺史胡修、南乡郡太守傅方等高级官员。许县以南的梁、郏、陆浑等地变民也纷纷起事，他们杀害地方官员，接受关羽任命的职务和印绶，与关羽遥相呼应（为之支党）。史称，关羽的个人声望达到顶峰（羽威震华夏）。

夺取荆州

突变的形势既考验着曹操，也考验着孙权。

历史就是这样，重大关头机遇稍纵即逝，如果不能立即抓住，机遇不会再来。

关羽北上后，吕蒙立即建议孙权："关羽的主力部队都在樊城前线，但后方也留了不少人马，主要是担心我们从他背后发起攻击。我一直有病，现在以治病为由回建业，关羽听到就会放心地把人马调往襄阳前线。我们找准机会，突然发动进攻，如此南郡可以拿下，关羽可以生擒！"

孙权批准了吕蒙的计划，不过他先不露声色，而是设法稳住关羽，为军事部署赢得时间。据《典略》记载，关羽发起樊城战役时，孙权主动派人来见关羽，请求助战（权遣使求助之），关羽挺高兴，允许孙吴的人马联合作战，但关羽不知道孙权的计谋已经开始了。

孙权派出了联合作战部队，暗中命令他们进军速度不要太快，这惹得关羽很不高兴。关羽已经俘虏了于禁等人，气势如虹，对孙权的联络官说："你们这帮畜生敢这么对我（貉子敢尔）？等我拿下樊城，看我怎么灭了你们！"

孙权得到报告，知道已经把关羽激怒了。但他觉得还不够，又亲笔写了封信给关羽赔罪，同时答应关羽自己将亲自率兵前往助战（许以自往）。

另一方面，吕蒙对外宣称自己病了，而且病得挺重（遂称病笃）。孙权用公开命令（露檄）的方式召吕蒙回建业。

吕蒙路过芜湖，守卫这里的是定威校尉陆逊，就像当年鲁肃路过寻阳与他长谈一样，吕蒙与陆逊在芜湖也做了一番长谈，发现这个小自己五岁的年轻将领才堪大用。

在这次谈话中，陆逊对吕蒙说："关羽大军压境，您怎么此时离开，难道不担心吗?"

因为涉及最高军事机密，吕蒙没打算告诉陆逊真相，他说："你说得有道理，但是我确实病得很厉害。"

陆逊说："关羽此时正在气盛之时，一心北进，对我们没有防备（但务北进，未嫌于我）。又听说您病了，更没了戒备心。如果现在出其不意，必将一战可擒。您见到主公时，应该提出这样的建议。"

吕蒙吃了一惊，如今轮到他对陆逊刮目相看了。但是他还不想把话挑明，而是对陆逊说："关羽一向勇猛，而且势力越来越大，气势正盛，不是那么好对付的。"

据《三国志》记载，孙权的女婿、奋威校尉全琮也跟陆逊有共同看法，他向孙权秘密建议抓住机会突袭关羽。此时孙权与吕蒙已经定下了偷袭关羽的大计，但恐怕泄密，对全琮的建议不作答复。

吕蒙到了建业，孙权问他谁可以替他负责荆州事务，吕蒙推荐了陆逊。

一方面，陆逊的远见卓识让吕蒙欣赏，而以陆逊代替自己也有另外的好处："陆逊虽然很有能力但名气并不大，不会引起关羽的注意。陆逊如果前去接任，让他对外隐藏锋芒（令外自韬隐），对内则加紧备战，一定可以成功。"

另一方面，吕蒙还有更深的想法，陆逊是孙权的侄女婿，孙权把哥哥孙策的女儿许配给了陆逊，因为这层关系，孙权必然对陆逊完全放心，推荐陆逊便没有任何顾虑。

孙权于是拜陆逊为副军长兼前敌副总指挥（偏将军、右部督），代替吕蒙任总指挥，进驻陆口。

陆逊一到就给关羽写了封信，对关羽一通猛夸，表达自己的景仰之情，态度十分谦卑。这封信保存在《三国志》里，其中写道："我不过是一介书生，为人粗疏迟钝，没有能力担负现在的重任，幸而与将军这样德高望重的人为邻。现在愿意把心里的真实想法都说出来，不一定对，提供您作为参考。承蒙将军关注，并望多加指教（仆书生疏迟，忝所不堪，喜邻威德，乐自倾尽，虽未合策，犹可怀也。傥明注仰，有以察之）。"

从这些话里，关羽可能会品出这个小伙子有意向自己效忠，以求有个好前程的意思来。

陆逊之前是干吗的关羽恐怕都不太清楚，面对陆逊异乎寻常的谦卑，关羽果然上当。在关羽看来，孙吴自周瑜、鲁肃以后就数吕蒙还有两下子，吕蒙现在生病回了建业，其他人都不是他的对手。对于这个小自己二十多岁的陆逊，关羽自然没有放在眼里，现在关羽完全放下心来（大安），于是把留驻在南郡、公安等地的人马又调了一部分到樊城、襄阳前线。

陆逊秘报孙权，认为时机差不多了，可以动手。孙权也下了决心，但他觉得孙刘联盟已为天下人所知，自己先翻脸必然在政治上被动，最好有一个借口。

恰在此时，发生了湘关抢米事件，给了孙权一个动手的理由。

当年孙刘两家以湘水为界重新划分了江南各郡的势力范围，湘水以西归刘备，湘水以东归孙权。湘水成了双方的界河，为了便于贸易和人员往来，在湘水上设了不少关口。

关羽在樊城外一下子俘虏了于禁所部好几万人，军粮供应不上，关羽命令后方人员擅自渡过湘水抢了孙吴的米。孙权听到报告，于是向关羽开战。

孙权想任命孙皎和吕蒙为正副总指挥（左右部大督），全面负责对关羽之战。孙皎此时任征虏将军，是孙权的堂弟，他的父亲是孙静。

对于这样的安排吕蒙有不同意见，他说："如果主公认为征虏将军行就用他，认为我行就用我。当初周瑜、程普分任左右部督，虽决断权在周瑜，但程普自恃资格老，又都是都督，因此不团结，差点坏了国家大事，这是前车之鉴呀。"

吕蒙不仅有才，看来也挺有个性。领导派自家人当一把手图的是个放心，吕蒙非要推荐自己，如果换成别人，肯定会有想法，但孙权就欣赏吕蒙这样的，孙权马上改任吕蒙为唯一的总指挥，让孙皎负责后勤保障。

此时，樊城外仍然处于胶着状态，关羽围城很急，势在必得，而最快增援来的曹军目前只有徐晃一支，他们才进抵到偃城，曹操调集的各路大军还在路上，曹操本人正在往襄阳以北几百里的摩陂赶。

正在曹操着急万分的时候，他突然接到孙权派人送来的一封信。在信中，孙权通报曹操自己将讨伐关羽，但同时请求曹操不要泄漏这个机密，以免关羽有所准备（及乞不漏，令羽有备）。

自上次居巢讲和后，孙、曹俨然成为"一家人"，这么大的军事行动，面对的又是一个共同的敌人，当然得知会曹操一下。

曹操征询众人意见，大家都觉得孙权如果从背后动手是一件大好事，为了保证孙权顺利得手，应该替孙权保密。只有董昭看法不同，他认为："用兵在于谋变，以追求最大利益为目标（军事尚权，期于合宜）。可以许诺孙权替他保密，但不妨把这个情报透露出去，有意让关羽知道。关羽如果退兵自卫，樊城之围顿解，之后让孙权、关羽二贼相斗，我们可收渔利。"

曹操认为董昭的分析有理，命令徐晃把孙权的信抄了若干份，故意射落到关羽营里，同时也射到樊城内。樊城的守军看到信顿时士气百倍，而关羽看到信后犹豫不决，想相信又害怕是曹操的挑拨离间，不相信又怕是真的。

正在关羽迟疑之际，大约在建安二十四年（219 年）十月底至十一月初之间，吕蒙悄悄抵达柴桑以西的寻阳，在此组织精兵和船只，把士兵藏在船舱里，让老百姓划船，外面的人扮作商人，昼夜不停地逆流而上。

长江沿岸有关羽布置的不少哨兵（屯候），吕蒙把他们全都抓起来，所以关羽还不知道背后发生的情况。

关羽留在后方负责军政事务的是南郡太守糜芳和将军傅士仁，关羽向来心高气傲，一直瞧不起这两个人。此次出兵，糜芳、傅士仁负责后勤保障，中间难免有供应不及时的地方，关羽很生气，威胁说回来后要收拾他们（还，当治之）。

关羽这个人做事不讲情面，糜芳和傅士仁知道他说到就会做到，因此感到忧心忡忡。吕蒙了解到其中情况，派虞翻前去劝说傅士仁投降。

虞翻怎么会跟吕蒙在一起呢？原来，虞翻已改任都尉，他不仅本事大，脾气也大，说话很直，跟大家处不好关系（性不协俗），多次犯颜谏争孙权，让孙权下不了台，前一阵孙权下令把他关在丹阳郡的泾县思过。

吕蒙很欣赏虞翻的才能，在建业养病期间，他知道虞翻懂医术，就向孙权请求把虞翻放出来给自己看病，后来又让他一同来到荆州前线。

吕蒙给傅士仁写了封信，陈说利害，派虞翻送去。虞翻口才一向很好，当前说服王朗和华歆投降，这一次傅士仁也被他说降了。虞翻建议把傅士仁一块带往江陵，南郡太守糜芳看到傅士仁投降了，于是也开城出降。

吕蒙就这样不费劲地得到了南郡。江陵是关羽的后方基地，将士们的家属多在此地，吕蒙进入江陵，释放了囚禁在此的于禁等人，俘虏了关羽及其将士家属，但不为难他们，给予抚慰。

吕蒙同时下令："不得骚扰百姓，不得随便拿别人的东西。"吕蒙有个手下是他的同乡，擅拿了老百姓家一顶斗笠用来盖铠甲，吕蒙认为铠甲虽然是公家的东西，但也触犯了刚颁布的命令，为严肃军纪，吕蒙流着泪将其斩首。于是军中震动，江陵城出现了道不拾遗的景象。

吕蒙派左右不停地慰问抚恤地方长者，询问他们有什么需求，对于生病的百姓及时送医送药，对饥寒中的人及时发给食物食物，关羽存在江陵的钱财宝物，吕蒙都下令贴上封条，等候孙权来处理。

吕蒙这些措施很到收到效果，他迅速控制了南郡的局势。

关羽听说南郡丢了，如五雷轰顶，立即下令撤军。

曹仁本想追击，但赵俨不同意："孙权利用关羽出兵的机会发难抄了他的后路，但关羽必然回击，孙权担心的是我们趁他与关羽互斗而从中取利，所以才谦卑地表示顺从效忠（恐我承其两疲，故顺辞求效）。如果我们攻击过急，孙权说不定就把对付关羽的手段改为对付我们（若深入追北，权则改虞于彼）。关羽如今撤回，我们应该留着他，让他与孙权互斗。"

曹仁认为有理，下令不追击。而关羽撤退的消息传到摩陂，曹操也特别担心曹仁等人追击，赶紧加急传令，内容跟赵俨说的完全一样。

三方角力，不同于双方对垒，仗怎么打，得动脑筋。

关羽为救江陵的将士家眷，连派多名使者来见吕蒙。吕蒙又大玩心理战，他厚待来使，让他们在城里到处走动，挨家问候，有的家人还写信让使者带回去。这些使者回去，把城里情况给大家一说，众将士知道家人无恙，江陵城的情况比平时还好，一个个都没有再下打下去的斗志了。

这时，孙权亲自赶到了江陵，刘备属下的荆州各级官吏纷纷投降。孙权任命吕蒙为南郡太守，封孱陵侯，赐钱一亿，黄金五百斤。

孙权派多路人马合围关羽，关羽败退至麦城，此地在今湖北省当阳市境内，当年的长坂坡之战就发生在附近。孙权派人劝说关羽投降，关羽假装答应，在城头遍插旗帜，又弄了不少草人迷惑敌人，之后逃出麦城。

《吴书》记载，孙权派潘璋和朱然负责阻截关羽。这一年的十二月，潘璋部下一个叫马忠的团长（司马）在章乡活捉了关羽以及他的儿子关平、部将赵累等人。

《三国志》记载，吴范当时在孙权身边，关羽说要投降时，孙权问他是不是真降，吴范认为必是诈降，于是孙权提前有所准备，安排人对关羽进行堵截。负责打探情报的人还没有回来，有人说关羽已经逃出麦城了。吴范说关羽肯定逃不了，并且说明天中午前必可擒住关羽。

孙权让人搬来个沙漏在那里看时间，验证吴范说得准不准。已经快到中午了还没有消息，孙权急了，催问吴范，吴范说："现在还没有到正午。"

过了一会儿，风吹帷帐，吴范拍着手说："关羽抓住了！"

话音刚落，外面有人高呼万岁，消息回来了，说关羽被抓住。

另据《三国志》记载，关羽被抓前两天，孙权让同样擅长卜筮的虞翻占一卦，看看能不能抓住关羽。虞翻卜了卦，结果是"兑下坎上"，合在一起就是《易经》里的"节卦"，到第五爻的时候又变成"临卦"，虞翻解卦说："不出二日，关羽必然被捉。"后来果然应验。

孙权赞叹道："先生虽然比不上伏羲，可也与东方朔相媲美了！"

《蜀记》记载，孙权本来打算不杀关羽，想把他招降，用来对付刘备和曹操，但是左右都劝他："狼子不可养，以后必为害。曹操当初不杀他，结果自取大患，以至于都到了要迁都的地步，现在怎能不杀他？"

孙权于是下令将关羽父子斩杀于南郡境内一个叫临沮的地方，此地在今湖北省远安县。《吴历》记载，孙权用侯爵的礼仪就地安葬了关羽，同时把关羽的首级送到曹操那里。孙权的用意很明显，想把祸事往曹操身上引，刘备要报仇也拉上曹操一块扛。

曹操当然明白，下令用沉香木雕刻了关羽的身躯，跟首级一起以王侯之礼厚葬于洛阳城南，此处即是现在著名的洛阳关林，后来也就有了关羽头定洛阳、身困当阳的说法。

孙权占领公安时，在这里还见到了被刘备从益州赶出来的刘璋，孙权觉得刘璋仍有利用价值，把他迁到秭归，在那里设立自己控制下的益州"流亡州政府"，刘璋任益州牧。后来刘璋死了，孙权改任刘璋之子刘阐为益州刺史，成为对付刘备的一张牌。

现在，关羽终于死了，刘备在荆州的势力全部被赶了出去，荆州战事暂告一段落，不仅孙权觉得痛快，远在摩陂的曹操也终于松了口气。

孙权在公安置酒大会进行庆贺。

席间，孙权专门来到全琮的面前，对他说："你当初提的建议我虽然没有回答，但今天取得的大捷也有你的功劳！"孙权下令提升全琮为副军长（偏将军），封阳华亭侯。

在这次庆贺会上却没有夺取荆州的第一功臣吕蒙的身影，他病了，病得很厉害。

《三国志》记载，孙权下令赏赐一亿钱、黄金五百斤时吕蒙固辞，孙权不许。孙权封吕蒙侯爵的命令还未送达，吕蒙旧病复发，孙权赶紧把他接到自己在公安的住所里休养，用各种药方为他治病，广求名医进行诊疗。

孙权下令，有能治好吕蒙的赏赐千金。吕蒙要扎针，孙权每次看到心里都难受，想常去探望，又怕吕蒙为此劳神，所以经常隔着墙探望，看见吕蒙稍微能吃点东西就很高兴，回头就跟左右有说有笑，反之则叹息，睡不着觉（时有针加，权为之惨慽，欲数见其颜色，又恐劳动，常穿壁瞻之，见小能下食则喜，顾左右言笑，不然则咄唶，夜不能寐）。

吕蒙的病曾一度好转，孙权为此专门下令大赦以示庆贺，众人也来向孙权庆贺（病中瘳，为下赦令，群臣毕贺）。

但是，这些都没有用，吕蒙仍然病逝了。临终前，孙权亲往探视，又命道士在星辰下为之请命。

吕蒙死时四十二岁，孙权悲痛异常。

吕蒙留下遗言，所得金宝等赏赐都封面库中，交代有关人员待自己死后上交，自己的丧事务必从简（敕主者命绝之日皆上还，丧事务约）。

孙权听到这些，更加伤悲。

第五章 周旋于敌友之间

虚与委蛇

孙权抵达荆州前线后一直住在公安，由于吕蒙病重，他缺了一个重要帮手，所以荆州的重要事务无不由他亲自来处理。

为了彻底夺取刘备在荆州原有的地盘，孙权升陆逊为抚远将军，代理宜都郡太守，让他率部继续西进，攻占宜都、秭归、枝江、夷道等地，得手后还屯夷陵，对付刘备可能发起的报复性攻击。

刘备任命的宜都郡太守樊友望风而逃，郡中官吏及少数民族部落首领都向陆逊投降，陆逊部将李异、谢旌等率三千人马分守要塞，切断与益州方向的联络。

但是在秭归遇到了麻烦，当地大族文布、邓凯等人联合夷兵数千人声称仍效忠蜀汉，陆逊命谢旌前往讨伐，文布、邓凯不敌逃走，陆逊派人前往招降，二人率众投降。

在不长的时间里，陆逊指挥所部斩获和招降蜀军达数万人（前后斩获招纳，凡数万计），成功地占领荆州西部地区。当然这一数字并非全是士卒，还包括蜀汉任命的各级官吏。

这一系列行动显示出陆逊杰出的军事指挥才能，孙权于是升陆逊为右护军、镇西将军，拜为娄侯。镇西将军在各类杂号将军之上，相当于孙吴的西部军区司令，陆逊代吕蒙去陆口时才被破格提拔为副军长（偏将军），在一年多时间里至少升了三级。

吕蒙病重期间，孙权曾向他寻问谁能接替他，吕蒙推荐的并不是陆逊，而是朱然，吕蒙说："朱然的胆识和智谋都足够，我认为他可以接任（朱然胆守有馀，愚以为可任）。"孙权升朱然为昭武将军，封西安乡侯，命他镇守江陵。

夺取荆州的另一位功臣潘璋被提升为振武将军，当时陆逊还是抚远将军，在孙权的心中，还没有最终确定吕蒙的继任者。陆逊后来升任镇西将军，表明孙权已明确由陆逊来接替吕蒙，负责西线的军事指挥。

孙权攻占公安后得到了一个重要人才，成为他处理荆州事务的帮手，他的名字叫潘濬。

《三国志》记载，潘濬字承明，荆州西南部的武陵郡人，曾拜名师宋仲子为师，《吴书》说他很聪明，“建安七子”之一的王粲寓居荆州期间对他评价很高，他由此知名，担任了郡里的人事处长（功曹）。不到三十岁时，被荆州牧刘表任命为荆州部江夏从事，州政府里对各郡分别设一个部门进行管理，部江夏从事就是专管江夏郡那个部门的负责人，经常要到分管的郡里检查指导工作。

潘濬在任上干了一件事，让他的名气更大了。一次，他到沙羡县检查，发现县长贪赃枉法，潘濬直接将其诛杀，一郡震竦。刘表后来改任潘濬为湘乡县令，很有政绩。刘备占领荆州后，任命潘濬为州政府秘书处处长（治中从事），刘备入蜀后，留潘濬协助关羽处理州中事务（留典州事）。

《江表传》记载，孙权占有荆州，刘备任命的将吏纷纷归附，唯独潘濬称病不见。孙权派人送去一张床，并且派车去接他（遣人以床就家舆致之），潘濬爬在席上不肯起，涕泣交横，哀不能胜。

孙权亲自前来看望，叫着他的字说：“承明，过去有个观丁父，是被俘虏的鄀人，楚武王任命他为军帅；还有个彭仲爽，是被俘虏的申国人，楚文王任命他为令尹。这两个人都是先生您老家荆州先贤，开始虽然被囚禁，但后来都得到了重用，成为楚之名臣。您偏偏跟他们不一样，不肯投降，这不是说我没有古人的度量吗（卿独不然，未肯降意，将以孤异古人之量邪）?”

孙权一边说，一边让随从用手巾为潘濬擦拭眼泪（使亲近以手巾拭其面），潘濬大为感动，起身下拜，孙权当即任命潘濬为治中，凡是荆州事务都跟他商议（荆州诸军事一以谘之）。

孙权为什么格外器重潘濬？因为潘濬不仅有才能，而且是荆州本地人，长期在郡、州两府任职，熟悉当地情况，历经刘表、刘备时代，有相当大的影响力，稳定荆州政局，治理荆州事务，孙权最需要这样的人。

果然，不久潘濬就发挥了重要作用。州政府负责武陵郡事务负责人（武陵部从事）樊伷暗中勾结武陵郡少数民族部落首领，妄图占领武陵郡后联络刘备（图以武陵属刘备），事情发生后，大家认为应该派一员大将率万人前去才能讨平。

孙权就此听取潘濬的意见，潘濬说：“派五千人马就足以捉拿樊伷。”

孙权问：“先生对樊伷为何这么轻视?”

潘濬说：“樊伷是南阳郡的土豪，善于拨弄是非，但无实际才能。我之所以知道，是因为过去樊伷曾请州里同事吃饭，到中午还没吃上，十几个人只好走了，这就好比侏儒，看到他身上一部分就知道他的模样了（此亦侏儒观一节之验也）。”

孙权大笑，接受潘浚的建议，干脆就派潘浚去，任命他为辅军中郎将，结果潘浚果然把叛乱平息，把樊伷斩首。孙权升任潘浚为奋威将军，封常迁亭侯。

孙权对潘浚一直很信任也很倚重。潘浚后来成为孙吴的重臣之一。

这时，朝廷送来诏书，拜孙权为骠骑将军，假节，兼任荆州牧，封南昌侯。

根据《后汉书》百官志的记载，骠骑将军比车骑将军地位还要高一些，它和大将军都相当于丞相（位次丞相）。就军职而言，如果设有大将军，那就相当于全国武装部队的总司令，而骠骑将军、车骑将军相当于副总司令，如果大将军空缺，骠骑将军就是最高军职。

汉献帝迁许县后，任命过的大将军只有袁绍一人，他已经死了，曹操晋爵魏王后还担任着丞相，孙权的骠骑将军就是朝廷最高的军职，可以与曹操的丞相并列。

刘备曾表奏孙权为车骑将军，孙权当时欣然接受并认真地组建了车骑将军府，但这并未得到朝廷的认可，朝廷对孙权非法就任车骑将军不仅没有追究，而且还更上一个台阶。

假节，之前说过相当于皇帝的特别授权，根据制度，很多权力只有皇帝可以行使，在特殊情况下，遇事都要请示汇报不仅没有效率也无法操作，不请示汇报又违规，假节可以很好地处理这个问题，在一定限度内代替皇帝行使职权。

兼任荆州牧，说明孙权占领荆州已得到了朝廷和曹操的认可，刘备的荆州牧本来就不是朝廷任命的，现在荆州已与他无关。

孙权很满意，这一年荆州遭遇到严重疫情，孙权下令免除荆州的租税（是岁大疫，尽除荆州民租税），假节的授权里有没有这项不得而知，算是孙权行使了一次特权吧。

为了答谢朝廷和曹操，孙权派校尉梁寓带着贡品前往许县。

梁寓的事迹不详，只知道他字孔儒，是吴郡人。《魏略》说，孙权派梁寓进贡，除了答谢还有观察北方形势的目的（遣寓观望曹公）。

孙权同时下令，释放之前在皖城之战中俘获的朱光、董和等人。

《魏略》记载，孙权还单独给曹操写了一封信，信中直接向曹操称臣，劝曹操当皇帝（上书称臣于操，称说天命）。

孙权明白，跟刘备算是彻底翻了脸，刘备将展开猛烈的复仇行动，已经把曹操拉上船，现在得紧紧抓住。

曹操把孙权的信给大家看，说："这小子是想让我坐到火炉上烤呀（是儿欲踞吾著炉火上邪）!"

但是曹操手下大多数文武重臣认为应接受孙权的建议，侍中陈群、尚书桓阶等人认为："汉祚已终，也不是今天才开始的。殿下功德巍巍，天下瞩望，所以孙权都自愿称臣。此天人之应，异气齐声，殿下应该正大位，还有什么可犹豫的呀?"

一直耻为汉官的夏侯惇等人态度更坚决："天下人都知道汉室寿命已尽，异代方起。自古以来，能除民害为百姓所归的，即是天下的主人（即民主也)。殿下从戎三十多年，功德著于黎庶，为天下所归，应天顺民，不要再犹豫了!"

可是曹操却说："如果上天真有此意，我也只愿当周文王啊（若天命在吾，吾为周文王矣)!"

曹操不愿意称帝，不是没这个实力，更不是没这个想法，而是觉得自己确实老了。

孙权给曹操写信大约是在建安二十四年（219 年）十月，三个月后，次年的正月二十三日，曹操在洛阳病逝，享年六十六岁。

受封吴王

曹操死后，王太子曹丕继魏王位。

在历史上曹丕的名气远不如其父曹操大，他的名气更多是诗才而不是文治武功，但其实他是个雄心壮志也不小的人，上台后也想大干一番。

这时，因受关羽失败的影响，刘备派在上庸郡驻守的将领孟达投降曹魏，被曹丕加为散骑常侍，拜建武将军，封平阳亭侯。孟达攻占了房陵、上庸、西城三郡，曹丕下令将三郡合为新城郡，任命孟达为太守，把曹魏西南方向的重任都交给他（委以西南之任）。

这是刘备荆州失败后的又一次挫败，新组建的新城郡范围涵盖今陕南的安康、商洛两地，以及豫、鄂、陕三省交界处的一部分地区，屏障着汉中的东部，又可以南下巴中和荆州，虽然在传统意义这里是诸侯争雄的中间地带，但就目前来看却非常重要，是唯一与魏、蜀、吴都接壤的地区，蜀汉失去此后再也没有夺回，所以后来诸葛亮北伐只能选择西边的汉中、陇右方向。

对曹丕来说好事还在继续，听说新魏王即位，濊貊、扶馀单于、焉耆、于阗王等少数民族部落便纷纷遣使奉献，叛乱的鲜卑部族首领，关中地区冯翊一带的山贼郑甘、王照，以及卢水地区的胡人首领等也率众投降。曹丕高兴地拿着降书对众人道："前一阵有人建议我讨伐鲜卑，我没有听，结果他们投降了；又有人建议我今年秋天讨伐卢水的胡人，我也没听，现在他们也投降了！"

曹丕不仅高兴，而且有点自矜，他下令，对投降的山贼和部族首领皆封为列侯。

继孙权上书臣服外，刘备也来示好，刘备听说曹操去世，特派属下韩冉奉书凭吊，并带来了礼物。

刘备这个时候低眉示好于曹魏，是因为他正在谋划着一场对孙吴的复仇之战。从战略上说，这对曹魏是最好不过的局面，吴蜀相争，都有求于己，不管他们谁胜谁负，结果都是有好的。

但曹丕对刘备一向无好感，下令地方官员把韩冉斩了，断绝与刘备的来往。

开局太顺，让曹丕有点飘飘然，他不想合纵也不想连横，他想把刘备、孙权一块收拾。《魏略》载有曹丕此时发布的一份亲笔手令，里面有"以此而推论，西南万里之域，刘备和孙权有谁会死守呢（西南将万里无外，权、备将与谁守死乎）"。

曹丕五月继魏王位，七月便率军回到老家沛国谯县，即今安徽省亳州市，说是回老家看看，其实是一次耀兵行动，目的是给孙权看的。

孙权忙着对付刘备，万万不能开辟新的战场，于是派人前往奉献。这一次派的是谁、送去哪些东西史书未作记载，但曹丕满意了，下令返回洛阳。

曹丕其实也不想真打，他要的是孙权的态度。

八月，曹丕在谯县城东摆下盛大宴席，宴请六军将士和家乡父老（大飨六军及谯父老百姓于邑东），之后返回。

十月，经过“二十劝、十九让”的把戏后，曹丕以禅让的方式做了皇帝，即后世所称魏文帝。汉献帝被降为山阳公，以刘邦草创、刘秀中兴的两汉终结。新朝廷国号魏，改年号为黄初。

《吴录》记载，孙权听说曹丕称帝的消息后对群下说：“曹丕以盛年即位，我恐怕比不上他，大家认为如何?”

孙权的意思是，曹丕比他年轻，活得比他长，国运自然也长。对于孙权突然冒出这样的话来，大家一时不知如何作答（群臣未对）。

新提拔为骠骑将军府西曹掾的阚泽说：“用不了十年，曹丕就没了（不及十年，丕其没矣），您不必忧虑。”

孙权看阚泽的意思并不像开玩笑，很一本正经，就好奇地问他是怎么推算出来的，阚泽回答：“通过猜字得出的（以字言之），不、十加在一块就是丕字，所以知道。”

阚处长的话只能当笑话听了，或者他也是当笑话讲的，目的是缓解一下尴尬的气氛。不过还真让他言中了，没到十年，仅七年后曹丕就死了。

裴松之看到这段记载认为，孙权只比曹丕大五岁而已，如果真的发出过那样的感慨，未免有点矫情。

曹丕当了皇帝，孙权不敢怠慢，立即遣使称臣，态度极为诚恳谦卑（卑辞奉章），为表忠心，孙权下令把于禁送回。

于禁在樊城兵败投降关羽，被关羽关在江陵。吴军攻克江陵后获于禁，孙权对于禁很尊重，下令把他释放，并亲自与他相见。上次释放朱光、董和等人，孙权并没有放于禁，也许他觉得于禁更重要，可以派上更大的用场，这一次果然用上了，给曹魏新皇帝一份大礼。

当初随于禁一同被关羽俘虏的还有曹操任命的徐州刺史浩周以及于禁手下的司马东里衮，孙权让他们也一同回去，并请他们带给曹丕一封信。这封信保存在《魏略》里，在信中孙权的态度十分恭敬，表明自己世受魏国恩宠，情深义厚，名分也很明确，他发誓对魏国永远一心一意，请求曹丕保护和关照自己（权世受宠遇，分义深笃，今日之事，永执一心，惟察慺慺，重垂含覆）。

曹丕召见了浩周和东里衮，听取他们的意见。浩周认为孙权的态度是诚恳的，他一定会臣服魏国，东里衮认为不一定（周以为权必臣服，而东里衮谓其不可必服)。

浩周用全家百余口人的性命替孙权担保，说孙权是真诚的，他还会把儿子送来做人质。

嘴上说得再好也没用，要表明臣服之意，现在只有送质子一事最说明问题。孙权是否主动提出送质子，这件事没有写在他给曹丕的信中，也许是让浩周口头传达的。

曹丕最后相信了孙权的诚意，他放下大棒，给孙吴送上胡萝卜，下诏封孙权为吴王。

《傅子》记载，曹操晚年的主要谋士、时任侍中的刘晔劝曹丕不要接受孙权称臣，他认为当前正是亡吴的大好机会，应和刘备共同讨伐孙权，吴亡之后，蜀也就难以单独存在，天下可以很快一统。

曹丕志向不小，但雄才大略确实比其父差了不少，对于刘晔的建议他显得很狐疑："人家主动称臣你却讨伐他，这会让天下那些想来投奔的人丧失信任（疑天下欲来者心），他们必然会产生恐惧，不能这么做。何不先接受孙权投降，之后一块去伐刘备呢?"

刘晔立即反驳说："蜀地远，吴地近，刘备如果听说讨伐他，一定会回军，我们也没有办法。现在刘备必欲灭吴，如果听说我们也伐吴，他会高兴地前来。"

曹丕不同意伐吴的理由看似正确其实荒谬。群雄争霸初期，如果说杀一降者寒了想归顺人的心，那还说得通，所以曹操当年不杀张绣，不杀刘备。但时势变化，格局已定，已没有多少还在择主的英雄了。反之，应该抓住每一次机遇，不让它白白错过。

曹丕仍坚持接受孙权的称臣，刘晔听说要封孙权为吴王时，又竭力劝阻。

刘晔说："即使不得已接受孙权称臣，可以增加将军的名号，封他个十万户侯都行，但不能封王（不得已受其降，可进其将军号，封十万户侯，不可即以为王也)。"

刘晔具体分析说："王位离天子只差一个台阶，穿的、坐的以及礼制容易混乱（夫王位，去天子一阶耳，其礼秩服御相乱也)。如果只是侯爵，江南士民不会生出君臣之义。现在给他这么尊崇的名号，让他在吴国拥有君臣之礼，这等于为虎添翼。"

刘晔还认为，孙权有了王位，待打退蜀兵后一旦再与他动手，他就会告诉其下的臣民说魏朝无故伐他，目的是灭亡他们的国家，俘其人民、子女以为僮隶仆妾，吴人就会相信他的话，必上下同心，再攻打他们难度就增加了十倍。

曹魏现在不缺刘晔这样顶尖的谋士，缺曹操那样的善于听取意见的领导。对刘晔的建议，曹丕依然不听。

黄初二年（221 年）八月，魏文帝曹丕策命孙权为吴王。十一月，派太常卿邢贞前去送达策书。

这时，孙权已离开了公安来到江夏郡的鄂县，将其改名为武昌，索性把大本营从建业搬到了这里，以备与蜀汉一战。

这个武昌即今湖北省鄂州市，与武汉三镇的武昌还相距很远。

邢贞带来的策书挺长，保存在《三国志》中，策书除了一大堆空话套话外，还有四项实质性内容：一是土封孙权为吴王，随玺绶和策书还授予孙权调兵用的金虎符第一至第五、左竹使符第一至第十；二是撤销孙权骠骑将军一职，升任大将军，名义是全国武装部队的总司令；三是继续持节，督交州，仍兼任荆州牧；四是加九锡，也就是九种皇帝专用的用具或仪式。

这几条都很扎实，一点都不玩虚的，表明曹丕确实是一番诚意，尤其是九锡，拥有这些几乎与真皇帝相当了，在整个历史上加过九锡的人也没几个。

可是，对曹丕的盛情厚意孙吴的文武们开始并不领情。《江表传》记载，大家认为不应该接受曹魏的封王，孙权应该自称上将军、九州总管（九州伯）。孙权对大家说："这个九州伯，听都没听说过（九州伯，于古未闻也）。当年沛公也曾被项羽拜为汉王，这些都是权宜之计，还计较什么多与少呢（此盖时宜耳，复何损邪）？"

但是，孙吴的文武们还是气不顺。《三国志》记载，邢贞到武昌，孙权亲自到都亭迎候，邢贞露出骄色，在孙权身边排队迎接的张昭、徐盛等人感到愤怒，徐盛回过头跟队列中的其他人说："我徐盛不能和大家挺身而出占领许县、洛阳，吞并巴蜀，却让我们的君王跟邢贞这样的人盟会，这不是我们的耻辱吗（盛等不能奋身出命，为国家并许洛，吞巴蜀，而令吾君与贞盟，不亦辱乎）！"

徐盛当场涕泣横流，一下子惊动了邢贞，他悄悄跟随行的人说："江东文武志气如此，肯定不会久居人下！"

邢贞进了门，不知是故意还是无意，没有立即下车，张昭走过去对邢贞说："有礼仪才有法制，你妄自尊大，难道欺负江东人少力弱没有方寸之刃吗？"

邢贞听罢赶紧下车。

与邢贞一同来武昌的还有浩周，孙权单独请浩周喝酒，浩周对孙权说："我们陛下不相信您把儿子送去当侍卫，我以全家百余口人的性命为您作的担保（陛下未信王遣子入侍也，周以阖门百口明之）。"

孙权听后很感动，流涕沾巾。浩周字孔异，孙权对他说："浩孔异，先生以举家百保我，我还有什么话说？"

浩周返回复命，孙权送别时与他指天为誓，一定送儿子过去。

孙权的长子孙登已长大，把他送到洛阳，名义上由曹丕给个天子侍卫的官职，实际上就是人质。与之前多次围绕这一问题的争执一样，这次孙权也压根没打算那么做，他的想法是能拖一天算一天。

孙权后来给浩周写信，以孙登还未成家为由相拖延，并假称想与夏侯氏攀亲，请浩周做媒人，如果可以，就派孙劭陪孙登前往，交上聘礼，成不成都看浩周了（如是欲遣孙长绪与小儿俱入，奉行礼聘，成之在君）。

在另一封信中，孙权说他将派张昭陪孙登一块来，时间最迟不过当年的十二月。

最终孙权也没把孙登送去，后来魏吴彻底闹翻，曹丕虽然没有要浩周全家的命，但终生不再重用他。

打虎英雄

正如刘晔所说，封王和封侯有本质的区别，被封吴王后，孙权理直气壮地开始了"政权建设"。

受封吴王后可以设太子，孙权立长子孙登为王太子，孙登时年十三岁。孙权还想立最宠爱的步夫人为王后，但百官的意见是立徐夫人（而群臣议在徐氏），孙权犹豫不决，立后之事一直搁置。

孙登的母亲地位低贱（登所生庶贱），死得很早，没有留下姓氏。孙登由徐夫人养大，视徐夫人为生母。但徐夫人后来不被孙权宠爱，被送往吴郡居住。

步夫人送给孙登东西，孙登不敢推辞，但仅拜受而已。如果是徐夫人派人送东西来，孙登必先沐浴再去接受。《三国志》记载，孙权立孙登为太子时孙登推辞道："本立才有道生，要立太子，请先立后。"

孙权问孙登："那你说说你母亲现在在哪里（卿母安在）？"

孙登毫不犹豫地回答："在吴郡。"

孙权听罢，默然。

《吴书》记载，在几个儿子里，孙权其实更喜欢王夫人生的三儿子孙和，王夫人受宠爱的程度仅次于步夫人。孙登虽然是孙和的哥哥，但很亲敬孙和，常有把太子之位让给孙和的想法（待之如兄，常有欲让之心）。

孙权当上吴王，参照曹操为魏王的做法，还可以设百官。

孙权设立了丞相，众人认为，既然设了这个职位，那就非张昭莫属了（众议归昭），结果却让众家大吃一惊，孙权任命孙邵为丞相。

在《三国志》的列传里居然查不到这位孙吴第一任丞相的列传，可见他的知名度和影响力相当低。孙邵的事主要记录在《吴录》里，说他是青州刺史部北海国人，当年孔融在北海国当国相，任命孙劭为人事处长（功曹），后来跟随刘繇到了江东，刘繇死后，依附于孙策。

孙权掌权后，孙劭提出过不少好建议，得到孙权的赏识，后被任命为庐江郡太守，孙权组建车骑将军府，选全柔为秘书长（长史），全柔死后，调孙劭接任。

现在，孙秘书长直接成了孙总理，众人的吃惊程度可想而知。孙权在任命孙劭为丞相的同时，还任命他为威远将军，封阳羡侯。

孙权知道大家的疑虑，解释说："如今是多事之秋，丞相的职责繁重，让张昭当丞相并不是对他好（方今多事，职统者责重，非所以优之也）。"

这当然不是理由，只算个说法，张昭不信，大家不信，孙权自己也不会信。在大家私下里看来，张公的确太耿直，经常批评孙权，让孙权下不了台，所以孙权有意疏远他。

孙权像他哥哥一样也喜欢打猎，曾经发生过骑马射虎时老虎突然攀持马鞍的危险情况，张昭就此变色进谏："将军何必这样做？为人君者善于驾驶英雄豪杰，而不是在原野上跟猛兽比试勇气（夫为人君者，谓能驾御英雄，驱使群贤，岂谓驰逐於原野，校勇於猛兽者乎），一旦发生不测，岂不被天下人耻笑？"

孙权赶紧赔不是："我年少虑事不周，愧对先生厚望。"

但是，说归说，孙权依然不改，尤其酷爱打虎，为此还让人发明了一种射虎车，这种车设有方孔，没有车盖，一个人驾驭，坐在车中射虎（方目，间不置盖，一人为御，自于中射之）。这当然很危险，有离群的野兽常往车上扑，孙权就用手与它们搏击，以此为乐（时有逸群之兽，辄复犯车，而权每手击以为乐）。

对于这个打虎英雄张昭一点儿不留面子，他多次谏争，孙权干脆来个笑而不答。

孙权不仅喜欢打猎，而且喜欢喝酒，打了大胜仗或者遇到其他高兴的事就设宴痛饮。一次，孙权在武昌的钓台上设宴，告诉大家：“今日酣饮，只有醉后落入水中才可停止。”

张昭听完正色不言，站起来就出去，坐在外面的车中。

孙权赶紧派人请张昭回来，孙权对他说：“大家一起高兴，您又何必发怒?”

张昭说：“以前纣王作糟丘酒池一夜宴饮，当时也以为只是高兴而已，不认为有什么不对（昔纣为糟丘酒池长夜之饮，当时亦以为乐，不以为恶也）。”

孙权听后默然，十分惭愧，于是罢酒。

在大家看来，孙权不喜欢张昭，不让他当丞相，大概就是由于他这种过于刚直的性格吧。但这仅是问题的一个方面，孙权是一个集权的君王，所以需要一位相对较弱的丞相。

孙权任命张昭为绥远将军，封由拳侯。《吴录》记载，孙权让张昭和孙绍、滕胤、郑礼等人参照周、汉两朝的做法撰定本朝礼仪。

丞相以下最重要的职位是尚书令，相当于王国的秘书长，孙权选了顾雍，同时任命他为大理奉常，这是九卿之一，相当于部长。九卿里其他几位部长无法考全，也可能孙权没有全设，能考证的还有卫尉和大农，那位不敢接替吕蒙的严畯被任命为卫尉，大农是刘基。

这位刘基不是大名鼎鼎的刘伯温，他字敬舆，是刘繇的长子，刘繇死时他才十四岁，孙权很欣赏他，把他留在身边任职，担任过辅义校尉、建忠中郎将等。孙权提拔他为九卿，既出于对他的欣赏，同时也出于平衡各种关系的需要。

是仪、胡综、徐详等继续掌管机要，都被封为亭侯。

之前也有人因功被封为侯爵，但那都是个例，现在孙权有了吴王的身份，又有九锡等特权，为部下封侯就有了依据，所以这一次受封侯爵的人不少，孙权手下重要将领及有功人员多受封，这是对大家多年以来追随孙氏的褒奖。

有一个人原来也在封侯的名单上，诏书快要下达了，孙权又把他的名字删了，这个人是吴范。

《三国志》记载，孙权还是讨逆将军时，善于占卜观气的吴范曾对他说江南有王气，亥子年将有大喜事。孙权很高兴，顺口道："如果真的应验，就封你为侯爵。"

孙权当上吴王，让吴范以骑都尉的身份兼任太史令，孙权设宴庆贺，席间吴范瞅机会对孙权说："当初在吴中我曾对大王说过此事，大王还记得吗？"

孙权说："记得。"马上叫人取侯爵的绶带要给吴范戴上，吴范知道孙权不一定出于情愿，于是推而不受。

吴范经常料事如神，孙权很想知道他的预测方法，曾多次向他请教（数从访问，欲知其决），但吴范不把最重要的东西告诉孙权，让孙权很不高兴。

在这次庆贺宴会上，还发生了一件事让孙权不痛快。

宴会快结束时，孙权起身为众人敬酒，走到虞翻跟前。这位仁兄突然倒地，像是喝多了，不去接酒（伏地阳醉，不持）。孙权刚离开，他又坐了起来。

孙权大怒，这时候他也喝得有点多，拔剑就要杀虞翻，在座的莫不大惊失色。大农刘基离得最近，一下子抱住孙权。

刘基为虞翻求情道："大王喝多了就亲手杀善士，虞翻即使有罪，但天下人谁知道（大王以三爵之后手杀善士，虽翻有罪，天下孰知之）？大王以能容贤畜众，所以海内望风，现在放弃这些，行吗？"

孙权酒劲还没下去："曹孟德还杀过孔文举，我杀个虞翻又有什么呢？"

刘基说："曹孟德轻害士人，已招来天下非之。大王躬行德义，欲与尧、舜比隆，如果这样怎能和他们相比？"

好说歹说，总算保了虞翻一命。

孙权彻底酒醒后，回想起当时的情况自觉不妥，告诉身边的人，今后凡是他酒后下令杀人，都不得执行（因敕左右，自今酒后言杀，皆不得杀）。

虞翻招惹孙权不快已经有很多次了，之前的不算，就说最近，孙权释放于禁，并让于禁和自己乘马并行外出，刚好被虞翻撞见了。虞翻上去对着于禁就骂："你这个降虏，怎敢和我们君王并驾齐驱？"说着还要拿马鞭打于禁。

于禁即使是俘虏，但现在是孙权的客人，虞翻的举动分明让孙权下不了台，在孙权呵斥下虞翻才住手。

还有一次，孙权在楼船里与大家宴饮，于禁听到音乐起了伤悲之心，流下泪来，虞翻又跳起来骂道："你是不是想靠假心假意以求得赦免（汝欲以伪求免邪）？"

孙权极不高兴（权怅然不平）。

孙权跟张昭在一起谈论神仙，虞翻在座，突然指着张昭对孙权说："他自己都是死人，还谈什么神仙，世上哪有神仙（彼皆死人，而语神仙，世岂有仙人）？"

虞翻这些怪诞行为让人费解。按说他是个极聪明的人，也不是祢衡那种为耍酷而耍酷的二货青年，一再招惹孙权，确实难猜其意。《三国志》解释说，这是因为虞翻生性耿直，而且容易酒后失礼的缘故（翻性疏直，数有酒失）。

酒品重要，看来酒量也很重要。虞翻其实没有什么，他不反对孙权，不然当初就跟王朗、华歆一样应曹操召唤跑到许县任职去了，他既不是孔融那样的老愤青也不是祢衡那样的小愤青，他是一个有真才实学也乐意建功立业的人，但就因为臭脾气和一次次酒后失言，断送了自己的前程。

虞翻屡次在公开场合对孙权进行冒犯，如不惩戒，怎能维护领导的权威？孙权最后下令把虞翻流放交州，除诸葛瑾外，其他人都不敢替虞翻求情。

刘备复仇

对于曹丕称帝，刘备选择了与孙权称臣完全不同的态度，他自己随即也称帝，以示对抗。

曹魏黄初二年（221 年）四月，刘备在成都近郊的武担山称帝，建年号章武。公元二二一年就有了两个年号：曹丕的黄初，刘备的章武。刘备没有建立新的国号，他认为自己是刘汉朝廷的延续，当时传言汉献帝已被曹丕杀害，刘备认为自己是继位。

没有被孙夫人带走的长子刘禅被立为皇太子，诸葛亮被任命为丞相，马超和张飞分别被任命骠骑将军和车骑将军。

刘备当了皇帝，要做的第一件事就是向孙吴复仇。对此，蜀汉内部分成两种一意见，一种支持，占大多数；一种反对，人数上虽不占优势，但也不少。

刘备态度明确，此仇非报不可，任何反对意见都不听（一不从）。

反对最坚决的是翊军将军赵云，《云别传》记载，赵云劝刘备当前最大的敌人是曹魏而不是孙吴，应该先灭曹魏，到那时孙吴不用打自会臣服。

赵云进一步建议道："当前应当进图关中，占据黄河、渭河的上游，从那里征讨曹魏，关东义士必将响应。千万不能把曹魏搁置起来去伐吴，一旦与孙吴交兵，不能马上能见分晓啊（兵势一交，不得卒解也）。"

赵云不仅会打仗，而且有一定思想和主见，多次就刘备的重大政策发表自己的不同看法。然而，作为足以与关羽、张飞资历相当的老将，赵云虽然多次立功，但军职一直不高，至今仍然是个杂号将军，不仅比张飞、马超低了好几格，就是比镇北将军魏延也差了一截，有人认为刘备像一般君王那样也喜欢听话的臣子。

刘备一向很欣赏的副军长（偏将军）黄权也坚决反对伐吴："吴人战斗力很强，伐吴是顺流而下，进攻容易撤退很难（水军顺流，进易退难），请派我为先驱，先尝试进攻，陛下随后接应（臣请以先驱以尝寇，陛下宜为后镇）。"

黄权说得相当委琬，他的意思是此战并无多大胜算，与其倾举国之力去赌，不如先试一下更好。

对于他们的劝谏刘备都不听，但来劝的人还有不少，让刘备很烦，刘备看到担任州政府参事室主任（从事祭酒）的秦宓也来劝，干脆杀鸡儆猴，下令把秦宓抓起来关着（下狱幽闭），这一下反对伐吴的人才闭口。

史书没有记载诸葛亮对此问题的态度，清代乾隆皇帝读《御批通鉴辑览》，读到此处时写下了一段话："诸葛亮在隆中对策中说过孙吴可以作为外援而不能讨伐，为何现在东征孙吴，而他却不出来制止呢（何此日东伐，竟不能止帝）？"

很多人恐怕都有这样的疑问，以诸葛亮敏锐的眼光，赵云、黄权都能看到的事情他不可能不洞察，而作为新晋的丞相，他有责任匡正君主的得失，如果看出来巨大的问题和风险，他应当及时指出来，但从史书记载的情况看，似乎诸葛亮确实一言未发，既没有明确地支持，也没有明确地反对，这颇让人不解。

其实，如果细察诸葛亮此时的心态，也许能明白他的苦衷。当孙权背叛了同盟阴谋夺取荆州后，诸葛亮一定面对了巨大的尴尬和压力。作为孙刘联盟的开创者和坚定维护者，盟友突然背叛，刘备虽然不会就此质问他，但朝野上下对于联吴战略是否正确肯定有一些闲话，在这种情况下诸葛亮站出来旗帜鲜明反对讨伐背叛的前盟友，确实不合时宜。

更为重要的是，随刘备从荆州来到益州有一大批人，荆州是他们的老家，荆州有他们的亲人、故旧和家产，对他们来讲，一定要打回老家去。孙权不仅是他们的国恨，更是他们的家仇，诸葛亮更没法反对了。

谁都劝不住刘备，大战一触即发，但孙权还想做最后的努力。

孙权任命诸葛瑾为绥南将军，兼任南郡太守，派他驻扎在公安，协助陆逊处理蜀汉前线的军政事务。

孙权派诸葛瑾来到吴蜀前线交给他一项特殊任务，他让诸葛瑾给刘备写信，劝刘备不要兴兵。

诸葛瑾给刘备写了信，信中道："如果您认为吴王夺取荆州又危害到关羽，因而怨深祸大，不愿意求和，这只能说是在意了小的方面，却未留意大的方向啊（此用心于小，未留意于大者也）。我想替陛下您着想，陛下如果能压抑愤怒暂且听我一句话，那么计谋可立即决定，不必再反复向群臣咨询。陛下试想，您与关羽亲还是与先帝亲？荆州大还是天下大（陛下以关羽之亲何如先帝？荆州大小孰与海内）？哪个大哪个小，哪个轻哪个重，谁应当在先，谁应当在后？弄清这些，什么事不就易如反掌吗？"

诸葛瑾很客气，称刘备为陛下，他说的先帝是刚刚被废的汉献帝刘协，刘备既然打着刘汉王朝的牌子，诸葛瑾就问他是关羽亲还是先帝亲？是荆州大还是天下大？

但这一努力没有任何效果，对诸葛瑾的来信刘备不予理睬。

《江表传》记载，诸葛瑾到了南郡，有人向孙权告密，说诸葛瑾问题（人有密谗瑾者），陆逊听到后立即向孙权写了份报告，力保诸葛瑾没问题，并且请求采取某种方式给予辟谣（表保明瑾无此，宜以散其意）。

孙权回复陆逊说："子瑜与我共事已经很多年了，恩如骨肉，我对他了解很深（深相明究），他这个人没有道义的事不做，不仁义的话从不讲。我和子瑜可谓神交，不是几句话就能离间得了的。"

孙权把前面的那些告状信封好，让人送给诸葛瑾，并且亲笔给诸葛瑾写信安慰。接到陆逊的信后，孙权也把陆逊的来信一并转给诸葛瑾，让他知道陆逊的心意（辄封来表，以示子瑜，使知卿意）。

曹操的过人之处在治人，孙权的过人之处在拢心，他对属下的知人和善任，让属下们觉得跟他干很踏实。

曹魏黄初二年（221年）七月，距刘备称帝才三个月，蜀汉伐吴大军就出发了。

刘备亲自率四万人马由成都出发，任命吴班、冯习为左右领军，张南为前锋，黄权、赵融、廖淳、傅彤、杜路、刘宁、陈式等分别统领各部。车骑将军张飞当时驻守在巴西郡的阆中，刘备命他率一万人马由阆中南下，两支人马相会于江州，即今重庆市。诸葛亮以丞相的身份留守成都。

但这次出师很不顺，刘备还没动身，突然接到报告说张飞在阆中遇害了。原来，张飞接到刘备的命令，整顿所部人马准备开赴江州与刘备会合，但是临出发前发生了叛乱，手下部将张达、范强二人把张飞杀了，持其首级逃往孙吴。

这是一次偶发事件还是有预谋的行动，不得而知，总之这件事大大挫伤了蜀军的士气，但刘备在悲痛之余仍然执意东征。

消息传到武昌，孙权知道这一仗已势所难免，于是做出部署，迎击蜀军。

孙权任命镇西将军、右护军陆逊为总指挥（大都督），假节，统一指挥集结在荆州各地的朱然、潘璋、宋谦、韩当、徐盛、诸葛瑾、步骘、鲜于丹、孙桓等部人马，据《三国志》记载，上述各部人马总数约为五万人。

陆逊就任总指挥后，把前沿各部人马分成若干个战略要点，分兵把守。

由振威将军潘璋负责守固陵郡，这个郡是孙权新设的，包括巫、秭归、兴、信陵、沙渠等五个县，与益州接壤，是荆州的西大门，构成第一道防线。潘璋兼任固陵郡太守，郡内几处要点均分兵拒守，其中陆议守巫县，李异守巴山，刘阿守兴山。

如果敌军突破这道防线，就会来到夷陵，这里由陆逊本人防守，其附近还有枝江和夷道两处要地，陆逊命宋谦督水军驻守于枝江，命安东中郎将孙桓守夷道，与夷陵互为外援，形成阻击敌人的第二道防线。

夷陵沿长江而下就是江陵，也就是南郡郡治，由虎威将军朱然防守在这里，偏将军韩当协助朱然，形成第三道防线。

由江陵再往下是公安，由绥南将军诸葛瑾负责防守，协助他的是周瑜的次子、兴业都尉周胤，建忠中郎将骆统率三千人马守孱陵，归诸葛瑾指挥，构成第四道防线。

除了长江一线，为防备蜀军由长江南北两岸发起迂回进攻，陆逊命武陵郡都尉鲜于丹防守在江南的武陵郡，命建威将军徐盛驻守在江北的当阳。陆逊同时请孙权下令，命平武将军步骘率万人屯驻在东南方向的长沙郡，以防不测。

从人马数量上看，吴军并不占明显优势，但他们布防层次清晰，各路人马任务明确，依托长江天险和多处要塞形成了重重防线，只等蜀军前来。

刘备率大军出了三峡，首站来到白帝城，在此建立总指挥部，命前锋张南以及吴班、冯习等继续进军。双方的首战发生在巫县、秭归一带，吴班、冯习在此击破吴军的陆议、李异、李阿所部，分别占领了这些地方，吴军的第一道防线被攻破。

这已经到了次年的正月，刘备把总指挥部迁至秭归，为防备曹魏趁自己与孙吴交战之际从江北发起突袭，刘备升黄权为镇北将军，让他督率江北各路人马以防魏军。

之后，刘备命吴班、陈式所部开始向夷陵发起攻击，陆逊闭城不出，双方陷入对峙。刘备命吴班以数千人平地立营，在夷陵城外发起挑战。吴将看到吴班人马不多，纷纷建议出击，陆逊认为刘备此举必然有诈，不能盲目出击，只能再观察一下（此必有谲，且观之）。

《吴书》记载，陆逊对大家说："刘备举军东下，锐气正盛，且居高守险，难以立即攻破，即使发起进攻可以把他们打退，也难以全歼（攻之纵下，犹难尽克），而稍有不利，则损我大局。现在应告诫将士，静观其变。此地如果是平原旷野，静观恐怕会遭受敌人突然袭击，而蜀军一直缘山行军，兵力难以展开，我们可以抓住这个弱点慢慢将其拖垮（若此间是平原旷野，当恐有颠沛交驰之忧，今缘山行军，势不得展，自当罢於木石之间，徐制其弊耳）。"

真让陆逊猜着了，这确实是刘备一计。开始众人认为陆逊胆小惧战，心里愤愤不平（诸将不解，以为逊畏之，各怀愤恨），直到刘备下令把埋伏于山谷间的八千人马撤出，众将才服。

夷陵历来都是军事重镇，城坚池深，物资储备充足，非一朝一夕可攻下。刘备改变思路，命张南率一部人马攻打夷陵附近的战略要地夷道。

防守夷道的是孙河的儿子、安东中郎将孙桓，张南率部将夷道围住，孙桓不支，向陆逊求救，陆逊不同意，众将急了：“孙桓可不是一般的人（孙安东公族），眼见他被围困，怎能不救？”

陆逊解释道：“孙桓平时深得将士之心，夷道城内粮食充足，没什么可担忧的，等我运用计谋，夷道之围不救自解。”

陆逊虽然是总指挥，但手下这些将领有的是孙策时代的旧将，有的是公室宗亲，有的是江东大族，他们依仗资历或者地位，向来骄傲自大，不大听话（诸将军或是孙策时旧将，或公室贵戚，各自矜恃，不相听从）。

有一次，陆逊火了：“刘备天下知名，曹操都有所忌惮，现在就在我们的对面，他是很强大的（今在境界，此强对也）。诸君并受国恩，担当重任，应当和睦同力，共翦此敌。我虽是一介书生，但受命于主上（仆虽书生，受命主上），之所以让诸君屈居而听命于我，是因为主上觉得大小事件我能把握分寸，又能忍辱负重，大家各自都有承担的任务，希望不要推阻！”说着，陆逊一按佩剑：“军令就在那里摆着，请别冒犯（军令有常，不可犯矣）！”

其实这又是刘备的一招，想通过进攻夷道逼迫陆逊出战。之所以选择夷道，也是看中了孙桓的身份，刘备以为夷道是陆逊的必救之地，哪知陆逊不吃这一套，他铁了心不出战，来了个油盐不进，刘备无奈。

这时候到了六月，仍然看不到攻破夷陵的希望。

刘备命各路蜀军分头占据附近的要地，就地扎营，你打持久战，我奉陪。

自秭归沿长江而下，蜀军各部人马先后扎下了五十多处营盘，连绵不绝，有数百里，最东端抵达了一个叫猇亭的地方。

猇亭目前是湖北省宜昌市所辖的一个区，在其周围分布着葛洲坝、三峡等水利枢纽。在三国时代，这里还是一个小地方，位于长江岸边，地势险要，悬崖峭壁，江水湍急，暗礁丛生。

《三国志》记载，听说刘备拉起数百里连营与吴军对峙，远在洛阳的曹丕评论说：“刘备看来太不懂军事，岂有营寨连绵七里余里而可拒敌的？‘苞原隰险阻而为军者为敌所擒’，刘备犯了兵家大忌，孙吴的捷报不日可至！”

曹丕在这里引用了一句现在已失传的古代兵法，其大意是在杂草丛生、地势平坦、潮湿低洼、艰险阻塞等处安营的军队，一定会被敌人打败擒获。

让曹丕说着了，在相持数月后，眼看到蜀军士气受挫，士卒疲惫，陆逊觉得时机到了，决定发起全面，他上疏孙权，报告了情况，准备行动。

众将都不理解："要进攻也应该在当初，现在蜀军已深入五六百里，双方相持七八个月了，各处要地都被他们占领固守（其诸要害皆以固守），发起攻击必无法得利。"

陆逊道："刘备是狡猾的敌人，他经历过的事情很多，刚开始集结，他用心专一，此时不能进攻。现在他已经在这里很久了，不能取胜，士气受挫，又没有新的计策，夹击此敌，正是现在（犄角此寇，正在今日）！"

反攻开始了，但起初并不顺利，陆逊命令攻击蜀军其中的一营，未能取胜。众将抱怨道："这是让士卒白白送死啊（空杀兵耳）！"

换成一般人心里该慌了，但陆逊的内心足够强大，他对众将说："我已经找到破敌的办法了（吾已晓破之之术）！"

陆逊命令再次发起攻击，这回每个士卒手里拿一束干茅草，用火攻的办法对付蜀军，结果收到了奇效。

这时到了夏末秋初，长江中游一带气候干燥，有时还会刮起大风，这些都利于火攻。蜀军夹山筑营，地势狭促，一旦起火，施救困难，各地兵营同时燃起大火。

吴军趁势发起全面反击，蜀军被连破四十多座营寨，蜀将张南、冯习及助战的胡王沙摩柯等战死，杜路、刘宁等被迫投降。

刘备仓皇逃出兵营，退入马鞍山，这个马鞍山不在今天的安徽省，而在今湖北省宜昌市西南。

刘备知道，如果待陆逊指挥大军合围上来，自己将被困于马鞍山无法脱身，于是连夜突围。《三国志》记载，山路崎岖，骑马很危险，刘备是被驿人抬着闯出的重围，为了逃命，驿人们焚烧了身边像铙、铠甲这样的东西，才阻住了敌人的追击（备因夜遁，驿人自担，烧铙铠断后）。

一路上，刘备看到的全是惨象，蜀军的舟船军械、水军步军的物资损失殆尽，尸体漂流在江面上，有的地方堵起来很高（塞江而下）。

刘备是打了一辈子仗的老兵，但此情此景仍然让他惊骇悲愤，大呼道："我居然被陆逊打败羞辱，难道这是天意吗（吾乃为逊所折辱，岂非天邪）！"

刘备一行仓皇逃至上夔道时，发现情况不妙，前面的道路已被吴军截断，挡在刘备逃亡路上的吴军将领，正是曾被蜀军围困于夷道的二十五岁小将孙桓。

刘备听说是他，更是忿忿然，他曾在京口见过孙桓，孙桓是孙权的侄子，刘备是孙权的妹夫，孙桓见了刘备还得喊一声老姑父呢。

刘备忿恚道：“我在京口，孙桓还是小儿，没想到他今天也会逼迫我至此啊（吾昔初至京城，桓尚小儿，而今迫孤乃至此也）!”

后来，刘备一行放弃大路，从山里面翻越险隘才得通过。

刘备一路狼狈而逃，跑了几百里，最后总算退到了白帝城。

曹丕问罪

夷陵之战，蜀军大败，惨不忍睹。

将军傅彤负责殿后，力战而死。从事祭酒程畿见前面不断后退，但他没有接到撤退的命令，所以宁愿待在原地，最后也死了。刘备派往江南武陵郡联络当地少数部族的侍中马良，被步骘攻破，战死。派往江北负责指挥的镇北将军黄权，由于蜀军主力败得太快，他们来不及撤回，投降了曹魏。

《三国志》称蜀军死者数万，《傅子》说蜀军被杀的超过八万（杀其兵八万余人，备仅以身免）。

此战令蜀军元气大伤，几乎动摇国本，也是老军人刘备一生跌过的最大一次跟头，所以刘备退到白帝城以后就不走了，谁劝都不行，就是不走了。

刘备并非治气，他其实已没有退路，如果此时退回成都，益州将陷于风雨飘摇，几万人死亡，将使几万、十几万个家庭瞬间陷入巨大的悲伤，这种哀痛集中爆发出来，也许会聚成巨大的杀伤力，唯一的办法是让它慢慢释放。

白帝城所在的县叫鱼复县，这个名字听起来像“鱼腹”，常和“葬身”一词相连，很不吉利，刘备便将其改名为永安县，之后急调赵云率部增援永安，此时是曹魏黄初三年、蜀汉章武二年（222 年）的八月。

李异、刘阿等吴将随后追到，驻扎在白帝城外的南山，随时可以发起攻击。

徐盛、潘璋、宋谦等将领纷纷向孙权建议，应立即下达攻击令，可将刘备擒获（徐盛、潘璋、宋谦等各竞表言备必可禽，乞复攻之）。

白帝城位于今重庆市奉节县瞿塘峡口的长江北岸，名气很大，其实城很小，现在坐船游三峡必过此处，城建在一座小山之顶，登城参观前游客纷纷在下面以瞿塘峡口为背景照相留念，因为这是第五套人民币十元钞的背景图。

瞿塘峡口俗称夔门，白帝城三面环水，背靠群山，地势确实险要，但毕竟太小，无法周旋，当时赵云的援军还在路上，如果倾力猛攻，刘备似乎可擒。

但是，孙权颇为犹豫，不是担心打不下来，而是不知道真的抓住了刘备该怎么办。

刘备如果被俘获，最高兴的当然是曹丕，但诸葛亮必然会立即保太子刘禅继位，蜀汉和孙吴将血拼到底，即使蜀汉先灭亡，孙吴也难长久，这不符合孙权的战略观。

孙权就此事向陆逊等人征求意见，陆逊、朱然、络统等将领认为，曹魏目前正在集合大军，随时会有动作，对蜀军不宜再攻，而应将主力回收。

孙权决定收兵，命刘阿等从白帝城外围退至巫山，吴蜀以巫山为界陷入相持。

孙权随即向曹丕上表，报告此战经过。

《吴历》记载，孙权报告了斩获敌军首级、所得土地的有关情况，呈上缴获的印绶，同时报告了此战中将士立功情况，有希望给予奖赏加爵的意思（具上破备获印绶及首级、所得土地，并表将吏功勤宜加爵赏之意）。

孙权当然有理由要求奖赏，因为刘备称帝后对曹魏而言就是叛逆，替你讨伐敌人，取得胜利，理应得到表彰奖励。

曹丕下诏褒奖，派特使前往慰问，带来了赠送给孙权的鼲子裘、明光铠、騑马等物。曹丕写过一部《典论》，自己很得意，他在白色帛绢上亲笔抄了一份，也送予孙权。

曹丕在诏书中要求孙权再接再厉，不让刘备有喘息之机，一举将敌人全歼（今讨此虏，正似其事，将军勉建方略，务全独克）。

孙权已将前锋后撤，自然不会听曹丕的安排。

诏书没有涉及如何论功行赏的事，孙权其实也没有真的拿这个当回事，他最担心曹丕再提质子的事，这件事可以拖到初一，但没法拖到十五，此事没有结果曹丕自然不会善罢甘休，尤其如今打了大胜仗，曹丕防范的心理就会更强了。

诏书虽然也没有说这件事，但曹丕派特使来一趟，肯定会旧话重提，孙权的主意早已定了，他不会答应，要么再拖，要么干脆拒绝。

如此三番五次，曹丕感到了愤怒。曹魏三公联名上奏，历数孙权十五大罪状，要求曹丕给予讨伐。

曹魏现在的三公分别是华歆、王朗、钟繇，华歆和王朗都是从江东去的，华歆还答应过到朝廷以后要为江东说话办事，但他们现在和曹魏大多数官员一样，认为孙权事实上已成藩国，削藩才是当务之急。

他们认为，孙权打扮得像个喜羊羊，实际上是灰太狼（权为犬羊之姿，横披虎豹之文），孙权最终走向叛乱是必然的事实，必须早做准备。他们建议免除孙权的官职，由大鸿胪卿削去他的封爵、食邑，并逮捕治罪（请免权官，鸿胪削爵土，捕治罪），孙权敢不从命，即提兵讨伐，以明国典。

曹丕对孙权彻底失去了耐心，他派侍中辛毗、尚书桓阶为特使，给孙权最后一次机会，要求孙权盟誓，并送质子，孙权这次干脆拒绝（辞让不受）。

曹丕大怒，决定讨伐。

曹魏黄初三年（222 年）九月，距夷陵之战结束仅一个月，曹丕调集三路大军向孙吴发起了进攻。

第一路向洞口，由征东大将军曹休、前将军张辽、镇东将军臧霸率领；第二路大军向濡须口，由大将军曹仁率领；第三路大军向南郡，由上大将军曹真、征南大将军夏侯尚、左将军张郃、右将军徐晃率领。

洞口位于今安徽省和县境内，也在长江的边上，由濡须口沿江而下二百里左右，离建业更近，是曹魏南攻江东开辟的一处新战场。

曹丕御驾亲征，于十一月份到达南阳郡郡治宛县。

曹丕看来动了真格的，举全国之精锐要与自己来一场总决战，孙权有点紧张，他赶紧做出相应部署以应对曹军的攻击。孙权和陆逊居中指挥，针对曹丕的三路大军，也分出三路人马相拒。

孙权命建威将军吕范指挥五个军（督五军），其中相当一部分是水军，在洞口一带迎击曹休；周泰已经去世，孙权任命裨将军朱桓为濡须口前线总指挥（濡须督），率濡须口诸军迎击曹仁；诸葛瑾此时已升任左将军，潘璋已升任平北将军，孙权命他们及将军杨粲等部去救南郡。

尽管做出了部署，孙权仍极不情愿打这一仗，夷陵之战刚结束，各部人马尚未完全归位，将疲兵劳，能不打就不打，现在能不打尽量晚点儿打。经过一番思考，孙权决定向曹丕再说一次软话，希望化解这一战。

《三国志》记载，孙权以极为谦卑的口气向曹丕上书，要求给个机会悔改（卑辞上书，求自改厉）。孙权在上书中说，如果曹丕不肯原谅他的过错，他愿意奉还土地人民，然后前往交州居住，以保终年（若罪在难除，必不见置，当奉还土地民人，乞寄命交州，以终馀年）。

鉴于孙权谦卑的态度，曹丕也愿意化干戈为玉帛，只是这次他学聪明了，没有轻易相信孙权的话，他给孙权回了一封长信。

曹丕在信中先称赞了一番此次讨伐刘备之战的功绩（讨备之功，国朝仰成）。之后说咱们双方之间君臣之义早已确定，其实也不愿意与孙权刀兵相见（朕之与君，大义已定，岂乐劳师远临江汉）。

曹丕对孙权说，你三番五次不肯送质子，朝中的百官对此都想不通，所以才发兵讨伐你。现在读了你的奏书，感觉到你的态度真诚可信，又一次感动了我，让我不禁为之动容（今省上事，款诚深至，心用慨然，凄怆动容）。我已经下了命令，让各路大军停止进兵。

说完这些客套话，曹丕话锋一转："你如果仍然表示效忠，打消我心中的疑虑，就速把孙登送来，他早上到了魏国，我下午就撤兵。上面所说，如江水永不倒流一样不会改变（若君必效忠节，以解疑议，登身朝到，夕召兵还。此言之诚，有如大江）！"

又绕回到那个问题上，孙权知道除了一战已没有别的办法。

孙权下令弃用曹魏的年号，改建年号黄武，以示与曹魏彻底分裂。

三路大军同时开打，其中最东边的洞口战况最为激烈。

《三国志》记载，曹休督率的张辽等各路大军，加上州郡兵，参加洞口之战的魏军达二十多个军（督张辽等及诸州郡二十余军），也就是二十多万人，吕范指挥的吴军推测起来连四分之一都不到，明显处于劣势。

张辽是魏军宿将，最近身体不好，在生病，但想起逍遥津，孙权对他仍心怀忌惮。《三国志》记载，孙权专门敕书诸将："张辽虽然有病，但其仍锐不可当，大家一定要谨慎啊（张辽虽病，不可当也，慎之）！"

吴军的洞口基地在江北，几乎没有太多悬念，曹军到此将吴军杀得大败。《三国志》记载，这时是农历十一月，江面上刮起大风，吴军战船的缆绳多被吹断，船没有依靠在江面上乱漂，有的刮到岸边被魏军捕获，有的被刮翻沉没（诸船绠绁断绝，漂没著岸，为魏军所获，或覆没沉溺）。

吴军纷纷落水，一些没有被吹翻的大船成为众人求生的希望，在水中挣扎的人拼命呼号，一些人想办法想攀上大船，船上的人担心船被弄翻，于是用戈矛击打水里的人，不让他们上来（水中生人皆攀缘号呼，他吏士恐船覆没，比以戈矛撞击不受）。

只有将军吾粲和黄渊下令让水里的人上自己的船上来，有人劝吾粲人太多船容易沉没，吾粲说："船沉了大不了一块死，他们已走投无路，怎么能弃之不管（船败，当俱死耳。人穷，奈何弃之）？"

吕范指挥余部撤往江南的徐陵，曹休命臧霸准备五百条快船，载上万名敢死队员（敢死万人），强行渡江，围攻徐陵。

吕范指挥全琮、徐盛等部守卫徐陵，烧毁魏军的攻城车，把魏军打退，在追击中全琮将魏将卢尹枭首，魏军才退到江北。

《魏略》称，此战魏军斩首四万，俘获各类船只一万艘，当然这有些夸张，但吴军损失惨重是事实。

《江表传》记载，孙匡此时担任定武中郎将，也参加了洞口之战。他违抗吕范的命令让人放火，不慎烧了柴草，致使吴军军需匮乏。吕范命人将孙匡羁押，送回吴郡。孙权很生气，不准备他以及族人再姓孙，改姓丁，终身禁锢。

孙匡是孙权的四弟，孙坚死后乌程侯的爵位就由他所承嗣。《江表传》的这条记载与《三国志》有出入，《三国志》说孙匡死得早，死时二十多岁，而到洞口之战时孙坚已死了三十一年，也就是说孙匡此时最少也三十一岁了。《三国志》还说孙匡死时尚未被试用，也就是没有参加工作，与此处担任定武中郎将不符。

裴松之对此进行了考证，认为是《江表传》的记载有误，此处不是孙匡，而是孙权最小的弟弟孙朗。孙朗又名孙仁，是孙策、孙权唯一一个异母弟，关于他别的事迹不详。

最东边一路打了败仗，但好歹保住了长江防线。

在中间的濡须口这一路，曹仁率数万人马来攻。他采取声东击西的办法，扬言要进攻濡须口以东的要地羡溪，吴军总指挥朱桓分兵去救。

这时，朱桓突然接到情报，说曹仁亲率魏军主力出现在濡须口附近，距此不过七十里。朱桓赶紧派人去追增援羡溪的部队，但已来不及了。朱桓手下此时仅有五千人，大家非常害怕（诸将业业，各有惧心）。

朱桓是吴郡人，跟祖籍丹阳郡的朱治、朱然并非一族，他的功绩虽然没有朱然突出，但在将星云集的孙吴，孙权能让他独当一面，说明他是有两下子的。

朱桓给大家鼓气："两军交锋，胜负在将，不在人马多寡。魏军远道而来，千里跋涉，士卒疲惫，曹仁也算不上什么名将。我们占据高城，南临大江，北背山陵，以逸待劳，这是百战百胜的局面，即使曹丕亲自来尚不足惧，何况曹仁？"

朱桓下令偃旗息鼓，示弱于敌，诱使曹仁主动出击。

曹仁命其子曹泰进攻濡须城，命将军常雕率诸葛虔、王双乘油船攻击长江上一个叫中洲的小岛，自己率一万多人驻扎在濡须口以西的橐皋，作曹泰总后援。

中洲是吴军的基地，吴军将士的家眷都在这个小岛上，曹仁下令向这里发起进攻，认为吴军必救，可以分散吴军的力量，更为顺利地夺下濡须城。

朱桓派一部分人去保卫中洲，自己坐镇濡须城，他率部烧毁了曹泰的军营，曹泰退军。

中州保卫战也进展得很顺利，常雕被枭首，王双被俘获，魏军被消灭一千多人，朱桓派人把王双送往武昌。

此战曹军大败，吴军大胜，曹仁不久后竟抑郁而终。

最西边的南郡这一路，打得时间最长。

负责守南郡郡治江陵的是朱然，曹真率夏侯尚、张郃等部依仗人多，扎起多处营垒对江陵实施围城。

孙权派孙盛率万人在一处江洲上立围坞，作为朱然的外援，但张郃随后来攻，孙盛不敌，退走，江洲被魏军占领，江陵城与外界隔绝。

孙权又分别派潘璋、杨粲等率部增援，但魏军实在强大，围不能解。此时，江陵城内情况十分严峻，由于缺少吃的，不少士卒出现身体浮肿，一下子减员了五千人（兵多肿病，堪战者裁五千人）。

曹真起土山、凿地道、立楼橹，把攻城的方法都使上，势将江陵攻破。

江陵若丢失，孙吴的西线江防将不存在，夷陵、秭归等地不攻自破，江陵以下的公安、陆口等也暴露在敌人的刀锋之下，辛苦好几年，一下回到解放前，对孙权来说，那样荆州的局势将恢复到赤壁之战前的状况。

孙权已把大本营由建业迁至武昌，江陵如易手，还得灰头土脸地迁回建业。

要守住江陵，攻破敌军在江洲中的营垒十分重要，此处有夏侯尚率领的三万人马，为便于跟陆上交通，夏侯尚在此架起了浮桥。

诸葛瑾、杨粲又来解围，但无法击破敌人。潘璋想出一个办法，他带人马到上游五十里处，在此大量收割已干枯的芦苇，扎成许多大筏，想顺江放筏，点燃芦苇，去烧浮桥。

潘璋的火攻计还没有开始，江洲上的魏军突然撤得一干二净了。

原来，就夏侯尚在搭建浮桥屯兵江洲之时，曹操时代的著名谋士、时任大鸿胪卿的董昭向曹丕进言，认为浮桥很危险，现在江水较浅，马上是春天，春水一旦上涨，浮桥将难保，浮桥一断，数万魏军的性命堪忧。

曹丕接受建议，下令夏侯尚撤出江洲，魏军严密封锁消息，所以全部安全撤回，十天之后，江水果然涨。

江陵前后围了六个多月，由于朱然率部顽强守城，魏军无法得手，加上江洲撤军后江陵可以恢复与外界的联系，曹丕于是下令放弃围城。

吴蜀复和

危机虽暂时渡过，威胁却仍然存在，面对已经彻底翻脸的曹魏，孙权不得不就其对外战略重新做出调整。

孙权明白，所谓联盟只适合他与刘备之间，与曹魏这样的强国不存在所谓的盟友关系，他只能服从，只能送质子。为了对抗曹魏，他必须、也只能与蜀汉再次携手。

这其实是很困难的事，或许在当时大多数人看来是不可能的事。夺取荆州的仇还没报，又积下了夷陵这个更大仇恨，重新让双方站在一起，简直是痴人说梦。

《吴录》记载，身在永安的刘备听说曹魏兴多路大军讨伐孙权，便给陆逊写了一封信，其中写道："听说敌人已经到了江陵，我想再次东进，将军认为可行不可行（贼今已在江陵，吾将复东，将军谓其能然不）？"

当时孙吴面临着巨大的压力，江陵方向即将被魏军重兵合围，刘备说这个话，显然有点趁火打劫的意思。

陆逊毫不示弱，回信道："蜀军新败，创痍未复，应当求使通好，以休养生息，不适合再兴兵。如果不听，非要集结起残余部队以逞一时之快，定会全军覆没，一个也回不去（若不惟算，欲复以倾覆之馀，远送以来者，无所逃命）！"

但双方的争胜只停留在口水战上，刘备没打算兴兵，否则也就不会写这封信，不打招呼直接动手就行。不是刘备不想利用这次机会，而是他暂时已没有了这个实力，正如陆逊忠告的那样，蜀汉现在需要休养生息。

孙权正是看到了这一点，认为与蜀汉复和至少值得一试。

黄武元年（222年）十二月，就在吕范等人撤出洞口不久，孙权派太中大夫郑泉赶往白帝城，面见刘备，请求复和。郑泉此人不太出名，《三国志》里没有他的传记，只有《吴书》记载了他的部分事迹。

郑泉字文渊，北方人，博学有奇志，特别爱喝酒。还没有出来做事时，他对人说："希望有一只装载着五百斛美酒的船，船头船尾放着四季的水果（以四时甘脆置两头），畅快饮酒，困乏了就吃美味，酒少了就添满，那该多痛快！"

孙权任命他当郎中，他性直好谏，孙权曾对他说："你喜欢当众面谏，有时还失礼，就不担心触犯我吗？"

郑泉回答："我听说有圣贤的君主才有贤明的臣下，现在上下都能以诚相见，仰慕的是您的宏恩，所以我不担心触怒您。"

郑泉的回答让孙权很满意，但总想捉弄他一下。有一次命郑泉随侍宴会，故意吓唬他说要把他提交有关部门治罪，郑泉被带出时，频频回头张望（临出屡顾），孙权把他叫回来，笑着说："先生说过不怕触怒我，为何频频回头？"

郑泉回答："我承蒙您的恩德和保护，知道自己没有死罪，只是临出门的时候，感受到了您的威灵，所以不由自主不回头罢了（实侍恩覆，知无死忧，至当出閤，感惟威灵，不能不顾耳）。"

郑泉刚才肯定是受到惊吓了，回头张望哪里是因为孙权的威灵，分明是求生的渴望，但人家能迅速平复心情，马上找出最恰当的回答，这样的人才当然适合搞外交。

对于孙权主动派人出使刘备求和一事，一向力挺孙吴的《江表传》还有另外的说法。

《江表传》称，在郑泉出使之前刘备先给孙权写了信，信中深刻反省了自己的错误，要求复好（已深引咎，求复旧好），刘备在信中还对自己称汉中王之事进行了解释。

《吴书》也有过记载，说刘备当初在汉中称王时曾写信给孙权，请孙权给予承认和支持，但孙权没有回信。按照《江表传》的说法，刘备再次写信谈及此事，目的是想赢得孙权的支持。

根据《江表传》的记载，孙权没有把刘备的信拿给大家看，而是口头上说了说，并说现在汉帝已经不存在，刘备称王可以接受。

其实，刘备现在早已不是汉中王，而是蜀汉的皇帝，在孙吴面临敌军全面压境的情况下，他主动写信要求复和的可能性不大。《江表传》的记载有两种可能，一种是孙权捏造了刘备来信，毕竟与蜀汉复和一下子还让很多人转不过来弯，需要有个台阶；另一种可能是，这件事本身就子虚乌有，《江表传》的这条记载是为了给孙权留面子而捏造的。

不过，这些都不影响郑泉顺利出使并在白帝城见到刘备。《吴书》记载，刘备一见郑泉，不提双方如何复和，而先提旧事。

刘备说："吴王当初为何不给我回信，是不是认为我不配称汉中王（吴王何以不答吾书，得无以吾正名不宜乎）？"

对此问题想必郑特使已早有准备，他不慌不忙地回答："曹操父子侵凌汉室，最终夺取了大位。殿下既然身为宗室，有维城之责，没有率先在海内兴兵讨伐乱子，反而自己称王，有违天下舆论，所以我们吴王才没有回复。"

话不中听，却击中了刘备的要害，要面子的人容易脸红，刘备居然被郑泉问得满脸愧容（甚惭恧）。

郑泉出使还是很成功的，刘备经过反思，认同了孙权关于吴蜀复和的看法，派太中大夫中宗玮回访。

完成了这件重要任务的郑泉，其他事迹史书再无记载，只是说临死前曾对好友说："我死了一定要葬在制陶窑场的旁边，希望百岁之后能化成泥土，最好被做成为酒壶，那就让我心满意足了！"

曹魏黄初四年、蜀汉章武三年、孙吴黄武二年（223 年）四月，一代枭雄刘备在白帝城走完了他六十三岁的一生，临终前召丞相诸葛亮托孤，辅佐太子刘禅继位，史书称刘备为先主，刘禅为后主。

后主继位，改年号为建兴，诸葛亮以丞相的身份开府治事。

《三国志》记载，孙权的手下听说刘备死了，纷纷劝他称帝，孙权没有答应（权群臣劝即尊号，权不许）。

《江表传》记载，孙权不愿意称帝，理由是汉室湮没，不能前去相救，又怎能忍心与之相争呢（汉家堙替，不能存救，亦何心而竞乎）？

孙吴的群臣没有放弃，弄出许多所谓天命符瑞，再次劝孙权，孙权仍然没有答应，不过说出了自己的心里话。

孙权对众人说：“过去因为刘备称雄于西边，所以我命陆逊率兵防备他。而北边的曹魏有可能帮助我，我担心其挟天子以令天下，如果不接受封拜，就会促使他们对我下手，到时候西边、北边的敌人一齐来，两处受敌，所以我努力克制，接受封王。我俯首称臣的本意，诸君可能还不理解，所以今天向你们来解释解释（低屈之趣，诸君似未之尽，今故以此相解耳）。”

孙权这番话的意思是，登基称帝那是好事，但火候没到。

一个高明的政治家不会把名义和形式看得太重，做一件事更要着眼于利弊得失，不划算的事即使再风光也不要去做，在这方面曹操给大家做出过表率，其次就是孙权。

孙权表面称臣于曹魏，但他太明白跟曹魏翻脸动手是迟早的事，因为曹丕提出的有些条件他能答应，有些条件他答应不了，一旦谈不拢，只有动手。所以，对蜀汉那边也得保持灵活，孙权派人去成都吊丧，并进一步观察刘备死后蜀汉国内的情况。

《吴书》记载，孙权派来的特使名叫冯熙，职务是立信都尉。三国时代涌现出一批出色的外交家，冯熙可以算其中的一位。

可惜的是，冯熙赶到成都时正值蜀汉国丧，又有后主登基的大典，到处忙忙碌碌，丞相诸葛亮无暇与他深入交谈，冯熙完成了一次礼节性的出访后回到了孙吴。孙权改任他为中大夫，紧接着派他出使曹魏。

孙权与曹丕彻底闹翻，还大打出手，怎么还派人去曹魏呢？根据《三国志》记载，虽然打得很激烈，但孙权依然没有断绝与曹魏的往来，两年以后双方才彻底没有来往（然犹与魏文帝相往来，至后年乃绝）。

冯熙这趟出使惹得曹丕很不痛快。《吴书》记载，冯熙去蜀汉的事曹丕也已侦知，见了冯熙劈头就问：“吴王如果打算重修旧好，应当在江关布下重兵，进军巴蜀，听说他反倒遣使与蜀汉通好，是不是有什么变故？”

冯熙回答：“我听说出使蜀汉那边也只是通个音信，而且是为了观察那边的虚实，并非与之有什么密谋。”

曹丕又问：“听说吴国连年旱灾，人力物力损失严重（比年灾旱，人物彫损），以冯大夫的精明，能看出吴国国力如何？”

曹丕此问挑衅意味明显，你们要跟蜀汉有什么小动作，先看看你有多少家当，小心我收拾你。

冯熙不慌不忙地回答：“吴王聪明而有气度，善于用人，赋政施役都咨询臣下的意见，亲贤爱士，臣下皆感恩怀德，一片忠心。吴国带甲百万，谷帛如山，稻田沃野，民无饥岁，即所谓金城汤池、强富之国。说到国力，据臣下观察，应该与曹魏不差上下（以臣观之，轻重之分，未可量也）。”

曹丕听了相当不悦。

曹丕听说冯熙是颍川郡人，跟陈群是老乡，就派陈群私下联络冯熙，许以高官厚禄，但冯熙不为所动。

曹丕只得让冯熙回去，走到摩陂，又传命令让他返回洛阳。冯熙担心有变，害怕回去后受辱，于是引刀自杀，幸为驾车的人发现，没死成。冯熙被曹魏一直扣留到死，孙权听说后流泪不已，称他为当世苏武。

刘备的死在曹丕看来或许也是个机会，根据《诸葛亮集》中保存的史料，曹丕先后让华歆、王朗、陈群等一批曹魏重臣以及太史令许芝、谒者仆射诸葛璋等给诸葛亮写信，劝说蜀汉向曹魏称臣（陈天命人事，欲使举国称藩）。

诸葛亮的政治观早在隆中对策时便已形成，他主张联合孙吴兴复汉室，最终统一全国，故对这些人的来信不予理睬。后来信越来越多，诸葛亮索性写了一篇叫《正义》的文章公开回应。

在这篇文章中诸葛亮把曹操比作项羽，把华歆、王朗诸人比作帮助王莽篡汉的陈崇、张竦，他举光武帝刘秀的事例说明讨伐邪恶，维护正义不在兵力多寡，蜀汉虽然不够强大，但比起昔日的光武帝还是绰绰有余，当年的汉中之战就是最好例证。

当时，蜀汉还面临着来自内部的严重挑战，南中一带的少数部族首领联合一些汉人大姓造反，势力覆盖了几个郡，诸葛亮一边采取绥靖的办法稳住局势，一边积极准备南征，在这种情况下，进一步巩固吴蜀复和以来形成的良好关系，保持蜀汉东部稳定十分重要。

孙吴黄武二年、蜀汉建兴元年（223 年）十一月，距后主继位不到半年，诸葛亮派中郎将邓芝带着礼物来武昌出使。据《吴历》记载，邓芝带的礼物包括马二百匹、蜀锦一千匹以及其他蜀地的土特产。

此时，吴魏之间的战事已经结束，虽然互有胜负，但总体来说孙吴占了上风，曹魏伐吴的目的没有达到，算是失败了。如前所述，孙权这时仍然保持着与曹魏的来往，对于如何定位孙吴联盟，他还没有完全想成熟，所以没有及时接见邓芝（权果狐疑，不时见芝）。

孙权的犹豫可能还来自于另一个方面，他不太清楚刘备死后蜀汉国力到底如何，孙权还需要判断。在当时很多人眼里，刘备不在了，蜀汉内外交困，撑不了多长时间。值不值当再与其联盟，孙权在犹豫。

邓芝看出孙权的心思，于是主动给孙权写了封信，信中说："我此次来吴国面见大王，为的不单单是蜀国（臣今来亦欲为吴，非但为蜀也）。"

邓芝言外之意，现在蜀汉需要孙吴，孙吴又何尝不需要蜀汉？孙权看到这句话，脑子里一定会想起十五年前曹操大兵压境，诸葛亮跑来找他说的那一席话，于是召见邓芝。

孙权倒也实在，开门见山地说："我也想跟蜀汉和好，但是担心蜀主年幼软弱，加上蜀汉国小力薄，在曹魏的攻击下尚无法自保，所以为此而犹豫。"

邓芝回答道："吴国和蜀国加起来占有四个州的土地，大王您是一代豪杰，诸葛亮是一时的英才（大王命世之英，诸葛亮亦一时之杰也）。蜀汉有重重天险，吴国有三江之阻，如果把两家的长处结合起来，互为唇齿，进可以兼并天下，退可以鼎足而立，这是很清楚的道理。大王如果委身于曹魏，今后曹魏上可以命大王您入朝朝拜，下可以命大王您输送人质，如果不从，就会奉辞伐叛，到那时如果蜀国再顺流而下，那江南可就不是大王的了。"

一番话看似波澜不惊，在孙权听来却如惊雷过耳，以至于半天答不上话来（默然良久）。

邓芝这段话厉害在什么地方呢？他向孙权揭示了这样一个道理：向曹魏称臣不可行，连权宜之计都不是，一旦称臣，你就得任人摆布，现在还只是让你送人质，如果你送了，马上让你亲自到洛阳朝拜，你去不去？敢不去，就会以违命讨伐你，你吃亏还说不出来，这哪是聪明人的做法，这是吃了亏还说不出来的愚蠢。

邓芝的话还绵里藏针，你眼下跟曹魏打了几仗，看似敌人没有得手，你以为是长江天险或者孙吴将士勇猛吗？那是蜀国没有落井下石。千万别以为今后可以高枕无忧，不说曹魏今后加大打击力度，就是蜀国哪天趁曹魏打你的时候插上一手，你还行吗？

邓芝的话把孙权打回了原形，原来孙刘联盟是如此的重要！

孙权沉默半天，对邓芝说："你说得很对（君言是也）。"

于是，孙权决定彻底打消与曹魏缓和的幻想，重新与蜀汉联合（遂自绝魏，与蜀连和）。孙权随即安排人回访蜀汉，进一步商谈双方联合的细节。

邓芝完成了任务，准备回去复命。据《吴历》记载，孙权让他带回不少吴国的特产给后主，以回报厚意（以答其厚意焉）。

返回成都前，邓芝还向孙权还提出一个请求，这是临来时诸葛丞相专门交代的一项重要任务，是向孙权要一个人。

这个人名叫张裔，出身于益州本地，是诸葛亮很器重的一个干才，被诸葛亮派往南中担任太守，南中发生叛乱，叛军将其押解到孙吴，作为礼物献给孙权。孙权这个时候对张裔还了解不多，于是痛快地答应了。

孙权是个爱才的人，他想到这个张裔能让诸葛亮如此费心地要回去，那一定是不一般的人才，于是在邓芝一行临返回前单独召见了张裔。

《三国志》记载，孙权和张裔聊了不少，为了试探张裔的才能，孙权故意说："听说你们蜀汉有个姓卓的寡妇和司马相如私奔，贵地风俗都是这样的吗？"

孙权所说的姓卓的寡妇就是卓文君，她貌美有才，是西汉时益州临邛大富商卓王孙的女儿，丧夫后寡居。后来她看中了还是穷书生的司马相如，于是大胆追求，写下了"愿得一人心，白首不分离"的名句，和司马相如私奔，成为著名的爱情佳话。

但在汉代人看来，私奔毕竟是很不光彩的事，孙权拿此事揶揄张裔，目的是考验他如何作答。

张裔不紧不慢，回了句："依在下看，卓氏寡女跟朱买臣之妻一样。"

朱买臣是汉武帝时的名臣，早年家贫，妻子不堪忍受，离家另嫁他人。张裔之所以提朱买臣，因为朱买臣是吴县人。张裔的意思是说，别挖苦我们蜀国人，你们吴国人也一样。

对于张裔的机智回答，孙权十分满意，与张裔越谈越投机。

孙权对张裔说："先生回去之后必然会被重用，你何以回报我？"

张裔回答："我负罪而归，回去之后将听从有关部门的处置（将委命有司）。如果蒙圣恩不被处死，我五十八岁之前的性命是父母给的，五十八岁之后的性命就是大王给的（五十八以前父母之年也，自此以后大王之赐也）。"

张裔此时五十八岁，孙权闻听十分高兴，对他有了器重之意。

张裔出城后，回想起跟孙权的对话，有所后悔，他觉得当时应当装傻充愣，而不应该表现出自己的机警（裔出閤，深悔不能阳愚）。所以，他立即登船，加快速度往回返。

果然，孙权派出来追他的人已经出发，追到边境时，张裔刚好进入到蜀汉管辖的永安县境内，追者只得回去复命。

次年夏天，孙权派辅义中郎将张温回访成都。

临行前，孙权专门找张温谈话，孙权说："本来不想让你出远门，只是诸葛孔明不知道我们与曹魏交往的真正用意（恐诸葛孔明不知吾所以与曹氏通意），所以委屈你走一趟。如果山越人的威胁消除了，我们将与蜀汉联盟，跟曹丕大干一场（更欲大构于丕）。此行就是这个原则，具体说什么你见机行事就行（行人之义，受命不受辞也）。"

张温回答："诸葛亮一向深谋远虑（达见计数），他一定会理解您委曲求全之意，见到他后，观察他的态度就会知道他是怎么想的。"

对于孙吴特使回访，诸葛亮十分重视，安排沿途盛情接待，这让张温十分感动。这次出使圆满成功，张温向后主、诸葛亮等蜀汉高层当面解释了孙吴委身于曹魏的苦衷，双方协商，将继续派使者商谈合作的细节问题。

随后，双方使者来往频繁，蜀汉方面派邓芝再次出使过孙吴，还先后派丁宏、阴化、费祎等人出使，其中对费祎访吴史书记载较多。

据史书记载，孙权为人很幽默，喜欢开玩笑（权性既滑稽，嘲啁无方），他手下有几个特别有名的辩才，张温算一个，诸葛亮大哥诸葛瑾的长子诸葛恪也算一个，还有一个叫羊道的，都极其善辩。跟他们在一块谈论，费祎都毫不吃亏，每次都能据理以答，不被难倒。

孙权有点不甘心，孙权拿出好酒来让费祎喝，看费祎已醉，突然以国事相问，又与他谈论天下时事，提出的问题一个比一个难（辞难累至）。开始费祎以酒醉相推辞，后来针对孙权提出的问题一一书面作答，条理清楚，没有遗漏。

在《诸葛恪别传》里记载着另一个故事。孙权宴请费祎，事先故意叮嘱大家："使者来后，你们都低头吃东西，不要起身（使至，伏食勿起）。"

费祎赶到，孙权停下筷子，但群下故意不起。费祎临场作了一首打油诗："凤凰翩翩飞来，麒麟吐出食物，驴儿骡儿无知，低头吃食如故（凤皇来翔，骐驎吐哺，驴骡无知，伏食如故）。"

诸葛亮的侄子诸葛恪也在场，他以机敏著称，顺口回道："栽种梧桐大树，一心等待凤凰，等来一只麻雀，自称凤鸟来翔，何不弹子射它，让它飞回故乡（爰植梧桐，以待凤皇，有何燕雀，自称来翔？何不弹射，使还故乡）！”

费祎挺惊讶，他正在吃饼，于是停下来，索笔作了一篇《麦赋》，诸葛恪当仁不让，也索笔作了一篇《磨赋》。你是麻雀我射你，你是麦子我磨你，反正不吃亏。他们的这两篇赋大家看了，都觉得写得棒（咸称善焉）。

上面的故事算是外交活动中的花絮，说明这一阶段双方通使气氛是热烈而友好的，关系是融洽的。

孙权很器重费祎，曾对他说："你才能和美德都具备，必定成为蜀汉的股肱之臣，只恐怕今后不能经常来了。"

孙权的意思是，今后费祎势必受到重用，出使这样的事不会再派他执行了。孙权看人一向很准，费祎果然成为蜀汉政坛的新星，在诸葛亮的不断栽培下，费祎职务一路高升，成为后诸葛亮时代主持蜀汉政事的大臣之一。

据《祎别传》记载，孙权曾以经常佩带的宝刀赠给费祎，费祎推辞道："在下不才，怎能接受如此贵重的礼物？宝刀是用来讨伐叛逆的，只愿大王建立功业，共扶汉室，在下虽然愚弱，也终不辜负出使吴国之行了。"

据《襄阳记》记载，有一次孙权喝多了，和费祎把话题谈到了蜀汉内部的人事上，孙权说："杨仪和魏延二人不过是放牛娃（牧竖小人）罢了，虽然有点儿苦劳，但也不过如此，现在二人受到重用，如果诸葛亮哪天不在了，他们必定是祸根，你们太糊涂了，还看不到这一点。"

费祎再机敏果断，也未料到孙权会出此一言，被惊得目瞪口呆，不知如何回话。

就在这时，随同出访的郎中董恢悄悄把费祎拉到一边说："快告诉他，就说杨仪、魏延二人不和是因为个人恩怨，并不像韩信、彭越那样有无法驾驭的野心。现在正是用人之际，如果有人才不用，说是防其后患，其实等于害怕风浪而不乘舟船一样，不是好主意。"

费祎照此给孙权说了，孙权大笑。

孙权也许并未喝醉，话是故意说的，笑得也城府。但毕竟这是人家的内部事务，点到为止而已。费祎回到成都，不敢隐瞒，把孙权说过的话如实报告给诸葛亮，受到诸葛亮的肯定。

随着吴蜀之间使者往来的频繁，双方在边境地区的交往也不断增多，在对蜀国事务方面，孙权很重视陆逊的意见。

陆逊当时以辅国将军的身份兼任孙吴的荆州牧，驻扎在江陵，孙权每次有给后主刘禅以及诸葛亮的信，都先送到江陵让陆逊看，让陆逊把握轻重，如有不妥，就地修改后再送出。

为行事方便，孙权刻了一枚自己的印放在陆逊处，陆逊改完公文、书信重新盖印就行，不必再送往武昌（时事所宜，权辄令逊语亮，并刻权印，以置逊所。权每与禅、亮书，常过示逊，轻重可否，有所不安，便令改定，以印封行之）。显示出孙权对陆逊的无比信任。

主动出击

吴蜀复和，解除了西面的担忧，可以让孙权腾出手来全力对付曹魏。

就在打退曹魏三路进攻的这一年五月，孙权还主动用兵于蕲春，活捉了曹魏的守将晋宗。

晋宗原是孙吴在戏口的守将，孙权派他和王直守戏口。戏口所在何处不详，似乎在蕲春附近。孙权发动皖城战役时曾将蕲春收复，所以派王直、晋宗在戏口以守备蕲春，但晋宗反叛，杀死王直后投降曹魏。

早在建安十三年（208 年）曹操南下荆州时，曾分荆州刺史部的江夏郡、扬州刺史部的庐江郡各一部设置了蕲春郡，下辖蕲春、邾县、寻阳等三县，郡治在蕲春县。晋宗投降后，被任命为蕲春郡太守，经常出来袭扰吴军（数为寇害），孙吴在寻阳上下的这段江防受到很大威胁，荆州与江东之间的联系也不再安全，这让孙权感到很恼怒（以为耻忿），誓要将其捉拿问罪。

这时大战刚刚结束，又值最热的时候，晋宗等人以为吴军不会行动，他的儿子还在孙吴控制下的安乐，晋宗还试图袭击安乐夺回儿子。

孙权命贺齐督几部人马突袭蕲春，趁晋宗思想麻痹之机打他个措手不及。《三国志》对参加这次快速突袭战的几部人马记载不一，《吴帝纪》说是糜芳、刘邵，贺齐传说是糜芳、鲜于丹，胡综传说是胡综。

贺齐任总指挥的这次突袭战很成功，把晋宗生俘，但史书未记载孙吴是否趁机占领蕲春城并进而占领了整个蕲春郡。

对于孙吴顽强抗击曹魏并与蜀汉复和，曹丕深恨不已，对孙权也彻底失望，他又分别于黄初五年（224 年）、黄初六年（225 年）两次御驾亲征伐吴。

黄初五年（224 年）七月，曹丕由洛阳东巡至许昌，决定动员全国武装力量再次伐吴，侍中辛毗谏道："现在上上下下稍稍安定，此时用兵，毫无裨益。先帝调集精兵南征，每次到达长江都停下脚步。如今人马还是那么多，没有任何增加，让他们再次伐吴，不是一件容易的事。为今之计，应该让人民休养生息，开垦田亩，十年之后，可以一举平定，不需要再出兵二次。"

曹丕听着这话不是滋味，以为辛毗在挖苦他本事不行，不高兴地说："按你的说法，这事就留给子孙了？"

辛毗是出了名的倔老头，皇上给了脸色，他反倒更硬气起来："从前，周文王把殷纣王留给了周武王，只因为他知道时机尚未成熟（苟时未可，容得已乎）！"

曹丕干脆不理，留时任尚书仆射的司马懿镇守许昌，自己亲率大军南下伐吴。

八月，曹丕登上御舟，顺蔡河、颍水进入淮河，一路抵达寿春，之后继续南下，于九月份到达广陵郡。

广陵郡属徐州刺史部，在长江下游北岸，隔江与丹阳郡、吴郡相望，看来曹丕总结了之前历次伐吴的经验教训，认为江陵、濡须、洞口都不好弄，不如直捣黄龙，进攻长江下游，如果能在此突破长江防线，可以一举拿下建业和吴郡，端了孙权的老巢。

这还真是一招狠棋，干宝所著《晋纪》记载，听说魏文帝亲自率大军南下广陵，江东一片恐慌（吴人大骇）。

《三国志》记载，安东将军徐盛提出在建业附近临时筑起围墙，再稀稀拉拉建一些房屋，围墙上设一些假箭楼，又在长江中摆一些船只（从建业筑围，作薄落，围上设假楼，江中浮船）。

大家认为这个方案没有实际意义，但徐盛不听，仍然做了。《晋纪》记载，徐盛所筑疑城从石头城到江乘，给车子安上木桩，外面包上苇席，又加上五彩的装饰，一个晚上就建了起来（车以木桢，衣以苇席，加采饰焉，一夕而成）。

《三国志》记载，曹丕到了长江边上，看到江对岸的情景不禁愕然，敌人的防守工势稀稀疏疏地有几百里（弥漫数百里），而这时长江又在涨水，曹丕望江而叹："人家已经有准备了，没法下手了（彼有人焉，未可图也）！"只好下令撤军。

《魏氏春秋》记载，曹丕叹息说："魏国即使有步兵骑兵成千上万，也用不上啊（魏虽有武骑千群，无所用也）！"

《晋纪》还记载，曹丕撤军后孙权让赵达算一算此事，赵达说："曹丕已撤，但即使如此，我孙吴到庚子年也会衰败（吴衰庚子岁）。"

孙权问："还有多少年？"

赵达说："还有五十八年。"

孙权说："我只担心眼前的危险，考虑不了那么长远，那都是子孙的事（今日之忧，不暇及远，此子孙事也）。"

又过了一年，黄初六年（225年）的三月，曹丕再议伐吴，宫正鲍勋反对，曹丕大怒，他一向不喜欢此人，将其降职。

五月，曹丕抵达老家谯县，经过数月的修整准备，八月大军自谯县出发伐吴。

针对上一次望江兴叹，此次伐吴曹丕带来了很多水军，他们从涡水进入淮水，于十月份到达广陵故城，即今江苏省扬州市。

后世有人写诗"京口瓜州一水间"，京口即镇江，瓜州属扬州，出广陵故城，可隔江眺望孙吴昔日的大本营京口，曹丕再一次调整攻击重点，还是想无论如何在长江上撕出一道口子来。

魏军云集于此的总兵力有十几万，人数绝对占优，江北岸魏军的旌旗招摇数百里，大有吞没长江之志。但是，魏军对这里的水文、气象情况均不熟悉，结果吃了大亏。

农历十月，长江下游也天寒地冻，这一年江水还结上了冰，魏军的水军无法进入长江，见此情形，曹丕再一次发出了感叹。

曹丕叹道："天哪，注定要分隔成南北吗（嗟乎，固天所以隔南北也）！"

曹丕又一次下令撤军。

但这一回吴军不想让他轻易就走，孙吴扬威将军孙韶派部属高寿率五百人敢死队渡江，在曹丕的归途上突然发起袭击，直取曹丕的御营，曹丕大惊，在众人护驾下仓忙逃命，高寿等人夺得曹丕的御车，魏军不明敌情，一片大乱。

魏军来时有数千艘战船，气势挺足，但一乱起来人多船多就成了包袱，众多船只拥挤在狭小的水道之中无法前进。

有人向曹丕建议，干脆留下那些走不了的船只和军队在此开荒种地，蒋济反对，认为这里太容易受到敌人的攻击，不宜屯田。

曹丕弃船先走，把排了几百里的船队留给将蒋济处理，蒋济指挥人连挖了四五道运河才把这些船弄进淮河。

第六章　成就帝王大业

曹丕死了

孙吴黄武五年（226 年）正月，曹丕回师许昌，负责镇守许昌的镇军大将军司马懿把曹丕迎进城，在入城的时候，一向坚固的许昌城南门竟然无故崩塌。

曹丕想到几年前他父亲曹操在洛阳的遭遇。那也是一次回师，进城后，有人砍伐一棵树，这棵树竟然无故流出了血，父亲认为是一个凶兆，心下极为不安，不久竟然去世了。

不知道这件事是不是产生了心理暗示，曹丕突然觉得自己的身体也有些不舒服，他于是下令不进许昌，直接回洛阳，并告诉司马懿同去。

曹丕病了，而且病得越来越严重，他想起早年曾让著名术士朱建平算过命，朱建平说他能活到八十岁，曹丕一直认为自己会高寿，但看看现在的病情，他失去了信心。

突然，曹丕好像明白了什么，他对随侍在跟前的司马懿、陈群等人说："我已知道天机，朱建平所说的八十寿诞是阴、阳相加，四十昼年再加四十夜年，今天我的寿命到了尽头！"

司马懿等人赶紧相劝，让他宽心，好好养病，但曹丕更相信自己的理解。拖到五月初，病情仍然不见好转，曹丕下诏立曹睿为太子。

曹丕一共有九个儿子：甄氏所生的曹睿，李贵人所生的曹协，潘淑妃所生的曹蕤，朱淑媛所生的曹鉴，仇昭仪所生的曹霖，徐姬所生的曹礼，苏姬所生的曹邕，张姬所生的曹贡，宋姬所生的曹俨。其中曹协、曹贡、曹鉴、曹俨先后早逝，目前有五个儿子在世。曹丕最疼爱的是曹霖，但曹霖性格暴躁，让曹丕犹豫不决。

而且，曹霖并不是长子。曹丕的长子是曹睿，他在诸子之中也是最突出的一个，无论文采还是性格都是立太子的首选。但是，曹睿的母亲甄氏因失宠而被曹丕处死，因为这个原因，曹丕一直没有立曹睿为太子的打算。

《魏末传》记载了一个著名的故事，说某次曹丕带曹睿去打猎，遇到一只母鹿和一只小鹿，曹丕一箭把母鹿射死，命曹睿射杀小鹿。曹睿不忍射，流泪道：“陛下已经杀了它的妈妈，我不忍再杀它的儿子。”曹丕放下弓箭，恻然心伤。

大概是这件事改变了曹丕的想法，所以在深感自己将不久于人世时，曹丕做出了由曹睿接班的决定。

这一年的五月十六日，曹丕把大将军曹真、镇军大将军陈群、抚军大将军司马懿三人叫到崇华殿的病床前，又把曹睿叫来，指着曹睿对大家说：“众卿，请看清此子，我死之后，由他继位，望众卿尽心辅佐！”

说完，曹丕又指着他们三位对曹睿说：“今后如果有人说此三位先生的坏话，都不要听（有间此三公者，慎勿疑之）。”

做完这些交代，魏文帝曹丕就驾崩了。

曹丕这个人没有其父的雄才大略，在位不到七年，也没有什么大的建树，只是吃老本而已。但他并不是个无能之辈，他从小受到父亲的刻意培养，很小的时候就能吟诗、骑马，又到军中锻炼，善剑术，也算是文武双全的人才。只不过他的性格有些偏狭，容易情绪化，爱憎过于分明，报恩报怨一目了然，没有其父的胸怀和气魄。

曹操到了晚年，为了让曹丕接班费了很大的精力为他铺路，又一步步锻炼他，让他能掌控全局。但这一棒由曹丕往下交时，却有些仓促。

曹丕托孤的现场有三位重臣，一般说起此次托孤，公认的受托大臣却是四位，还有一位征东大将军曹休不在崇华殿，他此时身在扬州前线，来不了。

按照曹丕的意愿，曹睿有这四位大臣辅佐，基业可保长青。这四个人都是他所信赖的。曹真、曹休不用说，同宗也同辈，在战火中成长起来，不仅军事才干突出，而且在军中具有不容置疑的影响力，只要有他们二位保驾，政局便不会出现大的震动。

只是他们都是武人，治国安邦除武力更要文治，在这方面曹真、曹休能力就不及了，而陈群和司马懿作为世族才俊，政治和经济才干突出，跟随自己多年，是君臣也是朋友，自然会兢兢业业辅佐幼主。

在曹丕眼里，这是一个理想的团队，也是一个豪华阵容，他可以放心去了。

曹魏黄初七年（226 年）五月，23 岁的曹睿继皇帝位，是为魏明帝。本年曹魏遵制仍用黄初的年号，在蜀汉是建兴四年，在孙吴是黄武五年。

次年，曹魏改年号为太和。

史称，曹睿之前一直深居宫中不问政治，专心读书，也不交结朝臣。当了皇帝后，朝臣们纷纷议论，想一睹年轻天子的风采，但天子仿佛仍沉浸在丧父的巨大悲痛中，一连几天都不召见大家，也没有什么诏令发出。

特殊的生活经历造就了曹睿特殊的个性，这一点与汉武帝有点相仿。长年读书思考，让这个年轻人具备了丰富的学识，谨小慎微地侍奉在父亲和郭皇后跟前，让他做事更加严谨和沉稳，懂得如何忍耐。但同时，作为君王他便缺少了那种舍我其谁的霸气和自信。

过了几天，天子单独召见侍中刘晔，谈论了整整一天。文武百官都在外面紧张地等待消息，大家都想知道天子是个什么样的人。刘晔出宫，大家纷纷前来询问，刘晔答道："天子有秦始皇、汉武帝的风范，只是气度稍弱一点儿。"

魏明帝曹睿颁布诏令，对人事进行了一番调整。

根据诏令，曹魏新设太傅、大司马二职，分别由钟繇、曹休担任，地位高于三公；钟繇空出的太尉一职由华歆担任，华歆空出的司徒一职由王朗担任，王朗空出的司空一职由陈群担任。

曹真仍为大将军，如果不算新设的大司马，就是武将中的最高职位，同时升司马懿为骠骑大将军，论武职仅次于曹真。

从新的人事名单上看，钟繇、曹休、曹真、华歆、王朗、陈群、司马懿等七人构成曹魏帝国新的权力核心，考虑到钟繇年迈且不掌兵，华歆、王朗是名士出身，既不掌兵也不掌行政实权，他们在位多是荣誉性质，曹魏的新班底实际上由曹休、曹真、陈群、司马懿四人组成。

这四个人，正好是曹丕托孤的四位大臣。

曹魏新旧权力交接，正是蜀汉和孙吴发起反击的一次好机会，这时候诸葛亮已完成了南中之战，巩固了蜀汉后方。诸葛亮于是向后主上《出师表》，亲率主力北上汉中，开始了第一次北伐。

孙权也抓住机会，发动了江夏战役，配合蜀汉的行动。

孙吴此时的江夏郡太守是孙皎的弟弟孙奂，孙皎已于建安二十四年（219 年）因病去世，孙奂统领其众。孙奂此时三十二岁，性格沉稳，表面有些迟钝，但处事机敏，喜欢读书人，重用孙皎的旧部和江夏郡当地人，受到众人拥护。

这次江夏战役规模不大，参战的主力部队就是孙奂所部。孙奂派部将鲜于丹率五千人阻断淮道，自己率吴硕、张梁等五千人进攻高城。高城攻克，俘获魏军将领三人。

孙权亲自到孙奂军中，看到该部军容整齐，士气高昂，高兴地对人说："开始我还担心他性格太缓，带不了兵，现在看他整治军队的样子，诸将中很难有人赶得上，我再不用担心了。"

孙奂原来的军职是扬武中郎将，孙权升其为扬威将军，封沙羡侯，作为孙氏宗族里冉冉升起的一颗新星，孙权对他寄托着很多期望，但他在八年后也因病去世了。

攻克高城后，孙权又组织人马进攻另一处要地石阳，此地在今湖北省汉川市。但是石阳之战打得却不顺手，久攻不下，孙权下令撤军。

由于上一年刚刚结束与曹丕在广陵郡的交锋，这一次江夏战役只是为配合诸葛亮北伐而进行，目的是牵制曹魏在荆州和扬州两个方向的主力，让他们不敢轻易支援西线战场。

江夏战役的另一个目的是巩固武昌的防卫，孙权移驻武昌以来，已经把这里当作新的大本营。

对于这座古武昌城孙权一直情有独钟，城西九十里处有樊川，可停泊水军船只，与樊川相连的有长达百里的梁子湖，湖面很宽，水量足，终年不枯，是操练水军的理想处所。由樊川可轻松进入长江，其交汇处就是著名的军事要塞樊口，已是孙吴水军最重要的基地之一。

武昌三面环山，一面临水，其东南方的幕阜山余脉，山势险峻，是天然的军事屏障。而江边的西山十分秀美，环城绕廓有洋澜湖和三山湖，让古武昌城显得景色宜人，适于居住。

西山自古出铁，附近的汀祖、碧石和大冶的铜录山一带铜矿丰富，冶炼业在这里早有一定规模，这也为把武昌城作为大本营提供了雄厚的物质基础。

《江表传》记载，孙权在武昌新造了一艘大船，名为长安，在钓台圻试航，突然遭遇大风，亲近监谷利下令船工驶回樊口。

孙权敢与猛虎搏击，他生性喜欢冒险，大风大浪根本吓不住他，反而激起他挑战自然的欲望，他下令："扬帆驶往罗州（当张头取罗州）!"

船工自然听吴王的，谷利急了，拔刀对船工道："不去樊口者斩!"

船工只得掉头回樊口，风果然越来越猛，几乎无法行进。

谷利本是一名奴人，史书说他忠果刚烈，从来不会虚意逢迎（言不苟且），因而受到孙权的喜爱，把他留在身边，平时呼他作“阿利”，之前孙权在逍遥津遇险，正是谷利帮孙权脱险。

回来后，孙权对谷利说：“阿利，你怎么这么怕水（阿利畏水何怯也）？”

谷利跪禀：“大王是万乘之主，不能轻于不测之渊，戏于猛浪之中，船楼很高，容易颠覆，一旦出了意外，社稷怎么办？所以我才以死相争。”

孙权听后更加器重他，以后连“阿利”也不叫了，常叫他“谷”（权于是贵重之，自此后不复名之，常呼曰谷）。

大战石亭

连年战事，对经济造成严重破坏，百姓的税赋负担也接近极限。

孙权颁布命令：“战争已经进行了很久，百姓流离失所，农业松弛，父子夫妇之间也不能相互关照，想到这些我心里很难受。现在北方的敌人已经退去，境内已无战事，各州郡可以减轻百姓赋税（其下州郡，有以宽息）。”

辅国将军兼荆州牧陆逊建议下令军队增加屯田（表令诸将增广农亩），以解决军需不足的问题，孙权认为很好，下令推广。为了带头耕作，孙权还以他和儿子们的名义领种公田，申请了八匹牛和四张犁（车中八牛以为四耦）。

孙权说：“这样做虽然比不上古人，但我愿意与大家分享种田的辛苦（虽未及古人，亦欲与众均等其劳也）。”

江夏战役结束后，陆逊再度上奏，对时局进行分析，他认为曹睿继位后曹魏境内造反的人减少，中原恢复平静，曹睿选拔了一批忠良之臣中，宽松刑罚，广施恩惠，减轻赋税，取悦民心，以此看来，孙吴所面对的敌人比曹操在时还强大（其患更深于操时）。陆逊建议施行仁德，减轻刑罚，进一步免除或减轻百姓赋税（施德缓刑，宽赋息调）。

在这份上奏中陆逊还写道：“有许多忠言不能一一陈述，只有那些苟且容身的小人才频频以营营小事向您奏报（忠谠之言，不能极陈，求容小臣，数以利闻）。”

陆逊这番话也许有所指，也许只是一些套话，但这引起了孙权的深思和警惕，他从陆逊的话里听出了需要进一步广开言路、除旧革新的意味，于是给陆逊回了一封很长的信，表示陆逊提出的刑罚、赋税过重的问题将交有关部门讨论研究，鼓励大家多提尽规之谏，切勿“不能极陈”。

孙权在信中还对陆逊说：“我和你在名分上虽有君臣之分，但休戚荣辱是一样的，你表中所说不敢随流苟安，我正是我对你的衷心希望啊（孤与君分义特异，荣戚实同，来表云不敢随众容身苟免，此实甘心所望于君也）！”

孙权下令，让有关部门把现行法律政策逐条开列，派中郎将褚逢送交陆逊和诸葛瑾，让他们增删认为不妥当的地方（令有司尽写科条，使郎中褚逢赍以就逊及诸葛瑾，意所不安，令损益之）。

但是，对陆逊分析的曹魏现在更强大的观点，孙权认为不对。《三国志》记载着孙权与诸葛瑾的一次谈话，孙权详细分析了曹操、曹丕和曹睿三代的用人特点，认为曹睿现在重用的陈群、曹真等人，要么是文人儒生，要么是宗室子弟、皇亲国戚，无法担当起治理天下的大任。

在这次谈话中孙权认为，曹丕达到不曹操的万分之一，而曹睿还不如曹丕，其差距就像曹丕与曹操一样（丕之于操，万不及也。今叡之不如丕，犹丕不如操也）。

孙权还认为，曹丕临死前做出的辅政安排很有问题。曹睿幼弱，不像曹丕继位时已是成年人，曹真等人势必结党营私，形成各自的帮派（阿党比周，各助所附），到那时曹魏必奸谗并起，互相猜怨，而幼主不能统御。自古至今，哪里有让四五个人把持着朝政而不让他们互相倾轧仇杀的（安有四五人把持刑柄，而不离刺转相蹄齧者也）？

孙权的眼光应该说很毒辣，曹魏后来日渐式微，有人认为正是始于文帝、明帝接班之时，表面风光强大，但正如孙权分析的那样，权力核心未能巩固，从而慢慢走向衰亡。

但是，就短时间来看，陆逊的担心却不无道理，孙吴此时接连发生了多起叛降事件，说明问题的严重性，也极大地挫伤了士气。

黄武六年（227 年）十二月，吴将韩综降魏，轰动一时。

就在不久前的江夏战役发生之前，昭武将军韩当因病去世，他的儿子韩综承袭爵位并统率部曲。因为有孝在身，孙权没有让韩综参加江夏战役，而是让他留守武昌。在此期间，韩综干出了淫乱不轨的事，被孙权发觉，感到压力很大。

韩综具体干了什么事史书没有明确记载，孙权考虑到他是老将之后，并没有追究他的责任，可韩综仍然感到惧怕，动了叛降的念头。

《吴书》记载，韩综怕左右不从，就暗中使人抢劫，之后又表示宽恕抢劫的人，结果鼓励了大家，让大家纷纷效法。韩综突然诈称接到孙权的命令，要严厉追究抢劫者的责任，造成了将士们的恐慌。

一个人已下水，自认为最安全的办法就是拉更多的人下水，韩综这时召集大家商量，孙吴军纪很严，对犯罪的惩处也很重，众人一致认为只有投降曹魏一条路可走。

为进一步拉拢部下，韩综以安葬父亲为由召集族人，把族人和亲戚中的女人嫁给自己的部将，甚至把自己宠爱的婢妾也给了出去（尽呼亲戚姑姊，悉以嫁将吏，所幸婢妾，皆赐与亲近）。韩综和大家杀牛饮酒歃血，共同盟誓，之后载着父亲的灵柩，携数千人逃往曹魏。

韩综是孙吴名将之后，一下子又带来了数千人，受到曹魏的欢迎和重视，曹明帝任命韩综为将军，又重新封了侯爵。

韩综投靠曹魏后很卖力，不断袭扰孙吴边境，杀害孙吴人民，孙权对此痛恨不已。但直到孙权去世，韩综过得都很逍遥自在，最后还是诸葛瑾的儿子诸葛恪发动东兴之战，把韩综打死，首级送到孙吴太庙祭祀孙权。

《江表传》还记载了吴将翟丹叛降的事，翟丹其人其事不详，可能是犯了什么错，感到恐惧，因而叛降。

一连串的叛降事件让孙权深为反思，他发布命令："今后将领们只有犯了三项重罪，才能交有关部门议处（自今诸将有重罪三，然后议）。"

《江表传》没有记载是哪三项重罪，孙权的这道命令实际上是减缓刑罚的一部分，对于制止不断发生的叛乱起到了重要作用。

此时，诸葛亮第一次北伐已经结束。这次北伐本来进展得颇为顺利，诸葛亮兵出祁山，陇右震动，曹魏在陇右设置的多个郡官员纷纷投降，逼得魏明帝不得不从荆州调张郃前往增援，自己则御驾亲征到了长安。

在形势一片大好之下，蜀军出人意料地在街亭被张郃打得大败，打乱了诸葛亮的整个部署，不得不退回汉中。

魏军大捷的消息传到合肥，鼓舞同时也鞭策着负责扬州前线指挥的曹休，让他也跃跃欲试起来。汉中、陇右是西线战场，目前由曹真任总指挥；荆州、襄阳是中线战场，目前由司马懿任总指挥；扬州、合肥是东线战场，目前由曹休任总指挥。西线大捷，中线保持均势，而在曹休看来东线却显得很被动。

武帝曹操在时，魏吴双方几次在长江边上的濡须口交战，互有胜负。文帝曹丕在时，战场移到了东面的广陵郡一带，也在长江边上。但是，近年来孙吴趁曹魏政权交替之际不断向北蚕食，魏吴实际控制线已经向江北深入了很远，最北面离巢湖都不太远了。孙吴以江北的皖城、濡须为基地，还在不断拓展势力，孙权把这些地方纳入新设的鄱阳郡管辖。

作为曹魏品秩最高的朝臣（大司马），曹休觉得如此被动的局面让他很没面子，所以一直想找机会反击，至少把孙吴的势力全部赶到长江以南。恰在这时，机会突然来了，孙吴鄱阳郡太守周鲂派人秘密联络，表示愿意投降，举全郡献于曹魏。

曹休当然不傻，未予轻信，而是派人秘密潜入鄱阳郡调查。

查探之下，曹休发现周鲂的投降居然是真的，因为就在不久前，孙权派人到鄱阳郡检查工作，大概查出周鲂不少问题，周鲂吓坏了，自行剃光头发（自处髡刑）到郡政府门口请求宽恕。

曹休接到报告，对周鲂不再怀疑，立即拟定出一份作战方案呈报魏明帝。

魏明帝也很高兴，西线战场刚刚大胜，如果东线战场再胜一局，显然是锦上添花，自己虽然继位不久，但文治武功已经远超父皇了。

魏明帝同意曹休的作战计划，为了配合曹休的行动，魏明帝命令司马懿在中线战场同时用兵，攻击孙吴控制下的江陵，命令建威将军贾逵率兵攻击濡须口，三路大军同时行动，让孙吴应接不暇。

但是，魏明帝和曹休都不知道，这是陷阱。

有些事，不怕笨，就怕太聪明；有些事，不怕性子缓，就怕太着急。曹休急于建功的心理被孙权及时捕捉，于是给他下了一个大饵。周鲂诈降是孙权安排的，所谓派人检查工作、周鲂请罪都是演的戏。

孙吴黄武七年（228 年）八月，孙权和陆逊秘密过江来到皖城。

孙权任命陆逊为总指挥（大都督），任命朱桓、全琮为副总指挥（左右督），亲手将诛杀部属用的黄钺交给陆逊，命陆逊代行王事，统领包括孙权自己的禁卫部队在内的所有吴军，孙权亲自为陆逊执鞭，众将全部参拜陆逊（统御六师及中军禁卫而摄行王事，主上执鞭，百司屈膝）。

陆逊立即做出布置，只等曹休送上门来，而直到此时，曹休还浑然不知，率魏军主力浩浩荡荡南下。

越过吴魏实际控制线后，曹休继续前进，目标是皖城。这一带都是山区，有一段数百里的山路，山路的北口叫夹石，南口叫石亭，其间山势险峻，很容易被伏击，有人提醒曹休注意，曹休认为自己兵力足够强大，吴军即便有埋伏，也不足为惧。

好不容易走过了这段死亡地带，到了石亭，就算出山了，皖城就在眼前，大功即将告成。

曹休还没来得及高兴，陆逊亲自指挥下的伏击战就开始了。孙权、陆逊为歼灭曹休秘密调来了六万精兵，这些情况曹休并不知情，结果在石亭被吴军杀得大败。

战斗打响前，吴军副总指挥朱桓认为曹休如果被打败，必然沿原路返回，夹石是他必经之地，朱桓主动请缨，率一万人马埋伏于夹石，待曹休回头将其歼灭。

孙权不知道这个计划是否可行，向陆逊询问，陆逊认为不行，否决了这个计划。

曹休败回，果然走的是夹石，如果在这里突然有一万吴军杀出，那将是什么效果？显然，曹休是回不去的。

不过不必后悔，陆逊是对的。一万吴军深入数百里插到敌后，再隐蔽也会弄出动静，如果在夹石就被曹休发现了，把这一万人马就地吃掉事小，孙权、陆逊精心策划了几个月的作战方案也就毁了，不能因小失大。

此战，孙吴斩杀和生擒魏军一万多人，曹休大军远袭，随行带着大量车辆辎重，逃命时自然顾不上，全部成为吴军的战利品。

曹休退回合肥，上表请求治罪，魏明帝下诏不予追究。

曹休是个要面子的人，又愧又气。曹休认为，自己虽然姓曹却不是官二代，他今天的是地位是一仗一仗打出来的，以前都是他追着别人打，很少被人修理成这样。

曹休越想越难受，背上竟然长了一个疮，这种因心情郁结而长的背疮叫背疽，弄不好会要命，而这一次真的要了曹休的命，没出一个月，曹休就死了，年仅四十来岁。

四位托孤大臣，没出两年就死去一位，而且是曹魏政坛的头号人物，对魏明帝而言，西面大胜后紧接着就遇到了东面的大败。

魏明帝任命前将军满宠接替曹休担任东线战场的总指挥（都督扬州诸事军），过去这一类职务非曹即夏侯，司马懿算是唯一的另类，现在“诸夏侯曹”纷纷谢幕，唯有曹真硕果仅存，不用外人不行了。

武昌称帝

石亭之战影响深远，在孙吴的许多人看来，这是魏吴实力此消彼长的重要节点，经此一役，彻底巩固了长江防线，曹魏再想从东线发动大规模入侵就很难了。

在此情况下，劝孙权称帝的呼声又高涨起来。次年春天，孙吴公卿百官齐劝孙权正尊号。所谓正尊号而不说登基，是因为在孙吴公卿百官看来孙权早就是皇帝，现在只是正名而已。

黄武六年（227 年）四月，有人报告在夏口、武昌等地见到了黄龙、凤凰等，这些祥瑞的出现，通常预示着新纪元的开始。

与此同时，当年在吴县流传的一首童谣也在社会上重新流行起来，童谣唱道："车上黄金放光，挡泥板颜色闪亮，打开西边昌门，出来一位皇上（黄金车，班兰耳，闿昌门，出天子）。"

根据裴松之考证，昌门是吴县的西城门，为战国时吴王夫差所筑。这首童谣流行于汉献帝兴平年间，那时正是孙策开拓江东的时候，现在这首童谣重新流传，说明孙权称帝的民意基础已经具备。

这时候，曹魏和蜀汉分别立国八年，各自经历了两代人，孙权也应该称帝了。于是，就这在这个月孙权在武昌城南郊称帝，改年号黄龙，大赦。

《吴录》记载，孙权向天下发布了称帝文告，文告的大意是：汉朝享国二十四世，经历了四百三十四年，最后行气数终，禄祚运尽，天下率土分崩，以至让孽臣曹丕窃取了神器，曹睿接着作乱。我孙权生于东南，志在平世，奉辞行罚，以安天下。群臣将相、州郡百城都认为汉氏已绝于天，皇帝位目前虚置，郊祀无主，根据上天的旨意，将这些祥瑞加于我，我畏天命，不得不从。希望上天保祐我吴国，永终天禄。

根据这篇文告的说法，自刘邦建立汉朝迄今共四百三十四年，而根据曹魏方面的看法汉朝在八年前已经不存在了，所以曹丕的登基文告里说汉朝国运是四百二十六年，双方统计上的差异反映出孙权并不承认曹魏是汉室的继承者，这八年汉朝仍然存在，只是帝位空置。

这篇文告集中抨击了曹魏篡夺汉室政权的违法行为，但对于蜀汉却只字未提。蜀汉一直认为自己是汉室的延续，孙吴下一步如何处理与蜀汉的关系，这是一个棘手的问题。不提蜀汉，就是把这个问题先搁置起来，以为后面留有余地。

孙权下诏，追尊父亲孙坚为武烈皇帝，母亲吴氏为武烈皇后，哥哥孙策为长沙桓王。

孙权同时下诏，立长子孙登为皇太子。按照孙权的想法，连皇后一块明确，他目前最宠爱的是步夫人，但孙权知道如果他提出此议，百官们还会一致反对，又将重提立徐夫人，所以孙权干脆作罢，让皇后位子空在那里。

为了纪念黄龙现身，孙权命人制作了一面黄龙大旗，立于中军帐，作为指挥各军的旗帜（诸军进退，视其所向），命老同学、也是自己的笔杆子胡综作《黄龙大牙赋》，昭示天下。

紧接着举行建号称帝大典，孙权以皇帝的身份首次会见百官。《江表传》记载，在这个重要时刻，孙权内心百感交集，他首先想到了周瑜，对百官说："如果没有周公瑾，我称不了帝啊（孤非周公瑾，不帝矣）！"

《三国志》记载，孙权还想到了鲁肃："当年鲁肃曾向我提到过建号称帝的事，他真可称得上明了时势的人啊（昔鲁子敬尝道此，可谓明于事势矣）！"

站在下面的百官们听到这些话肯定也会百感交集，有人会回忆起一道走来的披荆斩棘的岁月，也有人会在心里默默反省，比如张昭。

孙权为吴王，没有任命众望所归的张昭为丞相，任命了资历、名望都差得远的孙邵，张昭心里很不是滋味，知道孙权心里对自己的不满已经无法改变。

按照惯例，大臣们在这个大典上应当称颂帝王的功德，等张昭跪在那里举笏板要开口说话时，孙权突然道："如果当初听了张公的话，现在该去要饭了吧（如张公之计，今已乞食矣）？"

张昭惭愧万分，伏地流汗不止。

不久，张昭便以老病为由辞去一切职务。孙权念其是三代老臣，拜他为辅吴将军，改封为娄侯，食邑万户，朝会时的班位仅次于三公（班亚三司）。

张昭彻底离开了政坛，待在家里没事，开始读书著述，曾撰有《春秋左氏传解》和《论语注》等著作。

孙权很相信天运命数，此时吴范已去世，常在孙权身边负责占卜测运的是赵达。《吴录》记载，孙权让赵达推算一下他当天子能持续多少年，赵达说："汉高祖封王称帝共十二年，陛下将超过他一倍（高祖建元十二年，陛下倍之）。"

孙权此时已四十八岁，按照赵达的推算，他至少能活到七十岁以上。曹操活了六十六岁，刘备活了六十二岁，曹丕只活了四十岁，如果自己能活到七十岁以上，那绝对是长寿了，孙权听了赵达的话感到很高兴，左右也向他道贺。

此时，丞相孙邵已经去世，孙权提拔顾雍接替他。

孙权对顾雍相当器重，顾雍不喜欢饮酒，也不爱多说话，举止行为都很恰当，孙权曾感慨地对人说："顾先生不轻易说话，一说话就会切中要害（顾君不言，言必有中）。"

孙邵去世时顾雍担任九卿之一的大理奉常，同时兼任吴王秘书长（尚书令）。就任丞相后，顾雍把母亲接过来，孙权知道后亲自前来道贺，并在庭院里向顾雍的母亲施礼，公卿大臣们和太子随后也来祝贺，此举大大地提高了顾雍这位新丞相的威望。

《江表传》记载，孙权经常派高级秘书（中书郎）去见顾雍，就决策事项向他询问得失。如果事情符合顾雍的想法，认为可以施行，顾雍就会和来人反复研究，之后设宴款待，反之顾雍就会板起脸不发一言，也没有任何款待的表示（如不合意，雍即正色改容，默然不言，无所施设）。

孙权也知道顾雍的这个规律，对人说："如果顾先生高兴，这件事就可以办；如果他不说话，说明这件事不成熟，我得重新考虑一下（顾公欢悦，是事合宜也；其不言者，是事未平也，孤当重思之）。"

孙权对顾雍信任到了这样的程度。

孙权还把侄女嫁给顾家子弟，婚礼上邀请了顾雍和他的孙子顾谭，顾谭时任选曹尚书，相当于朝廷秘书局人事处处长，负责全国范围内官员的选拔，以处长的身份干的是部长的活，是一个位高权重的职务。

与顾雍不同，顾谭性格外向，喜欢喝酒。这天孙权很高兴，大家都喝多了，顾谭喝得大醉，起身跳舞，前后三次，自己都不知道停下（三起舞，舞不知止），顾雍看了很生气。

次日，顾雍把顾谭叫起来，把他狠狠地训了一顿，训完面对墙壁躺下。

顾处长平时被人追捧，前呼后拥，但这时大气都不敢喘，也不敢动，足足罚站一个时辰。

除丞相外，孙权称帝后还做出其他一系列人事任命，多年来跟随自己征战的文武百官，职务和爵位大多得到了提升。

陆逊时任辅国将军兼荆州牧，孙权提升他为上大将军兼长江防线下段总指挥（右都护），仍兼任荆州牧。

孙权把荆州地区的长江防线分为两段，由左、右都护分别任总指挥，左都护治所公安，右都护治所武昌。

诸葛瑾时任左将军，孙权提升他为大将军兼长江防线上段总指挥（左都护），同时兼任豫州牧。

上大将军是孙权发明的职务，过去军职最高的是大将军，孙权设上大将军，高于大将军。

大将军以下是骠骑将军、车骑将军，孙权分别任命了步骘和朱然，同时让步骘兼任冀州牧，让朱然兼兖州牧。

再以下，全综被授予卫将军，兼任徐州牧；朱桓被授予前将军，兼任青州牧；潘璋被授予右将军，兼任襄阳郡太守；吕岱被授予镇南将军，兼任交州刺史；孙韶被授予镇北将军。

诸葛瑾等人兼任了北方各州的州牧，这叫遥领，这些地方还不在孙吴手里，孙权此举意在说明，他不承认曹魏的统治，并誓将这些地方夺归己有。

程普、黄盖、韩当、甘宁、朱治、贺齐等人已经去世，老将里还有一个吕范，深得孙权的器重。孙权曾把鲁肃比作邓禹，把吕范比作吴汉，孙权本来想让他担任大司马，该职务掌四方军事，位在三公之上，可与丞相相匹，官印和绶带还没有发下来吕范就因病去世了（印绶未下，疾卒）。

后来，孙权曾路过吕范的墓地，大呼："子衡！"泪如雨下，设牛羊祭祀。

在文官方面，孙权任命潘濬为九卿之一的太常卿。作为刘备的旧部，潘濬在孙吴政坛可算另类，他没有根基，但能力很强，为人很直，经常直言不讳地劝谏孙权。孙权对他不仅不反感，而且相当欣赏和重视。

《江表传》记载，孙权喜欢打野鸡，潘濬劝阻，孙权说："偶尔出去玩玩，不像过去那么经常打了（时时蹔出耳，不复如往日之时也）。"

潘濬正色道："天下还没有平定，要办的事很多，打野鸡不是什么急事，万一弓弦断了，箭尾破损，还会伤人，请您为臣下着想，把打野鸡的事放一放。”

孙权接受，潘浚告退后，孙权看到用野鸡毛制成的舞具还放在那里，就亲手把它扯坏，以此约束自己，从此也不再出去打野鸡了。

奋武中郎将芮玄去世，孙权命令将其所部划归潘浚指挥，增加潘浚的影响力。孙权还为儿子孙虑娶潘浚之女，结成儿女亲家。

九卿中的另一项职务光禄勋卿，孙权任命了刘繇的儿子刘基，孙权为儿子孙霸娶刘基之女，也结成儿女亲家。

孙吴重武轻文，九卿无法全考，要么史书未记载，要么孙权未全设。与九卿地位相当的文官还有侍中，相当于皇帝的高级秘书兼顾问，孙权分别任命了徐详、胡综，深为孙权信赖的是仪担任尚书，他们仍然在孙权身边掌管文秘、机要。

孙登被立为皇太子后，孙权为他选择老师授业，同时选拔一些才能出众的子弟陪孙登读书，诸葛瑾的长子诸葛恪、张昭的次子张休、顾雍的孙子顾谭、陈武的庶子陈表等人入选。其中诸葛恪担任太子左辅，张休担任太子右弼，顾谭担任辅正，陈表担任翼正都尉，他们号称“太子四友”，日后都成为孙吴政坛的重臣。

除此之外，在太子府任职的还是有谢景、范慎、刁玄、羊衜等人，一时间太子府被视为人才济济之地（于是东宫号为多士）。

孙权让孙登重点学习汉朝历史，熟悉当代的事情（欲登读汉书，习知近代之事），因为张昭在这方面很有研究，就让张休先从张昭那里学习，之后由张休转授给孙登。

在这批政坛新生代里最突出的是诸葛瑾的儿子诸葛恪，他担任的太子左辅，是太子府里的最高属官。

诸葛恪字元逊，出生在赤壁之战前，是诸葛亮、诸葛亮瑾家族下一辈中的长男。诸葛恪继承了诸葛氏家族的优秀遗传基因，史书称他身高七尺六寸，接近今天的一米八，大口高声，从小便很有才思，尤其善于辩论，很少有人能辩过他。

《三国志》里记载了一件有趣的事，说诸葛瑾长得不如弟弟诸葛亮排场，他长着一张大长脸（面长似驴）。一次，孙权大会群臣，让牵了一头驴进来，故意量了一下驴的脸，写上“诸葛子瑜”。

诸葛恪那时还小，看到有人拿父亲开涮，不急不闹也不哭，走上前跪倒说：“请给一支笔。”众人不知道这位小朋友要笔干什么，就给了他，诸葛恪拿着笔，不慌不忙来到那头驴前，在“诸葛子瑜”字下添上“之驴”两个字。这一举动赢来举座欢笑，孙权就把驴赐给了诸葛恪。

又有一次，孙权见到诸葛恪，故意问他：“你父亲和你叔父谁更有才能(卿父与叔父孰贤)？”

诸葛恪想都没想，回答道：“我父亲更优。”

孙权问他为什么，诸葛恪回答：“我父亲懂得事奉什么样的人，我叔父却不懂，所以我父亲更优（臣父知所事，叔父不知，以是为优)。”

小小年纪就如此机敏，而且知道抓住时机狠拍马屁，孙权听后大笑。

孙权觉得诸葛恪很好玩，挺喜欢他，有宴会就让诸葛瑾把他带来。有一次宴会上，孙权命诸葛恪劝酒，诸葛恪走到张昭面前劝酒，张昭酒量可能有限，这时已经喝得差不多了（有酒色)，不肯再喝，对诸葛恪说：“这样劝酒不符合尊老的礼节（此非养老之礼也)。”

孙权对诸葛恪说：“你能不能说服张公，让他饮下此杯？”

诸葛恪对张昭说：“姜太公当年九十岁了，仍能高举白旄指挥军队，他不认为自己老。军旅之事您总在后面，吃饭喝酒把您放在前面，怎么还说我不尊老呢（军旅之事，将军在后，酒食之事，将军在先，何谓不养老也)？”张昭被小朋友弄了个脸红，只得把酒一饮而尽。

诸葛恪还有一次跟张昭斗嘴，当时有许多白头鸟飞到大殿之前，孙权问是什么鸟，诸葛恪回答说：“是白头翁。”张昭在座，他年龄最大，怀疑诸葛恪这小子又没安好心，是故意挖苦他，于是对孙权说：“诸葛恪是在戏弄您，哪来的白头翁这种鸟，不信让诸葛恪找出一个白头母来。”

诸葛恪立即答道：“鸟儿的名字从来不是相对的，有一种鸟叫鹦母，请张先生找出一个叫鹦父来。”在座的人乐得笑个不停。

还有一次，蜀国使臣来孙吴，孙权设宴款待，诸葛恪也参加了，孙权对蜀国使臣开玩笑道：“这位诸葛恪先生喜欢骑马，请回去告诉你们诸葛丞相，给他侄子送匹好马来（此诸葛恪雅使至骑乘，还告丞相，为致好马)。”

诸葛恪赶紧拜谢，孙权说：“马还没有来，为何感谢？”

诸葛恪回答：“现在蜀国就是陛下您的马厩，您已发话，马肯定会送来(夫蜀者陛下之外厩，今有恩诏，马必至也)，安敢不谢？”

拍马屁的最高境界除了抓住时机，还要做到春风化雨、润物无声，诸葛恪这个马屁拍得可谓机警和无孔不入，他从小就是这方面的行家。

上面这些故事并不是记录在《世说新语》那样以八卦新闻为主旨的书中，而是在陈寿的《三国志》里，应该说并非虚构，在当时大概已广为流传了。

孙权的长子孙登比诸葛恪小五岁，他们从小关系就挺好。《诸葛恪别传》记载，有一次他们玩的时候红了脸，孙登骂诸葛恪："诸葛恪应该吃马粪（诸葛亮元逊可食马矢）!"诸葛恪立即回道："那你就去吃鸡蛋!"

孙权听说后很好奇，就问诸葛恪："人家让你吃粪，你为什么让人家吃鸡蛋?"诸葛恪回答道："这两种东西都是从一个地方出来的（所出同耳）。"逗得孙权开怀大笑。

《江表传》记载，孙权称吴王后想任命诸葛恪为节度官，掌管军粮。诸葛亮听说此事，赶紧给陆逊写信，信中说："家兄年事已高，诸葛恪生性疏忽，现在让他主管军粮，而军粮是军队最重要的东西，我虽人在远方，但听说后一直不安，请转告吴王，为诸葛恪调换一下职务（足下特为启至尊转之）。"

节度官是孙权创设的官职，品秩不详，但是它的首任徐详，是由偏将军转任的，所以这是一个相当于副部级的高官。诸葛亮认为诸葛恪不合适，一种可能是觉得这个官职太高，诸葛恪年轻，资历尚浅，还需要锻炼，另一种可能是这个职务很重要，责任重大，又与经济有关，诸葛恪没有这方面的才干。

陆逊将此事报告了孙权，孙权还真给诸葛亮面子，没让诸葛恪当节度官，而是让他去带兵。

绝盟好议

孙权称帝，曹魏自然不予承认，却给蜀汉出了道难题。

《汉晋春秋》记载，孙权称帝后立即派使臣到蜀汉，告知孙权称帝的情况，并表示今后将继续维护孙刘联盟，同时尊吴、蜀两位皇帝（孙权称尊号，其群臣以并尊二帝来告）。

孔子说过："天无二日，地无二王。"之前曹魏有皇帝，但蜀汉从未承认，视之为逆贼，兴兵讨伐。现在如果承认孙权称帝，等于承认天下有两个主人。

而且，在当时大多数人看来，现在的孙吴与当初的孙吴已经不一样了。当初他们不仅与曹魏交恶而且交兵，陷于战事，内外皆不稳定，孙权不得已与蜀汉结盟，孙吴向曹魏用兵的确间接地帮助过蜀汉。但现在孙权占领的地盘逐渐巩固，当了皇帝后，鼎立三分的局面形成，他的心愿满足，今后就不会再主动向曹魏出兵。

所以，蜀汉大多数人认为和孙吴继续交往下去已没有太大好处，而且名分上面极为不顺，应该表明立场，公开和孙吴断绝盟友关系（议者咸以为交之无益，而名体弗顺，宜显明正义，绝其盟好）。

这种想法在蜀汉内部占据了主流，关羽被杀、先帝兵败，蜀汉与孙吴之间结下了太多恩怨，虽然前一阶段大为缓和，但大家的情绪还一直憋着，需要找个发泄口，孙权称帝正好给了大家一个机会。

但是，政治和外交不是情绪的宣泄，从大局出发，孙刘联盟应该强化而不是断绝，这一点诸葛亮比谁都清楚。曹魏十分强大，单靠蜀汉自己的力量很难完成灭魏大业，只能联合孙吴，利用吴魏之间的矛盾推动北伐事业的完成。

为了回答大家的疑问，统一思想，诸葛亮写下《绝盟好议》一文，阐述与孙吴断绝盟好的损害。在这篇文章中，诸葛亮没有太多探讨名分方面的事情，因为这是扯不清的话题，话匣子一旦打开，争论起来就会没完没了，所以干脆他也把孙权称帝定性为僭越之举，避免大家争议不休，然后重点回答大家对孙吴的疑虑，也就是称帝之后他们会不会继续积极进取，与蜀汉一道对付曹魏，根据他的判断，孙吴今后还会在讨伐曹魏的大业中发挥作用。

统一了内部认识后，诸葛亮派蜀汉朝廷秘书长（尚书令）陈震出使孙吴，为了表示此行的隆重，诸葛亮奏请后主，升陈震为九卿之一的卫尉。

诸葛亮还专门给大哥诸葛瑾写了封信让陈震带上。陈震字孝起，诸葛亮在信中说："孝起这个人，为人忠诚质朴，经过时间的磨炼而更加坚定（孝起忠纯之性，老而益笃），让他奉命敬贺吴主称帝，沟通吴蜀双方的关系，使双方保持友好往来，和睦相处，对联盟有可贵之处。"

诸葛瑾以孙吴大将军的身份驻扎在公安，陈震一行路过公安时，一定会将诸葛亮的信转呈，诸葛瑾也会对他们的行程给予关照。

陈震一行顺利抵达武昌，对于他们的到来，孙权给予了热情欢迎，在此之前，蜀汉方面对自己称帝是否承认，孙权心里也没有底。蜀汉使团的到来，让孙权心里的一块石头落了地。

陈震首先以蜀汉特使的身份祝贺孙权登基（贺权践位），接着根据行前诸葛丞相交代的原则与孙吴方面就下一步的合作进行商谈。

双方认为，摆在面前最大的问题是，经过合作一旦灭掉了曹魏，曹魏的领土如何划分。当时，曹魏占领的北方领土主要有九个州，即豫州、青州、徐州、幽州、兖州、冀州、并州、凉州以及司隶校尉部。双方达成一致意见，将这九个州一分为二，双方各执其一。

具体方案是：豫州、青州、徐州、幽州归孙吴，兖州、冀州、并州、凉州归蜀汉，司隶校尉部以函谷关为界，西边为蜀汉，东边归孙吴。

这个方案有点望梅止渴、画饼充饥的意味，先不说最终能不能消灭曹魏，即使有这种可能，到时候大家会不会和平地坐下来对着一张地图分土地，很难说。孙权心里更相信邓芝当初给他说的话，天无二日、土无二王，灭魏以后，君各茂其德，臣各尽其忠，到那时才提枹鼓、战争方始。

但那是军事，而且是将来的事，现在谈的是政治和外交，是眼前的事，先把曹魏的国土提前分了，把双方藏在心里想说没说的话都说出来，以后联手就好办了，至于具体分法，倒不重要，可能也就是站在地图前挥手一划拉就定了，没有经过认真研究，否则不会把并州、冀州给蜀汉，而把它北面的幽州给了孙吴，要真是那样，幽州就成了孙吴的一块“飞地”。

总而言之，这件事谈妥了，孙权十分高兴，他觉得还应该搞一个隆重仪式，重新誓盟，纪念双方的合作，顺便造一造势。

孙权下令起誓坛，之后亲自登坛，与蜀汉特使陈震歃血盟誓。

根据古人的记载，歃血盟誓的具体仪式是，把盟誓辞事先写好，杀牲取血，把血涂在嘴唇上，念誓词，之后把誓词和所杀之牲一齐埋掉。

双方的盟约将是一篇重要文献，只有侍中胡综这个大笔杆子胜任这项工作，胡综撰写的这篇誓词写得慷慨激昂，很有气势，内容如下：

“上天降下丧乱，汉室失去统治，逆贼趁机作恶，窃取了国家政权（天降丧乱，皇纲失叙，逆臣乘衅，劫夺国柄），这一切，始于董卓，终于曹操，他们穷凶极恶，颠覆天下，让九州分裂，天下不再统一，百姓和神灵无不痛恨，其痛恨的程度没有止境（民神痛怨，靡所戾止）。”

“到了曹操的儿子曹丕，不过是逆贼留下的丑类（桀逆遗丑），接连做出奸恶的事，竟然窃取了天子的位子。曹丕的儿子曹睿，更是一个渺小的家伙（而睿么么），沿着曹丕的道路继续作乱，凭借武力掠夺国土，至今还没有得到惩罚。”

“过去，共工作乱高辛讨伐他，三苗作乱虞舜征讨他。现在要灭掉曹睿，将其余党一网打尽，不是汉国和吴国，谁还能担负这项重任（今日灭睿，禽其徒党，非汉与吴，将复谁任）？讨恶剪暴，必须公开其罪责，事先瓜分其领土，让大家知道这些土地应当归谁，春秋时晋文公伐卫，先把卫国的土地分了给宋国，就是这个道理。”

“古人办大事，必先订立盟誓，所以周礼有专管盟誓的官员，《尚书》中有专门盟誓的篇章，汉国和吴国，虽然信义都发自内心，然而分割土地这样的大事，最好还是有盟约。诸葛丞相德威远著，他辅佐本国，统兵在外，信义和忠诚感动日月，诚意打动天地（诸葛丞相德威远著，翼戴本国，典戎在外，信感阴阳，诚动天地），他派人来重新结盟，订立誓约，使东、西两国官民都知道。”

“因此，立坛杀牲，昭告神明，双方歃血后再在誓约上签字，把誓约的副本藏在朝廷档案馆中（歃血加书，副之天府）。上天再高也能听到下面的声音，并且会用神威帮助有诚心的人，愿主管盟誓的天神以及受到祭祀的所有神灵，都降临到这个祭坛之上吧（司慎司盟，群神群祀，莫不临之）！”

“今日盟誓之后，汉国和吴国将戮力同心，同讨魏贼，救危恤难，共同分担灾祸，共同分享胜利（分灾共庆），绝对没有二心。如果有人危害汉国，吴国讨伐它；如果有人危害吴国，汉国讨伐它！”

“两国各守其土，不相侵犯。这种友好关系还将传之后代，有始有终。条约的具体内容都写文书上了，诚信的话语不必修饰，只要内容好就行了。有人违背此盟，先制造混乱，怀有二心，造成不和睦，怠慢上天的旨意，神灵和天帝就会讨伐他，山神河神就会处死他（明神上帝是讨是督，山川百神是纠是殛），让他丧失民众，上天不再赐福他的国家。伟大的神啊，请明察这一切吧（于尔大神，其明鉴之）！”

这篇誓约正式明确了双方军事同盟的关系，当一方受到别国攻击时，另一方有义务出兵相助。

盟约中还有两点值得注意，一是孙吴称自己为吴国，称蜀汉为汉国，这是对现实的尊重，蜀汉是后人的称呼，在当时他们自认为是刘汉王朝的延续，是正宗的汉朝，这当然也为孙权出了道难题，出于合作的大局考虑，孙权也称他们为汉国。二是盟约中有一段文字对蜀汉丞相诸葛亮进行了赞扬，这在两国外交中是少见的，这反映出孙权对诸葛亮一贯力主孙吴联盟的感激。

此前，孙权命步骘遥领冀州牧，朱然遥领兖州牧。根据双方盟约，冀州和兖州在扫平曹魏后将归蜀汉，孙权下令解除步骘和朱然的这两项兼职。

诸葛亮也迅速作为回应，上奏后主后，把后主的弟弟鲁王刘永封号改为甘陵王，把后主另一个弟弟梁王刘理封号改为安平王，原因是鲁、梁两地都在未来孙吴的辖区内。

第二战场

为了表示对盟约的尊重，孙权还做出重大举措，将国都由武昌迁回建业，以表明自己无意在西面与蜀汉相争。

孙权留太子孙登镇守武昌，让陆逊以上大将军的名义辅佐太子，大将军诸葛瑾、尚书是仪等协助陆逊。

孙登此时二十岁，他的性格与父亲完全不同，由于是婢妾所生，母亲又早早不在人世，所以他生性有些内向和敏感，《三国志》说他很善良，有茂美之德。

《三国志》记载，孙登有时候出去打猎，一定吩咐人走大路，远避农田，不能践踏庄稼，要休息时也总选择空地（至所顿息，又择空间之地）。

有一次，孙登骑马外出，忽然有一颗弹丸飞过，左右立即搜寻，发现有一个人刚好手持弹弓，身上还有弹丸（左右求之，有一人操弹佩丸），大家认为刚才那一粒弹丸必然是这个人射的。太子外出，你躲在一旁打冷枪，说你是刺客一点儿不冤枉，眼看这个人摊上了大事。

这个人喊冤，左右要打他，孙登制止了，他让左右先去寻找刚才那粒弹丸，竟然找到了，跟这个人身上带的弹丸进行了比对，发现并不一样（比之非类），孙登下令将其释放。

还有一次，孙登有一个镶着金马的水盂丢了，抓住了偷盗的人，原来是自己身边的工作人员（觉得其主，左右所为），孙登不忍处罚他，把他叫来责备了一番，遣送回家，还专门告诉左右不要把这件事张扬出去（敕亲近勿言）。

孙登确实是个好人，善良，谦谨，富有同情心，这样的人容易赢得百姓的好感，也容易让身边的人感恩爱戴，但作为一国之君，似乎还欠缺什么。

孙权大概也意识到这些问题，在内心里他更喜欢孙登的弟弟孙虑，孙虑比孙登小四岁，史书说他惠敏而有才艺，性聪体达，孙权称帝后任命孙虑为镇军大将军，假节，在半州开府，此地在今江西省九江市以西。

让孙登留守武昌的同时又委孙虑以方面之任，有人也许会从这项安排里看出些什么，必要的时候，孙虑完全有取代孙登的可能。

孙权回建业途中路过夏口，在此召开了一次军事会议，研究迁都后的长江防务问题。

《江表传》记载，孙权虽然基于巩固与蜀汉联盟的需要决定迁回建业，但也担心武昌与建业间两千多里的河道，一旦有紧急情况发生来不及救援（虑水道溯流二千里，一旦有警，不相赴及）。

夏口会议在水军码头召开，随行的百官以及驻守在附近的诸将都来参加了会议，孙权特意告诉大家："诸位将军和百官不必拘泥于自己的职守，有对国家有利的建议就畅所欲言（诸将吏勿拘位任，其有计者，为国言之）。"

大家提了不少建议，有的将领认为应该在夏口附近的江面上建栅栏（诸将或陈宜立栅栅夏口），有的建议可以设几道铁索拦住长江（或言宜重设铁锁者），这些办法都没有被孙权所认可。

扬威将军孙奂有一个副将叫张梁也参加了会议，但他名气很小，按说还轮不到他发言，这时越席进策道："我听说香饵能引来泉水的鱼，重金可募得勇士，如今应公开赏罚条款，派兵沿汉水进攻（遣将入沔），形成与敌相攻的态势，敌人自然不敢轻易进攻了。"

张梁的建议是以进攻换防守，夏口、沔口往上的汉水在魏军手中，被动防守，不知道敌人何时进攻，警惕性再高也会疏漏，让敌人钻了空子，与其想尽办法加强防守，不如直接进攻，不为夺地，只为形成攻势，反而好守。

张梁还建议："假如武昌有一万精兵，交给有谋略的人统领，一旦有敌情，就应声赴援，再修筑甘水城，内存数千只轻舰，所有物资都准备齐备，这样即使开门请敌人来，敌人也不敢来啊（如此开门延敌，敌自不来矣）！"

孙权认为张梁的办法最好，就破格提拔了他，张梁后来官至沔中都督。

孙权改夷陵为西陵，命骠骑将军步骘在那里驻守。《吴录》记载，步骘给孙权上表，说有一个叫王潜的曹魏降人报告魏军正在赶制沙袋，打算用这些沙袋填堵长江，如不预先准备，将很难防范。

孙权回复道：“魏军兵力不足，必不敢来攻。如果我说得不对，就用一千头牛做东请客（若不如孤言，当以牛千头，为君作主人）!”

诸葛恪等人看到这封奏章，忍不住笑出声来：“这条大江与开天辟地同时生成，用沙袋能堵住吗（此江与开辟俱生，宁有可以沙囊塞理也）?”

迁回建业后，曹魏方面倒一直没在长江防线上有所动作，在此前后蜀汉那边诸葛亮已先后三次北伐，尽管没有取得突破性进展，但魏军在西线战场一直被于被动挨打的状态，为了加强西线的防卫，曹魏不断向关中、凉州一带增兵，所以暂时无力在长江防线上组织起大规模的军事行动。

孙权让人密切关注着曹魏的动态，除了军事情报外，涉及曹魏政局、民情方面的信息也很关注。孙权听说曹魏振威将军吴质受到猜疑和排挤，觉得可以做做文章，于是让胡综伪造了几封吴质的请降信，故意让这些信在社会上流传出来。

吴质不是小人物，曹丕当太子时身边也有个“太子四友”，这四个人是陈群、司马懿、吴质、朱铄，在曹丕与弟弟曹植的夺嫡之争中四人出了大力，其中吴质出的力最多。查曹丕的文集，里面收录有好几封写给吴质的信，说明他们关系非同一般。

曹丕很赏识吴质，当上皇帝后曹丕改革曹魏军制，在全国设立几大军区，负责人称为“都督某某诸军事”，第一个被派出去的就是吴质，职务是都督河北诸军事，是曹魏北方军区司令员。

但吴质这个人怙威肆行，性格有问题，跟谁都合不来，在曹魏政坛是一只有名的孤鸟。曹丕死后，吴质失去依托，又跟北方几个刺史、太守关系不好，心情一直很郁闷，多次向魏明帝提出辞职。

胡综伪造的信有三封收录在《三国志》里，其中一封信伪称是吴质的同乡黄定潜逃送来的，另一封信诈称吴质已做好内应准备，除了所部人马可作接应外，吴质还准备了三四千匹马，只等孙权派兵北上，大功即可告成。

当然，这都是假的，目的是把敌人搞乱，算是舆论战的一种，属于军事斗争之外的第二战场。

不知道是不是舆论战起了作用，魏明帝很快便下诏把吴质召回，解除了他的兵权，改任侍中。

这段时间，曹魏江夏郡太守逯式经常率兵骚扰孙吴边境，陆逊听说逯式与魏将文休不和，于是想出一条计策除掉逯式。文休，是赤壁之战前从刘表那里投降曹魏的老将文聘之子。

陆逊给逯式写了封信，信中写道："看到你的来信，感觉你诚恳之至（得报恳恻），知道你与文休结嫌隙已久，势不两存，你想来归附，以密信相报，你现在暗中先做好准备，具体接应日期到时候再通知你（宜潜速严，更示定期）。"

陆逊故意让魏军士卒得到这封信，士卒得信后呈报给了逯式，逯式惶惧，就以送妻子儿女为借口回了洛阳。大家听说这件事，认为他有通敌的嫌疑，不敢和他交往，逯式最后被免官。

在第二战场上除了舆论战、反间计，还有间谍战，不过这一次吃亏的是孙吴。

迁回建业的次年，即黄龙二年（230年），曹魏那边真有人来降，这个人叫隐蕃，时年二十二岁，青州人。

《三国志》记载，隐蕃向孙权上书，表示自己有许多高深见解需要陈述，孙权于是召见了隐蕃。此人确实有才学，对孙权的提问应答如流，谈起时务来滔滔不绝，很有见地（及陈时务，甚有辞观）。

胡综已升任侍中，孙权召见隐蕃时刚好也在，隐蕃退下，孙权问胡综对隐蕃的看法，胡综认为此人有点像东方朔，又有点像祢衡，但才华不如他们。孙权问隐蕃适合担任什么职务，胡综建议不能安排他到地方上治理百姓，先给他在京城安排一个小职务试试。

孙权鉴于隐蕃谈论中涉及刑狱方面的东西比较多，就任命他当了廷尉监。

当年曹操还在世时邺城发生了一次谋反事件，主谋叫魏讽，官不大，但名气很大，很有煽动力，许多重臣及高官子弟都争相交好，结果谋反事发，连累了一大批人，这个隐蕃，堪称魏讽第二。

廷尉监官位不高，但隐蕃活动能量挺大，很快就积攒了不少人气，左将军朱据、廷尉郝普都称赞他，认为他有王佐之才，还争着巴结他，隐蕃家门口经常车水马龙（常车马云集，宾客盈堂）。

尤其是郝普，经常为隐蕃鸣不平，认为太屈才了。这个郝普，就是原来在刘备手下担任零陵郡太守的那位。吕蒙取三郡，郝普投降，孙权相当信任他，让他当了廷尉，相当于司法部长。

其实，隐蕃是曹魏派来的卧底，他到孙吴来肩负着重大使命。

《吴录》记载，魏明帝亲自派隐蕃来诈降，让他到孙吴后争取当上廷尉，以便深入调查掌握孙吴大臣们的情况，找机会离间他们（令求作廷尉职，重案大臣以离间之）。

隐蕃最后败露，逃跑后被抓住，遭到严刑拷打，要他供出同党，隐蕃倒是条汉子，闭口不说。

孙权亲自审问："你何必拿自己的皮肉代替别人受苦？"

隐蕃答道："孙君，大丈夫做事岂能没有同伙？但我视死如归，用不着连累他人（孙君，丈夫图事，岂有无伴！烈士死，不足相牵耳）！"最终缄口而死。

这是一个相当诡异的间谍案，如果《吴录》的记载没问题，那说明隐蕃确实是个经天纬地的大才，他的才学能骗过众人、打动孙权，还能让魏明帝坚信只要把他派到敌人那里就一定能混个部长当，这一点祢衡肯定办不到，东方朔估计也办不到。

当然，还有另一种可能，那就是这个案子的内幕复杂得多，隐蕃要想取得成功靠一个人的力量还不够，正像自己说的那样，他还有不少同伙，只是随着隐蕃一死，这些也都永远成为秘密了。

即使如此，这个案子也连累了不少人，其中郝普受到的责难最多，作为隐蕃的直接上级，又是力挺隐蕃的人，郝普承受了巨大压力。《吴录》记载，孙权当面对郝普说："你使劲称赞郝普，为了替他说话不惜诽谤朝廷（又为之怨望朝廷），他反叛都是由你造成的！"

郝普和隐蕃一样都是曹魏降人，仅仅受到责备还罢了，如果受到怀疑就跳进长江也洗不清了，郝普于是自杀。

朱据也被软禁（据禁止），但他是孙权的女婿，又是左将军，孙权最后还是原谅了他。

除了舆论战、反间计和间谍战，还有策反与反策反。

黄龙三年（231）年，曹魏庐江郡政府办公室主任（主簿）吕习秘密联络孙吴方面，请吴军入城，自己可做内应。

孙权对此很重视，派前将军朱桓和卫将军全综带着人马去接应吕习，吴军已到达城下，但此时吕习败露，魏军提前有了准备。

朱桓、全综当机立断，组织人马撤退。离城一里有一条三十多丈宽的河，水深八九尺，最浅处也有四五尺，吴军各路人马渡河，这时稍有差池就可能酿成大祸。朱桓亲自断后，曹魏庐江郡太守李膺想趁机发动攻击，但看到朱桓在那里，始终没敢进攻。

就在这一年，诸葛亮开始了第四次北伐，为了制造声势和牵制敌人，诸葛亮派人到建业，请孙权同时向曹魏发起攻击。这一次，孙权又使出了诈降的一招，安排中郎将孙布向曹魏扬州刺史王凌诈降，而王凌居然相信了。

王凌是早年和吕布一起铲除董卓的那位太师王允的侄子，有才能，血气方刚。周鲂诈降，曹休被打得大败，正因为如此，王凌觉得孙权再笨也不会把刚使过的招数拿出来又用，总得变变招数才对，所以警惕性反而降低了。其实，招数不在于多么花哨，实用就行，孙权就是想让石亭之战重演一回。

双方随后应该进行了较长时间的接触和试探，最后王凌彻底相信孙布投降是真的。曹真死后，曹魏西线战场的总指挥是征东将军满宠，他是王凌的上司，王凌平时跟满宠关系不和，加上立功心切，便越过满宠直接向魏明帝报告，要求迎接孙布投降。

满宠知道这件事后，看法与王凌刚好相反，他认为孙吴有阴谋。于是，满宠就以王凌的名义给孙布写了封信，说自己这边兵力不足，让他再等等，等时机成熟再行动（先密计以成本志，临时节度其宜）。

就在这个节骨眼上，魏明帝突然下诏让满宠回洛阳商量事情，这一下，孙权的机会眼看就来了。

满宠被魏明帝征召入朝时，知道王凌立功心切，会上敌人的当，临行前专门对自己的秘书长（长史）叮咛说："如果王凌要去迎接孙吴的降人，千万不要给他派兵（若凌欲往迎，勿与兵也）。"

王凌后来果然来要兵，长史按照满宠的嘱咐坚决不给，王凌就让自己手下一个将领率所部七百步骑前去迎接孙布，结果中了孙布的埋伏，孙布趁夜发起攻击，七百人马死伤过半。

魏明帝召满宠回洛阳，其实没有重要的事给他交代，而是缘于王凌指使人写的告状信。王凌想把满宠排挤走，就让手下心腹写信诋毁满宠，说他年纪老迈，办不好事，不适合担当大任（凌支党毁宠疲老悖谬）。

魏明帝见到满宠，看见他体格健壮，精神饱满，不像王凌说的那样，加之前线传来消息，王凌上了敌人的当，魏明帝改变了想法，召见满宠后，慰勉一番，又让他回扬州了。

《世语》记载，王凌上表说满宠不仅年纪大，而且喝酒误事，不能留任。给事中郭谋劝明帝："满宠当汝南郡太守、豫州刺史前后二十余年，在东南边境建立功勋，镇守东线战场以来，吴人都害怕他（及镇淮南，吴人惮之）。现在突然召回，如果不像王凌所表，就问问他前线的敌情，问完就让他回去。"

魏明帝同意，召见满宠，特意留下来请他喝酒，满宠连喝一石酒，一点都没有醉意（饮酒至一石不乱），魏明帝才知道王凌所言不实。

攻势不减

黄龙三年（230 年）冬，会稽郡南始平县上报，说发现了嘉禾。

所谓嘉禾，泛指生长茁壮的禾稻。正常情况下一禾一穗，但也有极为罕见的情况出现，如一禾两穗、两苗共穗或者三苗共穗等，这些都被称为"嘉禾"。这本是土壤中含有某种微量元素引起的生物变异，但在古人看来它的出现意义非同寻常。

喜禾的出现，被认为是政治清明、天下太平的征兆。贵州有个灵山县，民国十七年（1928 年）在该县发现一禾长出三穗，县里立即上报政府，认为是吉兆，该县竟因此改名为三穗县并沿用至今。

十二月，孙权下诏改年号为嘉禾，次年即嘉禾元年。

刚过了年，还没出正月，即传来悲痛的消息，在半州的镇军大将军孙虑因病去世。

孙虑是孙权最喜欢的儿子，他的意外去世让孙权悲伤不已，吃不下饭，睡不好觉（为之降损）。

太子孙登听说后，从武昌昼夜兼行赶回建业，由于不是奉旨回京，孙登不敢直接进城，到达建业以西的赖乡向父皇呈报，孙权即召见。孙登见父皇仍在悲泣，谏道："孙虑寝疾不起，此乃天命。现在朔土未一，四海喁喁，天降大任于陛下，但陛下却因为对子孙后代的关怀减少衣食，儿臣感到忧虑和惶恐。"

听孙登这样说，孙权才增加了饮食。

孙登在建业住了十多天，孙权想让他回去，但孙登一再陈述，说自己已长期未在父亲身边，作为儿子孝道上有所亏缺（以久离定省，子道有阙）。孙登还说，陆逊忠诚勤恳，武昌方面没有可担心的。

孙权就把他留了下来，孙登此后再未回武昌。

嘉禾元年（232 年）春天，丞相顾雍上奏，请求建郊庙制度，以承天意，但孙权不准。

古人视宗庙社稷为国之大事，《礼记》认为天子应建七庙，包括三昭、三穆以及太祖之庙，所祭祀的人包括高祖、曾祖、祖、父亲等所谓四亲，以及高祖的父亲和祖父等所谓二祧。宗庙之外，还要立南北郊祭群神，以此定国家的统绪及其合法性。

孙吴建国后，宗庙社稷制度未建，仅在长沙郡的临沮县立孙坚庙祭祀孙权的父亲孙坚，由于路途遥远，孙权从未亲自祭祀，只是由当地的太守代祠。

在儒士看来，孙权不立宗庙明显有违天子之制，也是对礼法的不恭，所以极言速立。

《江表传》记载，顾雍上奏后，又有不少大臣继续上奏："最近嘉瑞屡现，远国仰慕，天意人事各种条件都具备，应该举行郊祀盛典（宜修郊祀，以承天意）。"

孙权仍然不允："郊祀盛典应在中原地区举行，在这里并不合适，有什么地方适合举行这一仪式呢（郊祀当于土中，今非其所，于何施此）？"

按照孙权的说法，只要未统一中原，郊祀的事就不能提了。这是群臣所不能接受的，经过查找史籍，他们发现了驳倒孙权的证据，于是再奏："普天之下，莫非王土，王者以天下为家。过去周文王、周武王在丰、镐举行郊祀，也不是在中原（昔周文、武郊于酆、镐，非必土中）。"

孙权做学问虽然比不上儒士，但书还是读过一些的，没有被群臣难倒："周武王伐纣，在镐京称帝，在那里郊祀典礼是合适的。周文王从未当过天子，说他在丰京郊祀，有什么出处（文王未为天子，立郊于酆，见何经典）？"

大家赶紧去查资料，终于发现了证据："查《汉书》郊祀志，匡衡上奏徙甘泉于河东，郊礼于长安，其中记载周文王郊祀于丰京。"

看来搞辩论孙权还真不是儒士的对手，不过他可以耍赖："周文王性情谦让，他始终处于诸侯之位，分明没有举行郊祀大典。史籍没有明文记载，仅靠匡衡这个俗儒随意一说，这不能算典籍正义，无法作为依据。”

经过一番大辩论，这件事最终不了了之。

孙权既已称帝，为何回避宗庙社稷之制？这一点颇为费解，也多遭后世各朝的诟病，认为孙权轻薄礼制。到了近代，有学者认为孙权之所以这么做，是想掩盖其先世的隐情，七庙之制要上溯六代，而孙权出身寒门，也许已弄不清传承世系，仓促立庙，反招议论。

在对曹魏方面，嘉禾改元后的两年，双方并无大的战事，其间上大将军陆逊曾组织过一次偷袭曹魏庐江郡的战役，但被曹魏征南将军满宠化解。

曹魏在东南方向的大本营是合肥城，此地南面即是巢湖，孙吴水军可轻松直达，满宠不断上书魏明帝，请求在合肥城以西三十里处筑新城，引诱吴军上岸攻击，化被动为主动。经过曹魏内部的激烈讨论，魏明帝诏准，合肥新城开始兴建，孙吴今后再进攻合肥，难度大增。

蜀汉方面，诸葛亮第四次北伐无果，在汉中进行了长时间修整，积蓄力量，以备再战。

到了嘉禾三年（234 年）二月，天气转暖，秦岭山中的积雪融化，诸葛亮率大军由汉中出发第五次北伐，行前，诸葛亮又给孙权写信，约定共同行动。这封信保存在《诸葛亮集》里，信中写道：

“汉室遭遇不幸，朝廷的法纪被废弛，从曹操篡逆开始，已蔓延到了今天，我们双方都有剿灭曹贼的想法，但是一直到现在还没有达成目标（汉室不幸，王纲失纪，曹贼篡逆，蔓延及今，皆思剿灭，未遂同盟）。”

“我承蒙昭烈皇帝的重托，不敢不尽忠竭虑。现在大军已集结于祁山一带，敌人即将被消灭于渭水之滨（今大兵已会於祁山，狂寇将亡於渭水）。恳切盼望您按照同盟的约定，命令将领北征，一同平定中原，共扶汉室。书不尽言，万望明鉴。”

孙权接到诸葛亮的来信，立即配合部署军事行动。

孙权虽然不像诸葛亮那样执着地北攻曹魏，但他深知和蜀汉结盟是战胜曹魏的唯一途径，即使战胜不了曹魏，也能不断削弱它的势力，趁机扩大自己的地盘。所以，每次蜀汉那边有大的行动，孙权都愿意给予配合，据统计，在整个诸葛亮北伐以及反击曹魏入侵期间，孙吴方面大规模的配合行动前后有六次以上。

这一次蜀汉方面经过了长期准备，力求毕其功于一役。孙吴方面的配合行动规模也很大，超过了历次，吴军主力悉数全出，分三路向曹魏发起进攻：一路由孙权亲自率领，总兵力达十万人，由皖城等地出发，出巢湖，攻击合肥；一路由上大将军陆逊、大将军诸葛瑾率领，由江夏郡出发攻击曹魏南部重镇襄阳；一路由镇北将军孙韶、奋威将军张承率领攻入淮水，目标是曹魏的六陵、淮阴。

魏明帝接到消息，感到事态很严重。此前曹真已去世，司马懿已升任大将军，调至长安接替曹真，全力对付蜀军。在荆州和扬州方向，魏明帝命征东将军满宠、扬州刺史王凌、荆州刺史毌丘俭等地方驻军将领和官员加强守备，同时抽调其他州郡的兵马进行支援。

孙吴三路大军中，主攻目标是合肥，满宠的计划是把合肥当作诱饵，让敌人纵兵来攻，待魏军增援部队赶到，向其发起总攻。

诸葛亮率蜀军经过秦岭中的栈道已进入关中，长安方向十分紧急，但魏明帝深知，有司马懿在那里坐镇指挥，问题不是太大，反而合肥让他更操心，为此他乘御舟亲自出征合肥，在大军未到前，派出一支人马急行合肥，多带旌旗，四处擂鼓，故意制造声势。

见增援部队源源不断到来，满宠制定了一个更大的作战计划，他打算放弃合肥旧城，让吴军进一步集结和深入，然后予以包围歼灭。这是一个大胆的作战方案，但是鉴于上一次吴军合肥失利的教训，如果吴军真敢放手来占合肥旧城，极有可能被全歼。

但是，关中战事还在胶着，魏明帝不敢下这么大的决心，便否定了这个方案。

在合肥攻夺战中，吴军攻势很猛，满宠指挥魏军拼死守城，战斗进行得很激烈，连孙权的侄子孙泰在攻城时都被射死了。

这时，孙吴军中流行起传染病，很多将士染病，战斗力下降。孙权又听说魏明帝御驾亲征，这出乎了他的预料，眼看增援的魏军马上就要到了，孙权下令撤军。

在荆州方向，陆逊和诸葛瑾指挥吴军向襄阳一带的敌人发起进攻，陆逊向孙权报告军情，但送信的人中途被魏军的巡逻队生擒，陆逊的奏章落入魏军手里。

诸葛瑾听说后非常紧张，这时孙权已从东线战场撤军，魏军没有东顾之忧，又掌握了吴军的动态，势必发起反击。诸葛瑾赶紧去找陆逊商量，见到陆逊时，却见他很轻松，像平时一样跟属下棋、打猎，又催促大家继续在占领区种蔓菁、豆子，做出长期驻留的样子。

待无人时陆逊向诸葛瑾解释，现在军心不稳，如果仓促撤退会产生混乱，必须先稳定下来。陆逊和诸葛瑾密谋，由诸葛瑾率领船队做好撤退准备，陆逊亲自率一部人马在陆上集结，仍然向襄阳发起攻击。

魏军听说陆逊亲自前来，紧张地收缩进城，等待敌人攻城，利用这一间隙，陆逊、诸葛瑾率吴军从容撤回。

这一年的八月，突然从关中传来惊人消息，蜀汉丞相诸葛亮因病在关中的五丈原去世，终年五十四岁。

消息得到证实后，孙权顿感紧张，他不怕魏军趁机向孙吴发起进攻，他担心曹魏趁机灭蜀（虑魏或承衰取蜀），考虑到这个情况，他命陆逊、诸葛瑾向蜀吴边界地区的巴丘增兵万人，以防不测。

孙权有两手打算，如果蜀汉能顶住曹魏的进攻，他们就去救援；如果蜀汉顶不住，他们就攻入蜀地，跟曹魏瓜分蜀汉（一欲以为救援，二欲以事分割也）。

诸葛亮去世，让蜀军第五次北伐不得不停止，蜀军主力撤回汉中。

诸葛亮去世前指定蒋琬为接班人，听说吴军在双方交界处增兵，后主刘禅和蒋琬也增加了包括白帝城在内的永安地区守军。

蒋琬是诸葛亮遗志的坚定执行者，也是孙刘联盟的坚定拥护者，为缓解孙吴方面的顾虑，巩固孙刘联盟，他主动派右中郎将宗预前来建业，拜见孙权。

孙权见到宗预，问他："东国和西国就像一家人，但是听说西国增加白帝城的守军，不知什么原因。"

宗预回答："我认为，东国增加巴丘守军，西国增加白帝城的守军，都是当前事态下的自然之举，都没有什么可问的。"

孙权大笑，认为他回答得很诚恳。孙权很快派侍中是仪回访，巩固联盟。

孙权让是仪去，不仅因为是仪掌管机要事务以来让他处处满意和放心，而且因为是仪跟蒋琬有亲戚关系，他是蒋琬的姨兄。

经过双方往来，吴蜀之间的关系继续得到巩固。

报聘辽东

在此次合肥战役之前的嘉禾二年（233 年）年初还发生了一件大事，远在辽东的公孙渊突然派人来到建业，要向孙权称臣。

辽河是《山海经》所说的“六川”之一，是东北最大的河流。辽东泛指辽河以东的地区，大体相当于今天辽宁省东部、南部，以及吉林省的东南部一带，战国至两汉，均在此设辽东郡。

当年关东联军与董卓作战，董卓手下著名将领徐荣是辽东郡人，在他举荐下，董卓派了一个叫公孙度的人到辽东郡当太守，这个公孙度，也是辽东郡人。

这大概在刘表到荆州上任前后，这个公孙度跟刘表一样也很有两下子，辽东本来是个难管的地方，公孙度一去就稳定了局面，成为一股割据势力，公孙度在辽东半岛及东北地区大肆扩张势力，将原辽东郡分成了辽西郡和中辽郡，加上原来的辽东属国、玄菟郡、乐浪郡，有了相当规模。

公孙度干脆创设了一个新的州，名叫平州，自称平州牧，同时自封为辽东侯。他还派人越过渤海到达山东半岛，占领了一部分地区，在那里也设置了一个新的州，叫作营州，任命了营州刺史。

他转眼间下面管了两个州，俨然成了东北王，曹操一直无法分出精力对付他，让他逍遥自在了很多年。建安九年（204 年），曹操以汉献帝的名义任命五十五岁的公孙度为武威将军，不追究他自封辽东侯的事，正式封其为永宁乡侯。公孙度接受了曹操的任命，作为交换条件，他对外不再提平州和营州，但实际控制区域不变。

这一年公孙度死了，他的儿子公孙康掌权。赤壁之战前曹操征乌桓，袁绍的两个儿子无路可逃，最后到辽东避难，公孙康不敢得罪曹操，把他们二人杀了献到许县，为表彰公孙康，同时继续稳住他，曹操以汉献帝的名义升公孙康为左将军，封襄平侯，仍兼任辽东郡太守。

魏文帝黄初二年（221 年），公孙康得病死了，两个儿子公孙晃和公孙渊皆年幼，于是由公孙康之弟公孙恭继任。曹丕又升公孙恭为车骑将军，假节，封平郭侯。

史书说公孙恭身体不好，不能治国（病阴消为阉人），在位六七年，到魏明帝太和二年（228 年），公孙渊长大成人，他有祖父公孙度的气势，是一个强人，胁迫叔父公孙恭退位，成为公孙氏家族中第四位辽东王。魏明帝曹睿下诏拜公孙渊为扬烈将军、辽东郡太守，承袭爵位。

从上面的沿革看，汉末几十年里辽东一直为公孙氏所统治，但他们都接受曹魏的任命，名义上归附于汉朝或曹魏，直到公孙渊上台后，情况发生了改变。

公孙渊生性不安分，本来天下形势已经变了，曹魏政权逐渐稳固，三分已定，对于背后的这只猛虎，曹魏有识之士已纷纷建言予以铲除或颠覆。可还没等这边动手，公孙渊那边却频频有了小动作。

公孙渊知道曹魏视自己为心腹大患，迟早会解决自己，所以他努力扩充自己的势力，并积极拉拢曹魏的敌人，形成反曹魏联盟。曹魏的敌人现在是蜀汉和孙吴，蜀汉距辽东太远，中间道路不通，孙吴虽然中间隔着曹魏，但从海路可以直达，公孙渊于是决定与孙吴结盟。

这就是公孙渊突然派人来孙吴的背景，他派来的人是校尉宿舒、郎中令孙综，他们带着厚礼，还有写给孙权的奏章，愿意臣服。

孙权很高兴，为示庆贺，还特意下诏大赦。

孙权决定接受公孙渊称臣，准备封公孙渊为燕王，加九锡。派太常卿张弥、执金吾许晏和将军贺达率万人乘船由海路去辽东，宣布对公孙渊的任命。

但孙权眼中的天大好事在孙吴众大臣们看来却不怎么样。丞相顾雍以下群臣几乎一致反对，顾雍等人认为公孙渊反复无常，信誉很差，对他不能太厚待（举朝大臣，自丞相雍已下皆谏，以为渊未可信，而宠待太厚）。众人认为，如果非接受公孙渊称臣不可，顶多派一个低级官员和少数部队护送来使回去就可以了，没必要派两位部长级高官和一位将军率万人前去。

这件事影响很大，就连流放在交州的虞翻都听到了。虞翻认为这件事不靠谱，想上书劝谏又有点儿害怕（欲谏不敢），多年流放生涯磨去了他睥睨一切的脾气。但是不说虞翻又不甘心，于是写信给负责交州事务的吕岱，请他转奏，吕岱后来却没有转奏。

已经赋闲在家的辅吴将军张昭也忍不住跑来劝谏，张昭认为公孙渊称臣只是权宜之计，这种事最不可靠，他如果反悔，也会轻易倒向曹魏一边，到那时派出去的使者都回不来，将被天下耻笑（若渊改图，欲自明于魏，两使不反，不亦取笑於天下乎）。

但这并没有说服孙权，孙权反倒想尽各种办法说服张昭，张昭也更加坚持自己的观点（权与相反覆，昭意弥切），二人相持不下。

孙权急了，手握刀柄，生气道："吴国士人入宫拜我，出宫就拜先生，我敬先生，已经到了极限，但你多次在公开场合顶撞我（而数于众中折孤），我真怕做出不愿意做的事！"

孙权看来真的急眼了，意思是你再坚持就是逼我杀你。

张昭愣愣地望着孙权（昭熟视权），最后说："臣虽然知道有些话陛下不会采纳，但我仍然竭尽忠心，不敢不说，这是因为太后临终前呼老臣于床前，吩咐我辅佐陛下的那些话犹在耳边啊！"

张昭说着涕泣横流，孙权也大受感动，掷刀于地，与张昭对泣。

可是，孙权仍一意孤行，派张弥等人出发。

果然，孙吴的使者到达辽东后公孙渊却犹豫了，他联络孙吴想必是一时冲动，现在认真想想，突然发现孙吴路途遥远，无法作为依托（恐权远不可恃）。

公孙渊把张弥、许晏等人杀了，将首级送往洛阳，上表魏明帝，报告此事。魏明帝派傅容、聂夔为使者，拜公孙渊为大司马，封乐浪公，持节，仍兼任辽东郡太守。

消息传回建业，孙权如五雷轰顶。《江表传》记载，孙权咆哮道："我活了六十岁，人间的艰难困苦全都尝过（朕年六十，世事难易，靡所不尝），现在居然被鼠辈玩弄，要把人气死！不把这个鼠辈的头砍下来扔到海里，就没脸君临万国。即使把国家搞亡了，我也要干（就令颠沛，不以为恨）！"

孙权下令自己亲自率兵讨伐公孙渊，谁都劝不住。

远在武昌的陆逊听了大吃一惊，赶紧上表劝谏："陛下有神武之姿，承天受命，开创基业，破曹操于乌林，败刘备于夷陵，擒关羽于荆州。这三个人都是当世雄杰，陛下皆摧其锋。眼下正要扫荡中原，统一天下，却不能忍耐小小的气愤而发雷霆之怒。陛下乘船跨海远征，敌人定会抓住这个机会。臣听说立志行万里路的人不会中途停步，胸怀四海的人不会因细小的事危害大局（行万里者不中道而辍足，图四海者不怀细以害大）。如果大事告捷，公孙渊不讨自服，何必为了辽东的人口马匹而对江东万世基业毫不珍惜呢?”

朝廷副秘书长（尚书仆射）薛综在上疏里写道：“水火无情，十分危险，帝王不宜接受（水火之险至危，非帝王所宜涉也）。辽东是一个蛮荒小国，如果陛下决心攻打，一定能把它征服，但辽东地方贫苦寒冷，那里的人都擅长骑马，听说大军来到，将一哄而散，到时候占了一块空地，毫无意义（虽获空地，守之无益）。”

陆逊的弟弟陆瑁接替顾谭时任尚书台选曹尚书，他向孙权上疏道：“曹魏是与我们土地相接的强敌，稍有疏忽，他们就会抓住，所以现在不应该越海求马，征讨公孙渊，应该把重点放在眼前，除腹心之疾。公孙渊老奸巨猾，跟曹魏没有完全决裂，他们可以唇齿相依，而我们孤立无助，短时间无法把他消灭，到那时山越趁机起事，恐怕不是万安之策啊!”

劝了不少，但孙权怒气难消，都不许。

众人接着劝，陆瑁又上疏道：“现在元凶未灭，边境上不断传来敌情（今凶桀未殄，疆场犹警），不应当把公孙渊作为优先考虑对象。愿陛下息怒，暂时停止出兵，然后秘密策划，等条件成熟再做打算。”

在众人不懈努力下，孙权终于冷静下来，取消了亲征辽东的计划。

公孙渊戏弄了孙权，让孙权觉得很没面子。当初众人几乎一致反对，是他力排众议，却得到了这样的结果，孙权的愤怒当然无以复加。

不过，愤怒之后，他还是冷静了下来，正如大家说的那样，如果此时发兵辽东，胜算没有多少，可能会引来大祸，所以他还是忍住了。

使者被杀，派去的一万人马，以及大量赏赐给公孙渊的金银财宝都被公孙渊吞没。公孙渊把这一万人拆散，分置于各地。

秦旦、张群、杜德、黄强等六十余人被安置在玄菟郡，这里地广人稀，郡治所在地仅有太守王赞统辖的二百户人家，秦旦等人被分配住到民家。

过了数十天，秦旦跟张群等人商议道：“我们远在异邦，无法完成使命，被抛弃于此地，跟死没有区别。看这里的形势，敌人的自卫能力很弱，如果我们同心协力，放火焚烧城郭，击斩太守，报仇雪耻，然后一死，再无遗恨，总比苟且偷生好得多。”

张群等人同意，于是秘定于八月十九日夜间暴动。

到了八月十九日中午，郡民张松告密，太守王赞集结部队关闭城门，秦旦、张群等人翻越城墙逃走。张群膝盖生疮，不能跟上，杜德仍不放弃他，搀他一起逃亡。

山路崎岖，他们一共跑了六七百里，张群伤势加重，不能再走，躺到草地上，大家围着他痛哭。张群道："我不幸身负重创，马上就会死，你们快逃，希望活着回去。空守在这里，一齐死于穷山恶水中，有何么益处?"

杜德说："我们离家万里，要活一齐活，要死一齐死，怎能忍心抛弃你?"杜德催秦旦等人先走，自己单独留下守着张群，每天采野果给他吃。

秦旦等人又走了几天，到达高句丽国的首都丸都，即今吉林省集安市。

秦旦随机应变，假称奉东吴皇帝孙权诏书，特来赏赐高句丽国王高位宫和大臣，只是所有赏赐的金银财宝都被辽东劫夺。

高位宫很高兴，派使节随秦旦一起去接张群，又派二十五名奴仆送秦旦等从海上回江东，上书孙权愿意臣服（奉表称臣），进贡貂皮一千件，鹖鸡皮十件。

秦旦等人晋见孙权，悲喜交集，不能自制，孙权被他们的智勇感动，全部擢升为校尉。

拓土开疆

孙权一生中，合肥遇险是军事上最大的挫败，报聘辽东是他外交上的最大挫败，轻率和急进是产生挫败的原因。

孙权事后也进行了反思。《吴书》记载，孙权下令："古时赵简子在君王面前唯唯诺诺，不如周舍直言诤谏更有利于国家（昔赵简子称诸君之唯唯，不如周舍之谔谔）。虞翻胸怀坦荡、耿直，喜欢直言，是我们吴国的周舍。如果虞翻还在，就不会出现这样的问题。"

孙权于是下令到交州，如果虞翻还在，就派船把他接回，如果虞翻已经去世，就为他发丧，叫他的儿子承袭官职。

命令到达交州，虞翻刚刚去世。

虞翻去世时七十岁，孙权命人把他的灵柩运回家乡会稽郡余姚安葬，让他的妻子儿女回到家乡。

虞翻有十一个儿子，后来受到了孙权的照顾，其中一个儿子官至散骑中常侍，一个儿子官至廷尉，还有一个儿子官做过郡太守。

虞翻是在孙权夺取荆州后被流徙于交州的，那时交州已在孙权的控制之下。

交州，东汉十三个州之一，管辖范围包括今越南的北部和中部，中国的广西、广东一部，治所番禺，即今广州市。

汉以前没有交州，秦始皇平定南越，置南海、桂林、象郡三个郡，后来南海郡尉赵佗在番禺起事，地盘不断扩大，成为割据势力。汉武帝时派兵剿灭了企图分裂的南越势力，将其地分为交祉、苍梧、日南、合浦、九真、南海等九个郡进行管理，设立交州刺史部统辖。

汉末，天下大乱，交州偏安一隅，中原地区的士民开始向荆州、扬州、益州避难，后来这些地方也不太平，不少人跑到了交州，其中包括名士许靖、袁沛、刘巴、薛琮、袁忠等人，交州一时间人才济济，生产反而得到快速提升。

交州势力最大的是士氏家族，他们是苍梧郡人，其先人避王莽之乱来到交州，到第六代的士赐，已担任日南郡太守，那时还在汉桓帝时期，士赐的儿子士燮游学京师，后被举为孝廉，在荆州担任县令。

董卓之乱前士赐死了，士燮被任命为交祉郡太守，当时的交州刺史名叫朱符。董卓之乱交州也陷入混乱状态，朱符被夷人所杀，交州各郡中势力最大的就是士燮，他表奏几个弟弟担任郡太守，其中士壹任合浦郡太守，士䵋任九真郡太守，士武任南海郡太守。

士氏兄弟分别担任郡太守，雄霸一州，该地距京师遥远，士燮成为土皇帝，威尊无上，出入鸣锺磬，笳箫鼓吹，车骑满道，每次出行，经常有数十名胡人在他的座驾两旁焚香致敬（胡人夹毂焚烧香者常有数十），妻妾乘辎軿，子弟骑马相从，威仪十足。

首先想染指交州的是刘表，朱符死后，朝廷派张津为交州刺史，但不久即被其部将区景所杀，荆州牧刘表趁机派赖恭接替张津，当时苍梧郡太守史璜也死了，刘表同时派吴巨接替史璜，二人一起来到交州。

当时朝廷已被曹操控制，听说刘表向交州渗透，曹操直接搞起收编，他以朝廷的名义给士燮赐玺书，任命他为绥南中郎将，仍兼任交祉郡太守，统一领导各郡，让他攻打赖恭等人。士燮接受朝廷的任命，派人到许县奉贡，曹操再以朝廷的名义下诏升他为安远将军，封龙度亭侯。

刘表死后，他派往交州的赖恭和吴巨发生矛盾，吴巨举兵驱逐赖恭，赖恭退回荆州。

建安十五年（210年），孙权给刘备让出半个南郡的同时，派步骘率兵进入交州，任命步骘为交州刺史，士燮兄弟愿意归服孙权（奉承节度）。交州各郡中，只有苍梧郡太守吴巨不服，步骘将其斩杀。

孙权升士燮为左将军，士燮派儿子士廞来荆州，被孙权任命为武昌郡太守，其实算是人质，士燮以此行动向孙权表明自己决无异心，孙权还任命士燮、士壹等人的儿子为中郎将。

后来，孙权又升士燮为卫将军，升士壹为偏将军。士燮经常遣使进贡，每次来都带杂香细葛、明珠、大贝、流离、翡翠、玳瑁、犀、象牙等岭南珍宝，还有奇物异果，包括那时候在内地十分稀罕的香蕉、椰子、龙眼等物（蕉、邪、龙眼之属），没有一年空下。

黄武五年（226年），士燮病死，终年九十岁，在汉末三国所有割据群雄中他算是最长寿的人，没有之一。

士燮生前，交州虽然名义上臣服孙吴，但孙吴的影响力还十分有限。士燮的死给孙权一个把交州完全纳入自己版图的机会。

夷陵之战时孙权把步骘调回，另派吕岱接替步骘。孙权决定从交州再分出一个州，称广州，合浦郡及其以北归广州，交祉郡及其以南仍归交州，任命吕岱为广州刺史，戴良为交州刺史。士燮死后，孙权还任命陈时为交祉郡太守，接替士燮。

这一系列举动激起士氏家族的严重不满，士燮的儿子士徽自任交祉郡太守，调发军队拒绝戴良入境，戴良只得退入合浦郡。

交祉郡人桓邻是士燮举荐的官员，他跪求士徽迎请戴良，士徽大怒，将其鞭挞至死。桓邻的哥哥桓治、儿子桓发召集宗族武装攻打士徽，士徽闭门死守，二者相持不下。

孙权命令吕岱诛杀士徽，吕岱从广州出发率兵攻打交祉郡，士徽的哥哥士祗，弟弟士干、士颂等六人肉袒请降。

吕岱占领郡政府，请士徽等兄弟相继进来，吕岱持节宣读孙权的诏书，历数士徽的罪恶，左右武士上前将士徽等兄弟全部绑上，立即诛杀，首级用驿车送往武昌。士壹等士氏家族重要成员随后被遣送出交州，统治岭南数十年的士氏家族彻底瓦解。

交州、广州纳入了孙吴的版图，这激发孙权进一步拓展领土的欲望，他决定出兵夷州和亶州。

这两个地方那时也称作州，但并非东汉十三个州之一，只是个地名。夷州就是台湾，亶州在哪里历来有争论，有的说是吕宋，有的说是流球，甚至还有的说是日本、美洲。这不是一次征伐，而是一次搜求，孙权希望派人到达这些地方，然后也将他们纳入版图。

孙权做出这个决策是在黄龙二年（230 年），对于这个决策，陆逊、步骘等人予以反对。《三国志》记载，孙权除了想求夷、亶二州，还想派兵去朱崖，即今海南岛。陆逊上疏道：

“臣愚以为四海未定，正需要很多民力以完成政治任务（当须民力，以济时务）。战争已连续多年，士兵不断减少，陛下为此忧虑，废寝忘食。现在要远征夷州，以成大事，臣反覆思量，这样做没有什么好处（未见其利）。”

“万里袭取，风波难测，士卒水土不服，容易滋生疾疫，驱使大军入涉不毛之地，想增加士卒却只会减少，想得利却只会受害（欲益更损，欲利反害）。还有，朱崖那个地方十分绝险，民众野蛮，得到他们也成不了大事，没有他们也没什么损失（得其民不足济事，无其兵不足亏众）。”

“现在靠江东之众足以谋划大事（江东见众，自足图事），只是要积蓄力量再加以运用罢了。过去孙策将军创立基业，手下人马不超过二千，但却成就了大业（昔桓王创基，兵不一旅，而开大业）。陛下承运，拓定江表，臣听说治乱讨逆，要有军队显示其威，以农桑衣食为其本，干戈未息，民有饥寒，愚臣以为应当育养士民，放宽租赋，众人一心，激发勇力，则河渭可平，九州可一统。”

孙权征求全琮的意见，全琮说：“以我圣朝之威，何向不克？然而，夷州、朱崖这些殊方异域，隔绝障海，水土气毒，自古就有，兵入民出必生疾病，再互相传染，派去的人怕是回不来（转相污染，往者惧不能反），能得到什么好处？牺牲那么多士兵，得到一点点好处，愚臣感到不安。”

陆逊认为出兵夷州等地没价值，不是当前的重要事情，全琮认为此举有风险，尤其是容易发生传染病，损失将很惨重，但孙权不听，仍然执意派兵。

黄龙二年（230 年）初，孙权派将军卫温、诸葛直率一万人乘船赴夷州和亶州，正让全琮不幸言中，大军虽然到了夷州，却遇到了瘟疫，一年时间一万人中有八九千人染病而死（士众疾疫死者十有八九），最后仅虏获数千人而还。亶州在哪里，还有多远，甚至都没有搞清楚。

目的没达到，又损兵折将，孙权深为后悔，下令将卫温和诸葛直诛杀，罪名是违诏无功。

孙权派兵赴夷州虽然以失败而告终，但客观上加深了台湾与大陆的联系，数千人迁至大陆，加大了两岸的交流和往来，从这一点上看意义是积极和深远的。

第七章　英雄的最后岁月

暨艳事件

黄武三年（224 年），发生了选曹尚书暨艳自杀事件，震动了孙吴政坛。

《三国志》没有暨艳传，关于他的出身记录在一部名叫《名贤氏族言行类稿》的书中，这部书收录在《四库全书》中，是宋人章定所撰，以姓氏分韵排纂，序各姓氏源流于前，而以历代名人言行依姓分记。

在这部书看来，暨姓的历代名人中，暨艳算是一位。暨艳字子休，吴郡人，个性耿直、刚正不阿，喜欢以儒家的伦理道德为依据臧否人物（性狷介，好为清议），深受同郡人张温的欣赏和器重。

这个张温，就是曾出使蜀汉的那个太子太傅、辅义中郎将，他是吴郡的大族，顾雍、刘基等人曾在孙权面前极力夸奖过他，那次出使蜀汉归来，张温的名义更大了。

张温任太子太傅前也曾任选曹尚书，这个职位品秩不高，只有六百石，与县长、县令相当，之前说过，论权力这个职位却远不是“县处级”，它掌管官员选拔和考核，相当于人事部长。

暨艳在张温的引荐下进入尚书台后，不久便担任了这个重要的官职。他上任后，很快发现人事方面存在着一些严重的问题。

孙权靠江东豪门世族打天下，他一向重情谊，忘过记恩，对世族子弟广加延用，每每给以高官重位，一些世族子弟能力平平，靠着父祖辈的影响力而青云直上，从而堵塞了有能力但没有背景的寒门子弟晋身之阶。

汉末两晋门阀制度盛行，孙吴人事方面存在的这些问题只是门阀制度的一个缩影，这是政治体制使然，要打破它还需要相当长的时间。

但暨艳不想等，他既然身为人事部长，改革人事制度，完善官员考核是他的分内职责，为此他大刀阔斧地干了起来，改革的重点是郎官的选拔和考核。

郎官是朝廷中下级官员的骨干，汉时最多达五千人，分议郎、中郎、侍郎、郎中四等，由五官将署、左中郎将署、右中郎将署三个部门统管，故也称为三署郎，他们以在天子身边守卫门户、出充车骑为主责，除议郎外均须执戟宿卫殿门，轮流当值。

郎官品秩不高，但在天子身边工作，号称天子门生，经常有出任地方长吏的机会，被人视为出仕的重要途径。又因为朝廷各要害部门的往来流转实际上由他们把持，为办事方便，人们不得不贿以行货，《汉书》中称这些郎官为“山郎”。

放眼孙吴朝廷上下，庸庸碌碌的郎官比比皆是，大多不符合任职要求（郎署混浊淆杂，多非其人）。在自己的副手（选曹郎）徐彪等人的支持下，暨艳开始了大规模的官员考核，根据考核结果重新确定郎官人选（核选三署），他制定的标准十分严格，被考核者压力很大。

徐彪事迹不详，只有《吴录》说他是广陵郡人，字仲虞。

考核结果出来了，只有十分之一的人合格，继续留在原位（其守故者十未能其一）。对于考核不合格的暨艳一律给予降职，有的被连降好几级（贬高就下，降损数等）。在考核中发现有问题的人，则全部贬为军吏，很多人遭到了这种处分，以至于朝廷设置了专门的营府来管理他们（置营府以处之）。

暨艳倡导的人事制度改革力度空前，措施相当严厉，自然触动了不少人的切身利益，推出这种改革，显然不是六百石官员能决定的。

有人认为张温是暨艳等人的后台，这其实并不可能，张温不是尚书令，他由太子太傅改任中郎将后职务再未明确，虽然他有一定影响力，但种种迹象显示孙权对张温相当不满意。

《三国志》认为孙权不欣赏张温有两点原因，一是出使蜀汉归来，张温多次称颂赞美蜀汉（温称美蜀政），引起孙权的猜忌；二是张温出身吴郡大族，在社会上名声很大，有一帮铁杆粉丝，孙权认为这样的人只会惹祸，难以为自己所用（又嫌其声名大盛，众庶炫惑，恐终不为己用）。

所以，张温不仅不是孙权的心腹，而且已招致孙权的不满，孙权一直在找机会收拾他（思有以中伤之）。

张温即便是暨艳的上司尚书令，也无法独自推出如此重大的举措，这是一场涉及成百上千人仕途的改革，就是丞相恐怕也难以有这么大的魄力。如果说暨艳、徐彪等人有后台，这个后台只能是孙权本人。

这种推测是合理的，孙权虽然重用世族子弟，但他也知道什么人能用，什么人不能用，他肯定不希望朝堂上下充斥着碌碌庸人，来一场改革，肃清朝堂，整顿吏治，这正是孙权所需要的。

但孙权是一个重情义的人，让他直接出面与世族们交锋，他拉不下这个脸。这些人大都随他们父子兄弟征战多年，一辈接一辈出生入死，用血汗换来了今日的荣耀，把他们的子弟扫地出门，孙权张不开这个嘴。

但是在江山社稷和人情面前孙权最终选择了前者，他暗中支持暨艳等人搞改革，希望自己不出面也能达到目的，大家要埋怨只能怨暨艳等人。

但是，接下来发生的事让孙权很吃惊。随着大批官员被贬斥，世族们开始反击，他们争相指责暨艳、徐彪等人主持考核没有出于公心，只讲私人感情（专用私情，爱憎不由公理）。

客观地说，任何一场有实质内容的改革都会触及一些人的利益，而改革的过程中因为改革者自身的不足也会出现一些问题。《三国志》记载暨艳等人在对官员考核中，揭发了一些人的隐私和短处，以炫耀自己的弹劾之功（颇扬人闇昧之失，以显其谪），陆逊的弟弟陆瑁曾给暨艳写信让他不要这么做，但暨艳不听。

对暨艳改革的反击之声一浪高过一浪，其中充满了埋怨和愤慨，一些很有杀伤力的传言也在滋长（怨愤之声积，浸润之谮行矣），远远超出了暨艳、徐彪等人的掌控能力，连后台老板孙权也大吃一惊。

为了安抚众人，孙权下令对暨艳、徐彪进行审查，二人在狱中自杀。

这是一桩历史悬案，其真实背景至今仍扑朔迷离，暨艳、徐彪也许因激起众怒而恐惧，在绝望中自杀，也许另有隐情。

如果孙权真是暨艳等人的幕后指使，在民怨已起的情况下，他们被罢官、审查显然不能解决全部问题，在审查中如果暨艳等人交代了一切，说了一些不该说的话，那孙权就太尴尬了。

所以，暨艳、徐彪必须死，这间接证明了孙权才是这场改革的真正主角。

暨艳、徐彪死后，孙权可以放手追查，并将事件引向对自己有利的方向。在审查中发现张温和暨艳、徐彪有过许多书信往来，孙权下令有关部门把张温抓了起来（幽之有司）。

接下来，由审查暨艳、徐彪变成了审查张温，经过周密调查，孙权给张温定了罪，决定撤销其一切职务，遣回本郡充当杂役（斥还本郡，以给厮吏）。孙权给张温定的罪有四项，一是举荐暨艳，二是在都督豫章三郡期间不听调遣，三是误信殷礼，四是在人事问题上谋取私利。

张温出使蜀汉归来，孙权曾派他到豫章、庐陵、鄱阳三郡围剿逃入山中的残兵、奴客，为此孙权从身边拨出五千人马给张温。后来曹丕南征，形势吃紧，孙权命令把这五千人马调回，但张温已经把他们派到深山里，无法调回来。孙权认为幸亏曹丕主动撤兵，否则张温就误了大事。

张温出使蜀汉时殷礼以郎中的身份随同出使，受到包括诸葛亮在内蜀汉人士的广泛好评，殷礼回来后理应续任郎中，但在张温引荐下他升任了代理户曹尚书，孙权认为这么重大的事张温一个人就包办了。

在审查中还发现，张温私下对人封官许愿，他对一个叫贾原的人说，要举荐他当御史，又告诉一个叫蒋康的人说，让他接替贾原的职务，孙权认为张温的所作所为都是在为自己谋私利。

孙权在给张温定罪的命令里说，张温所犯下的罪行本应处死示众（暴于市朝），他不忍心那么做，才从轻发落。

本来审查暨艳、徐彪，让孙权轻易转移了话题，世族们的反击打在了棉花上，又白白搭上自己一伙的张温。孙权此举不仅转移了人们对暨艳事件的关注，而且还世族以颜色。

骆统等人上书为张温申辩，尽管骆统是孙权的侄女婿，孙权一向对他的意见很重视，但对于他为张温的申辩，孙权不予采纳。

张温于是被撤职遣送回吴郡，于六年后病故。他的弟弟张祗、张白也很有才能，名气都不小，也受张温牵连而被废黜。

校事弄权

暨艳推行的改革在一遍反对声中失败了，孙权并不甘心，其后他又推动了一轮改革，这一次手段更为严厉，改革的主角是吕壹。

《三国志》也没有吕壹的传，在孙吴政坛他本来也是一个小人物，他的职务并不高，是中书郎。

汉以前大权集中于尚书台，相当于朝廷的秘书局，尚书台之外还有一个中书台并存，设中书令，与尚书令品秩相当，但权力小得多，管一些来往文书。曹丕在位时提高了中书台的职权，设中书监，逐渐取代尚书台，成为朝廷新的秘书局，是新的权力核心。

中书监下面有一个部门叫通事部，负责人就是中书郎，相当于朝廷秘书局下面的秘书处处长。孙吴建国，没有设中书监，却设了中书郎，任用的就是吕壹。

中书郎的全称是中书典校郎，又称典校事、校郎、校事。在这些名称中校事的名气最大，提起它，大家想到的往往是特务。

吕壹，就是孙权身边的高级秘书，也是孙吴的特务头子。暨艳失败后，孙权开始重用吕壹，给了他非常大的特权。中书郎本来的职责是典校各官府以及州郡的文书，孙权还让他刺探臣民的言行，举罪纠奸，这一下吕壹手中的权力大了。

要对文武百官和臣民进行监视，人手少了不行，吕壹手下一下子增加了很多人，孙权视吕壹等人为心腹爪牙，对他们有求必应，要人给人，要钱给钱。吕壹等人也很卖力，通过监视百官士民发现不少线索，尤其是大臣们的把柄，问题一经落实，有人就会被治罪。

暨艳事件后，世族们自以为取得了胜利，这时才发现高兴得实在太早，孙权这一招很厉害，把大家治得服服帖帖。

可是，问题随之而来，开始吕壹等人还比较小心谨慎，时间一长，手中的特权不断增加，孙权又越来越信任他们，这些人便骄傲起来，也不再约束自己的行为。

为了多出成绩，以便到孙权那里邀功，吕壹等人抓住小问题不放，夸大事实，把小案办成大案（摘抉细微，吹毛求疵，重案深诬），更有甚者，为了取得案件突破，他们经常搞刑讯逼供，不管地位高低，一到他们手里就大刑伺候。

这激起了大臣们的反感，太子孙登带头反对，他向孙权进谏，认为吕壹等人生性严苛、手段残忍（壹性苛惨，用法深刻），要求废止。孙登连谏多次，孙权不接受。

丞相有匡扶天子过失的职责，顾雍不敢沉默，也向孙权进谏，孙权仍然不听。不仅如此，顾雍还受到了孙权的严厉批评（用被谴让）。

太子和丞相都碰了钉子，大家只得闭口（大臣由是莫敢言）。

大家看明白了，吕壹的后台老板是皇上，反对吕壹就是跟皇上过不去，暨艳搞的人事制度改革虽然失败，但皇上心里一直耿耿于怀。

没有人敢公开反对，吕壹等人更加嚣张，他们的手越伸越长，看谁不顺眼就收拾谁，不少无辜者受到了冤枉（毁短大臣，排陷无辜）。

吕壹手下人违法，被建安郡太守郑胄所杀，吕壹非常愤恨，于是中伤郑胄，孙权立刻把郑胄抓起来要严办，幸亏潘浚、陈表等人竭力上言，郑胄才被释放。

吕壹指控前江夏郡太守刁嘉诽谤朝廷，孙权大怒，把刁嘉逮捕审讯，被传讯作证的人迫于校事的淫威，都说刁嘉确实说过那些话，只有侍中是仪坚持正义，说没有听到。

是仪长期在孙权身边从事机要工作，深得孙权的信任，侍中的品秩是二千石，与朝廷九卿相当，但在吕壹眼里只不过小菜一碟，案子由审刁嘉变成了审是仪，吕壹主持审问，结果可想而知，对是仪不利的信息不断传向孙权，孙权多次下诏责问，口气十分严厉，群臣闻听大气都不敢喘（见穷诘累日，诏旨转厉，群臣为之屏息）。

在这种情况下是仪仍然坚持原则，他给孙权上疏说："现在刀已架到臣的脖子上，臣怎敢包庇刁嘉，自取灭族之祸，成为不忠之鬼？我只是把知道的原原本本据实回答（顾以闻知当有本末）。"

是仪坚持不改口供，孙权这才感到或许真如是仪所言，于是下令不再审问，是仪和刁嘉才得以身免。

吕壹等人不仅把手伸向太守、侍中这些"省部级"高官，孙权的女婿、身居左将军高位的朱据也不能身免。

朱据手下有个叫王遂的人，冒领了三万钱公款，吕壹怀疑朱据是背后指使，钱最终到了朱据那里，于是逮捕朱据手下的一名主管，严词逼供，这个主管禁不住酷刑，被打死了。

朱据哀怜他死得冤，找了一口好棺材为他安葬，这进一步引起了吕壹等人的怀疑，他们认为这正是朱据贪污公款的铁证，上报孙权，孙权多次当面严厉质问朱据，朱据无法证明自己的清白，从家里搬出来睡到草垛上等候处罚（藉草待罪）。

丞相顾雍也被吕壹盯上了，他曾告过吕壹的状，吕壹当然怀恨在心。吕壹秘密检举顾雍的过失，孙权大怒，当面严厉质问顾雍。

吕壹告的是什么状史书没有记载，作为丞相，顾雍的职责范围很广，要打他的小报告也不是难事，经过吕壹等人添油加醋，孙权对顾雍有了意见，甚至打算换人。

这时候，一个人的出现，保住了顾雍丞相的位子，这个人名叫谢宏。

谢宏并不算特别显要的人物，他只是一名黄门侍郎，这个职位可以经常接触天子，所以了解许多内幕，看到顾雍的相位摇摇欲坠，他想帮顾雍一把。

谢宏找到吕壹，故意问："顾公的事情怎么样了？"

吕壹顺口答道："不怎么乐观啊（不能佳）。"

谢宏又问："如果顾公被免，谁能代替他？"

吕壹还没回答，谢宏抢答道："会不会是潘太常？"

吕壹想了大半天说（良久曰）："你说得差不多（君语近之也）。"

潘太常就是潘浚，吕壹谁都不怕，却特别害怕此人。之前说过，孙权留潘浚在武昌，协助陆逊负责荆州方面的事务，校事专权的事传到武昌，陆逊和潘浚深为忧虑，感到长此下去国家将陷入混乱，每次谈到这个问题，他们二人都忍不住流泪（同心忧之，言至流涕）。

潘浚请求还朝，来到建业，多次向孙权进谏，孙权仍不听。潘浚是个能文能武又有血性的人，他想了一办法，要彻底解决吕壹。

潘浚设宴，大会郡僚，他想在宴会上亲手将吕壹杀了（欲因会手刃杀壹），以一己之身为国除患。然而吕壹耳目众多，消息被他侦知，吕壹吓得称病不敢去。软的怕硬的，硬的怕不要命的，潘浚一心跟他同归于尽，让吕壹十分忌惮。

谢宏身在中枢，当然知道这些，他提潘浚的名字是故意的。谢宏说："潘太常提到您的名字无不咬牙切齿（常切齿于君），只是他身在武昌，路太远没有机会罢了，今天如果取代顾公，恐怕明天就要打击您！"

吕壹大惧，于是主动帮顾雍化解。

潘浚后来只要有机会见孙权，无不陈述吕壹的奸恶，说得次数多了，引起了孙权的警醒，吕壹的宠信有所松动（由此壹宠渐衰）。

据史书记载，被吕壹诬告过的重臣除顾雍、朱据外，还有陆逊、诸葛瑾等人，看到这些重臣们被校事打压，群臣不敢出声，激怒了骠骑将军步骘。

步骘此时不在建业，他以骠骑将军的身份在西陵负责长江上游防务，西陵即夷陵，孙吴改的名。经过深入思考，步骘向孙权上了一篇长疏，痛陈校事四宗罪：一是轻忽人命，已招来举国称怨；二是政令有失，导致阴阳失和，近期连续发生两次地震，天地示变，人主当警醒；三是离间股肱之臣，有损社稷；四是校事之设，造成吏多民烦，成为弊政。

步骘的上疏让孙权冷静了不少，孙吴的武将，陆逊为首，诸葛瑾为次，以下就是步骘、朱据，这些人如果都陷于校事之争，将来谁为自己打仗？

朱据的案子这时还没有结论，朱据每天还睡在草垛上待罪。典军吏刘助发现了案情的真相，把吕壹陷害朱据的过程秘密报告了孙权，自己的女婿遭到如此下场，孙权震惊之余陷入深刻反思："就连朱据都会被陷害，何况其他官民（朱据见枉，况吏民乎）？"

孙权下令，赏赐刘助一百万钱，逮捕吕壹，严加审问。

吕壹被收付廷尉，负责审理的是他的老对头丞相顾雍。

吕壹已是阶下囚，但顾雍仍然和颜悦色，心平气和地问他口供，问完，临走还特别对吕壹说："你有什么要申诉的没有（君意得无欲有所道）？"

办案子，这才叫专业，吕壹羞愧无言，唯有叩头。

尚书郎怀叙大概也深受校事之害，当面羞辱吕壹，顾雍斥责道："朝廷有法律，怎么能这样（官有正法，何至于此）？"

案件审结，有关部门报告，拟对吕壹执行焚如、车裂之刑。

焚如是王莽首创，用火把人活活烧死，车裂是传统酷刑，用车驾从不同方向把人撕成碎片，看来吕壹这些年真把大家祸害得不浅，大家觉得不用这些刑法不足以解气。

可能孙权觉得太血腥，毕竟吕壹为自己卖命，没有批准这么做，将吕壹处斩。

吕壹死后，接任中书郎的是袁礼，孙权派他向受吕壹等人诬陷的文武大臣们道歉，并询问对时局革新的意见。

袁礼跑了一大圈，先后赴各地拜见了陆逊、诸葛瑾、步骘、朱然、吕岱、潘浚等人，吕壹倒了台，这个姓袁的会不会是下一个吕壹，大家心有忌惮，不肯多说。

袁礼向诸葛瑾、朱然、吕岱征求对时局和政治的意见，他们都说自己只懂军旅，不知道政治，不肯提（各自以不掌民事，不肯便有所陈），把提意见的任务推到陆逊、潘浚。袁礼去见陆逊、潘浚，这二位干脆声泪俱下，涕泣不止（泣涕恳恻）。

袁礼回来如实禀报，孙权大为惊虑，他知道陆逊等人内心里仍有恐惧，对自己无法完全信任，这让孙权感到可怕。孙权于是写了一封长信，分别派人送给以上重臣。

在信中，孙权一一以诸人的字相称，口气十分亲切。孙权说，天下只有圣人才能不犯错误，只有聪明绝顶的人才能看清自己（夫唯圣人能无过行，明者能自见耳），一般人哪能做到那么周全呢，一定是他有什么地方伤害了大家，他又疏忽没有察觉，所以大家才有顾忌。

孙权说，他随先父起兵以来已经五十年了，和诸君相处，从年轻到年长头发已经白了一半，总以为已经做到了完全了解，做到了推诚相见，于公于私，都结为一体。那些穿布衣、系皮带的平民百姓结成友谊，尚能经历磨难不变心（布衣韦带，相与交结，分成好合，尚污垢不异），而与诸君共事，大义上是君臣，私情上其实说是骨肉都不为过（诸君与孤从事，虽君臣义存，犹谓骨肉不复是过）。

孙权说，荣华富贵、欢喜忧愁，愿意和大家一起分享，希望大家能竭尽忠诚不隐瞒，贡献智慧不保留。船开到河中间，还能在河里把谁换一下吗（同船济水，将谁与易）？齐桓公是霸主，做得好管仲就赞扬，有过失管仲就指出来，意见没被接受劝谏就不停止。希望听到大家的见解，以改正自己的不周之处。

这封信写得言辞恳切，可以说发自肺腑，也可以看作经历吕壹一事后孙权向大家做出的检讨。

《江表传》补充说，孙权在信里还有这样几句话："天下没有纯白色的狐狸，但是有纯白色的皮衣，这是众人用纯白色的狐皮积攒出来的（天下无粹白之狐，而有粹白之裘，众人之积也）。能用各种颜色的狐皮缝制一件纯色的皮衣，所以只要能调动起众人的力量，就能无敌于天下，只要能利用众人的智慧，就不怕比不上圣人。"

赤色大鸟

嘉禾七年（238 年）秋天，武昌报告说发现了麒麟。有关部门认为麒麟为太平之兆，应该改年号。孙权同意改年号，但不同意改成麒麟，他向群臣下诏："前一阵有红色大鸟（赤乌）集于殿前，我亲眼所见，如果神灵降下吉兆，应该改元为赤乌。”

孙权下诏改年号为赤乌，这一年的年初，当时应该算嘉禾七年，已很久没有传来消息的辽东突然向孙吴派来使者，再次向孙吴称臣。之前发生过孙吴特使张弥、许晏被杀之事，辽东已与孙吴结下深仇大恨，所以公孙渊突然有此举让人颇感意外。

其实，公孙渊相当无奈，他正面临着一场巨大考验。杀了孙吴特使，公孙渊与曹魏重新走到了一起，但对于公孙渊的反复无常，魏明帝心里没底，曹魏阵营不少人建议灭掉公孙渊，除掉身后的这个隐患，提建议的这些人里，态度最积极的是幽州刺史毌丘俭。

一年前，魏明帝命毌丘俭出兵讨伐辽东，双方激战于辽遂，这时天气给公孙渊帮了忙，辽东一带突降大雨，一连下了十几天，辽河大涨，魏军攻势受挫，不得已撤回。

公孙渊于是宣布与曹魏断绝关系，自立为燕王，改年号为绍汉，设立文武百官，东北一带各鲜卑族部落头领纷纷表示臣服，公孙渊分别授予他们官爵印信。

此举激怒了魏明帝，诸葛亮已死，西线战场威胁暂时解除，魏明帝决定调司马懿征讨辽东。

公孙渊可以不知道毌丘俭是谁，但不会不知道司马懿。这个灭掉孟达、耗死诸葛亮的人是个狠角色，他亲自来，不达目的决不会收手。公孙渊明白自己不仅摊上了事，而且摊上的还是大事。

公孙渊一边准备迎战，一边再拉同盟军，尽管与孙吴交恶，但他相信敌人的敌人就是朋友，在共同的目标面前，孙吴不会拒绝他。

辽东的使者到了孙吴，众人建议把使者杀了以雪前耻。担任督军使者的羊道认为这是一个机会，不如答应公孙渊，孙权采纳。

孙权对公孙渊的使者说：“请你们大王固守待援，我一定按照信中所讲出兵，一定跟公孙老弟有福同享、有祸同当（必与弟同休戚，共存亡），即使殒命于中原，也在所不惜！”

孙权还让使者带话给公孙渊：“司马懿此人所向无前，真为老弟担忧啊（司马懿所向无前，深为弟忧也）！”

对于孙吴会不会援救辽东，曹魏内部也有争论，多数人认为不会，即便孙吴有所行动，也是做做样子给公孙渊看，一旦公孙渊无法攻克，好让公孙渊向孙吴臣服，如果公孙渊被攻克，孙吴只会袖手旁观。

其实孙权决定出兵是真的，他确实有两手打算，如果公孙渊能挺过这一关，就把他拉过来，结成反魏同盟，如果公孙渊挺不住，那也不会毫无收获，可以趁机抢夺其人员物资（虏其傍郡，驱略而归），也算报了仇。

孙权派往辽东的将领就是羊道，同去的还有将军郑胄和孙怡，走的是海上。在《汉官仪》里查不到督军使者这个官职，似乎是个临时行职务，有点像军事特派员，地位应该不算太高，《三国志》没有羊道的传，郑胄和孙怡的事迹也不太清楚，说明此次向辽东用兵规模应该不太大。

接下来司马懿率兵北上辽东，这个人打仗的特点是快、准、狠。虽然又遇到了连续多天的大雨，辽河再次上涨，但司马懿毫不在乎，指挥人马硬上，只用了三个月就平定了辽东，公孙渊被斩杀。

司马懿在辽东大开杀戒，诛杀公孙渊任命的官员以及普通士民七千多人，尸体太多，堆成小山，司马懿命士兵在上面填土，成为一座高丘，称为京观。

司马懿的动作太快，公孙渊被杀时羊道等人率领的船队大概还在海上，他们于次年才到达辽东，与魏将张恃、高虑激战一场，俘虏了一批人口而还（击魏守将张持、高虑等，虏得男女）。

曹魏景初三年即孙吴赤乌元年（238 年）的最后几天，司马懿还在由辽东回师的途中，走到一个叫白屋的地方，突然接到魏明帝急召，要他以最快的速度赶回洛阳，司马懿不敢怠慢，乘坐当时最快的交通工具追锋车向洛阳急行，到达洛阳已是次年的正月。

司马懿这才知道，魏明帝曹睿病危，已处于弥留之时，因为后事没有安排完，所以强撑着一口气。当着司马懿的面，魏明帝把两个儿子曹芳、曹询叫到病床前，指着曹芳对司马懿说："我把后事托付给你，由你和曹爽辅佐幼儿。死怎能忍？但我还是忍着没死，就是等你。你看清楚了，这是曹芳，你可别搞错了。"

交代完这些，曹睿驾崩，时年三十六岁，他既没有活过爷爷曹操，也没有活过父亲曹丕，曹家现在是一代不如一代了。

年仅八岁的曹芳在司马懿和曹爽两位托孤大臣的辅佐下继位，改年号为正始。由于他后来被司马氏所废，未得庙号，史书便以他继位前的封号齐王相称。

还是这一年，孙权最宠爱的步夫人去世了。

孙权第一位夫人谢氏死得较早，后来陆续娶了徐氏、袁氏、王氏、步氏、潘氏等，在这些人里，孙权最宠爱的是步氏。步氏得宠，一是长得很美，二是性格很好，不妒忌，三是为孙权生了两个可爱的女儿，号为大虎、小虎。

孙权当上吴王时想立她为王后，群臣认为应该立太子孙登的养母徐夫人，结果孙权谁都没立，使王后之位空缺。孙权称帝后旧议重提，群臣意见仍然立徐夫人，孙权干脆不再提这个话题。

现在步夫人死了，孙权还是不甘心，他授意臣下上书，为步夫人追赠皇后名号（臣下缘权指，请追正名号）。

太子孙登此时不在武昌，也不在建业，几年前孙权曾出兵新城，将其占领，孙权派孙登到那里，总理一切事务（权征新城，使登居守，总知留事）。

这个新城是哪里史书记载不详，曹魏有个新城郡，是孟达降魏后合上庸等三郡而成，但新城郡此后一直在曹魏控制之下，孙权的势力从未到达过。《三国志集解》认为新城是合肥新城，此城虽然孙吴也从未攻破过，但孙权嘉禾年间曾在此用兵，或许占领了附近一些地方，留孙登在那里防守也是有可能的。

《三国志》说，当时年谷不丰，盗贼横起，孙登上表奏定律令，加强防备，有力地打击了犯罪活动（甚得止奸之要）。

然而，赤乌四年（241 年）年仅三十三岁的孙登却突然患了病，这场病很重，他竟然去世了。临终前，孙登向父皇上疏，希望立弟弟孙和为太子。

孙权十分悲痛，下诏谥孙登为宣太子，于次年立孙登之弟孙和为太子，为了新太子的确立，孙权下令将吴郡的禾兴县改名为嘉兴县，即今浙江省嘉兴市。

孙登去世受影响最大的是太子府里任职的诸人，孙权为培养孙登，为他配备了豪华的班底，囊括了诸葛恪、张休、顾谭、谢景、范慎、华融、刁玄、裴钦等俊才，孙登如果继位，他们今后的仕途都将不可限量，现在太子是孙和，身边用的是阚泽、薛综、蔡颖、张纯、封俌、严维等人。

孙登大概也想到了这一点，所以在给父皇的临终上疏中对原来在身边工作过的诸葛恪等人进行了推荐，一一指出他们的特长，希望父皇重用他们。

孙和时年十九岁，生母是孙权的王夫人。《吴书》说，孙和从小就很聪明，孙权特别喜爱他，常把他带在身边，孙和得到的珍宝珠玩衣物等赏赐在各皇子里最多。孙和爱好文学，善骑射，不仅聪明还善于思考，尊敬老师，爱护人才。

《三国志》记载，孙和曾向孙权上疏，认为当时各官府只是依照官样文书处理事情，奸猾之人会按照自己的想法篡改公文（奸妄之人，将因事错意），所以要求杜绝此类现象。

有两位官员不合，互相揭发，孙和对他们说："能居文武官位的人有多少呢，你们互相仇恨，图谋陷害，怎能得福（文武在事，当能几人，因隙构薄，图相危害，岂有福哉）？"这两位官员因此和好，从此友善交往。

孙权的儿子们虽然没有曹操的儿子曹植、曹丕、曹冲、曹彰那样显名，但也都很优秀，可不知道为什么，从孙虑到孙登，都在青年阶段而病故，让孙权一次又一次以白发人送黑发人。所以，对新太子孙和，孙权抱有极大的期望。

南鲁之争

赤乌六年（243 年），孙吴第二任丞相顾雍去世，这一次再也没有人议论张昭会不会接任，因为张昭早在七年前去世了。

当初孙权决意派张弥、许晏等人出使辽东，张昭力谏，孙权不听，张昭一生气称病不再上朝。孙权也来了气，下令把张公馆的大门用土堵住，张昭也火了，让人从里面再起一堵墙，彻底把大门封起来（权恨之，土塞其门，昭又于内以土封之）。

后来果然如张昭所料，公孙渊杀了张弥、许晏，孙权知道自己错了，多次派人慰问张昭，张昭还是不来上朝。

一次，孙权路过张公馆，大概这时候大门还被堵着，孙权站在外面亲自喊张昭，张昭还是以有病相推辞（权因出过其门呼昭，昭辞疾笃）。孙权令人在张公馆大门口点火，想吓唬吓唬他（权烧其门，欲以恐之），把老同志从家里逼出来。老同志腿脚不一定好，便骨头却是硬的，任你怎么烧，就是不出来，弄得孙权只得下令赶紧灭火。

孙权没招了，但又不能走，就在张公馆门口一直待着（住门良久）。张昭的儿子们看不下去了，一齐上前扶着父亲出来与孙权相见，孙权把张昭让到自己的车上，一同回宫，之后做了深刻检讨（深自克责），张昭这才参加朝会。

张昭去世时八十一岁，其子张承、张休以及侄子张奋等人继续活跃在孙吴政坛。

在这几年里，先后去世的还有诸葛瑾、潘浚等重臣，虽然步骘、全琮等一批武将仍在，但具备政治家头脑又有很深资历的大臣已经不多了，陆逊几乎成为继任丞相的唯一人选。

孙权下诏，拜陆逊为丞相，不再担任上大将军一职，但仍兼任荆州牧、右都护，统领武昌一切事宜（领武昌事）。

陆逊和顾雍一样都出身于吴郡世族，这是孙权当年重用提拔他的重要原因。孙吴政坛由两大势力构成，一是祖籍在江北地区的所谓外地人，其中以徐州、豫州以及扬州的庐江郡、九江郡为最多，有人称其为淮泗集团，代表人物有张昭、张纮、周瑜、鲁肃、诸葛瑾、步骘等；一是祖籍吴郡的世族，其中以顾、陆、朱、张四姓为首。吴郡以外的江东世族也有不少人物，但实力相对较弱。

孙权深得帝王术，在治人拢心方面颇有手段，从本意上讲他更倾心于淮泗集团，因为他们是外来户，为自己所用又不会构成威胁。但仅靠他们又难以巩固江东，所以对以吴郡四姓为代表的江东世族也加以延揽。

在一些大政方针上，本土派和外来户的考虑往往不同，比如对外用兵，本土派一般谨慎，他们考虑更多的是自身安危、利益，反抗外敌入侵态度坚决，但对不必要的征伐则持保留意见，孙权出兵辽东、夷州、亶州陆逊均坚决反对，就是这个道理。

赤乌年间孙权已六十岁左右，身体大不如前，开始生病（尝寝疾）。

人一旦意识到自己身体出了问题就容易多想，孙权也不例外。他知道自己终将老去，于是不得不思考孙吴的未来。曹魏一代不如一代，出现了司马懿那样的权臣；蜀汉的接班人也差强人意，大权长期被诸葛亮独揽，这是孙权不愿意看到的情况。

孙吴的下一代君主应该像他一样强势而掌控一切，不能出现任何权臣，这些问题孙权之前也许没有认真想过，但现在不得不想了，一细想，却让孙权难以心安。

问题出在丞相陆逊身上。在孙权眼里，不是陆逊做丞相能力不够、威望不足，不称职，而是陆逊能力太强、威望太高，在长期的军旅生涯中陆逊创造了一个又一个辉煌的战绩，在吴军中享有绝对威望，这样的人既是忠臣，也是下一个权臣。

孙权又看看太子孙和，这个儿子身上有许多普通人的优点，比如善良、好学、待人诚恳、能体谅别人等等，可是作为孙吴未来的皇帝，他缺少帝王的霸气，根本驾驭不了陆逊这样的大臣。

孙权陷入深深的忧虑，他觉得自己临终之前这件事必须处理好，否则闭不上眼。或许正是基上这样的考虑，就在孙和被立为太子后不久，孙权突然下诏，封孙和的弟弟孙霸为鲁王，并对他特别地宠爱（宠爱崇特）。

太子初立，理应维护太子，树立其权威，而立孙霸为鲁王又特加宠爱，无疑给人以太子地位不稳的暗示。

皇家无私事，帝王的家事就是国事，江山易代之际正是政治风云变幻之时，有人沉，有人浮，所以众人无不时刻在关注着帝王家的一举一动，一部分嗅觉灵敏的投机者看出了玄机，在孙霸周围渐成一股势力。

孙霸生年不详，哥哥孙和被立为太子时他不过十几岁，不可能主动发起一场争太子的战斗，说到底他是被一部分人所利用，这一部分人的核心是孙霸的姐姐孙鲁班。

孙和、孙霸都是孙鲁班的弟弟，她支持孙霸反对孙和，动机最初不是来自于争权，而是争气。

孙鲁班和孙鲁育是已故步夫人的女儿，步夫人虽得孙权宠爱，却一直没有机会被册封为皇后，直到死后才被追封，这成为孙鲁班的心病。史书记载，孙鲁班跟孙和的母亲王夫人不和，孙鲁班对王夫人十分不满（素憎夫人），所以对孙和当太子持反对态度。

史书没有揭示孙鲁班与王夫人构恶的原因，推测起来，可能早在步夫人在世时二位夫人就开始争宠，史书说孙权最宠爱的是步夫人，但王夫人也差不了太多（宠次步氏），根据宫斗戏的经验，这样的局面想保持一团和气很难。

但孙权的后宫相对平静，因为步夫人生性和善不喜争斗（性不妒忌），她处处忍让，使矛盾未加激化，其中内情外人虽不知，做女儿的孙鲁班应该清楚，所以对王夫人积攒下怨气。

让孙鲁班不忿的是，王夫人母以子贵，孙权准备册封她为皇后（权将立夫人为后），母亲生前未能达成的心愿，对手轻易就将实现，孙鲁班对王夫人的怨恨更多了。

可怕的是，父皇一旦驾崩，孙和继位，王夫人成为皇太后，如果秋后算账，已经没有保护伞，自己的处境将十分凶险，所以孙鲁班认为无论如何要扳倒太子，让王夫人的美梦破产。

孙鲁班姐俩一向深受孙权的宠爱，孙鲁班的话对孙权有相当大的影响力，她便经常在孙权面前说太子和王夫人的坏话。

如果认为只说说坏话就能完成一场政变那就太幼稚了，孙鲁班不是一个人在战斗，她的身后逐渐聚集起一个团队。

孙鲁班初嫁周瑜的儿子周循，周循死后改嫁全琮，全氏也是江东大族，全琮是孙权深为信赖的将领之一，刚刚由卫将军升为大司马，是仅次于陆逊的重臣，在孙鲁班的影响下，全琮也义无反顾地站在孙霸的一边。

还有骠骑将军步骘，他是孙鲁班生母的同族，因为有孙鲁班的母亲步骘才有了今天，所以步骘也支持孙霸。其他还有镇南将军吕岱、吕岱之子荡魏将军吕据、中书令孙弘等人，他们结成了一个势力很大的集团。

这样，孙吴的大臣们便分成了两派，一派支持太子，一派支持鲁王，太子居南宫，这场政治斗争也被称为南鲁之争。

一些人看得很清楚，孙霸和孙鲁育之所以能挑战太子，背后是孙权的纵容和默许，所以两派之外还有不少内心里其实支持太子的朝臣却不敢公开表态，太子这一派里只有丞相陆逊、太常卿顾谭、太子太傅吾粲、左将军朱据、威北将军诸葛恪、会稽郡太守滕胤、平魏将军施绩、尚书丁密等人态度鲜明，他们建议孙权坚持长幼之分，继续拥立太子。

顾谭是顾雍的孙子，诸葛恪是诸葛瑾的儿子，施绩是名将朱然之子，朱然本姓施，过继给朱治后改姓，朱然死后施绩重新改姓为施。

孙霸年纪虽然不大，但在孙鲁育等人的策划下也有意识主动结交知名人士，《三国志》记载，孙霸曾亲临施绩的官署，为了表示亲近，孙霸主动坐在施绩的近旁，施绩立即从座位上站起来（下地住立），表示自己不敢承当。

顾谭多次上书孙权建议对孙和太子之位再次予以明确，以绝孙霸争位之心。吾粲也上书，不仅建议申明孙和的地位，更建议让孙霸出驻夏口，把孙霸的心腹杨竺等调离建业。

全琮曾给陆逊写信，说太子府、鲁王府里有不少空缺，朝臣们争着把子弟送到那里当差，自己也想这么办。全琮作为孙鲁育的丈夫，政治态度早已不言而喻，他写这封信，实际上是想对陆逊进行试探和拉拢。

陆逊给全琮回了信，说子弟们如果有才能不愁没地方当差，不必通过走后门的方式谋取荣华富贵（子弟苟有才，不忧不用，不宜私出以要荣利)；如果没有才，必然取祸。陆逊还说，听说二宫已成对立，将来必然出现厚此薄彼的情况，这是古人所忌的事（闻二宫势敌，必有彼此，此古人之厚忌也)。

以后全琮的儿子全寄竭力支持鲁王，陆逊还曾给全琮写信劝告：“您不效法金日磾，却把全寄留在鲁王府中，终归要给您家族惹来大祸啊（卿不师日磾，而宿留阿寄，终为足下门户致祸矣)!”

金日磾是汉武帝身边的宠臣，后与霍光共同辅政，其子在宫中长大，与宫女嬉戏，被金日磾杀死。全琮争取陆逊，陆逊反过来争取全琮，二人最终因意见不合而生隙。

陆逊也向孙权上疏：“太子是正统，地位应如盘石之固，鲁王是籓臣，宠秩应当有差别，这样上下才得安定，我在此叩着头流着血向您禀报（谨叩头流血以闻)!”

陆逊的上疏前后有三四次，都没有得到孙权的回应，陆逊请求回建业，想当面与孙权论嫡庶之分，以匡得失，孙权下诏，不许陆逊来建业。

《吴录》记载，孙权有一次与鲁王党重要分子杨竺单独谈话，涉及二宫优劣，杨竺抓住机会竭力夸赞鲁王的才能，适合当太子，孙权当场表示赞同。但是，这场谈话并非没有第三者在场，有个到孙权这里送东西的小吏躲在床下，把他们说的话全听到了（有给使伏于床下，具闻之)。

这是一件很诡异的事，这个小吏如此大胆，竟然冒着灭族的危险偷听皇帝的秘密谈话，他的动机是什么？如果不是此人脑子进水，答案只有一个，此人是太子党或太子的同情者，他知道杨竺单独面见孙权必然有不利于太子的话，所以特意偷听。

这个小吏赶紧报告了孙和，孙和十分紧张，他想向陆逊求援，当时陆氏有个宗族子弟叫陆胤，在尚书台担任选曹郎，他正要去武昌有公务，孙和换了便服偷偷去见他，二人在一辆车上密议，决定由陆胤告诉陆逊，让陆逊上表劝谏。

陆逊上表后，孙权震怒，他怀疑杨竺泄露了消息，但杨竺矢口否认。孙权知道杨竺是鲁王的死忠分子，也不可能把消息告诉陆逊，其中一定有隐情，就让杨竺调查。

杨竺后来怀疑到陆胤，他告诉孙权陆胤刚好去过武昌，陆逊的上表紧接着就来了，消息一定是陆胤泄露的，孙权下令把陆胤抓起来拷问，陆胤为掩护太子，就说是杨竺告诉他的，孙权下令把杨竺也抓了起来。

杨竺经不起拷打，只得承认是自己说出去的。孙权把杨竺杀了，陆胤反而保住了一命。孙权死后，陆胤成为孙吴的高级将领，担任过西陵都督等重要军职。

两败俱伤

对陆逊等人的坚决反对，孙权决定反击，这时发生了芍陂论功事件，给孙权打击太子一党提供了机会。

赤乌四年（241 年）发生了芍陂之战，顾谭的弟弟顾承、张昭的儿子张休等随全琮父子参战，吴军获胜，本来这件事早已过去，论功行赏都已经结束了，但全琮父子突然旧事重提，向孙权揭发行赏不公，背后有问题。

全琮父子认为此战他们功劳最大，但张休、顾承等人得到的赏赐反而更多，原因是张休、顾承与典军陈恂有私下往来，因此得到了更多的奖赏，孙权接到举报后命令有关部门予以调查。

这是一桩未必能说得清楚的事情，但孙权办得很认真，处罚更为严厉，结果顾承、顾谭获罪，被流放到交州，最后都死在了那里。

一件说大不大的事竟然让孙权下了狠手，这是有原因的，孙权这么做是冲着陆逊来的。顾谭、顾承不仅是顾雍的孙子，还是陆逊的外甥，孙权对陆逊已到了忍无可忍的程度，借此事向陆逊表达强烈的不满。

不久，太子太傅吾粲受孙霸、杨竺等人的陷害，被孙权处死，吾粲曾多次写信给陆逊，通报建业的情况。

孙权又抓住这个把柄，派人到武昌责让陆逊，六十三岁的陆逊悲愤忧恚而去世。

陆逊死后，孙权进行了一次人事调整，擢升步骘当丞相，全琮升为右大司马，鲁王党看样子已大获全胜。在这次人事调整中，诸葛瑾的儿子诸葛恪异军突起，被任命为大将军，这是他父亲生前担任的职务。

孙鲁班加紧了对太子的陷害，孙权生了一次病，孙和到孙策庙里祈祷，希望父亲的病早点儿好。

孙和的妃子张氏是张休的侄女，张休的府邸刚好在孙策庙附近，孙和祈祷完，张休邀请他到府中坐坐。孙鲁班一直派人跟踪太子，知道了这件事，觉得可以做文章。

孙鲁班跑到孙权那里告状，说太子根本没去庙里，而是跑到张休那里商量大事去了（专就妃家计议）。孙鲁班还说，太子的母亲王夫人听说皇上有病，不忧反喜。

孙权对孙鲁班一向宠信，听后大发雷霆，消息传到王夫人那里，王夫人恐惧，竟然忧愁而死，孙权对孙和更加失望。

在芍陂论功事件中也牵扯到张休，中书令孙弘等人进谗，张休的处罚比顾谭、顾承还重，居然被赐死了。

现在只要再向前一步，太子孙和就将被废，孙霸一旦立为太子，鲁王党就可以庆贺胜利了，但孙权的这一步迟迟没有迈出。

《通语》记载了孙权和侍中孙峻的一次谈话，孙峻的父亲孙恭是孙暠的三子，孙暠是孙坚弟弟孙静的长子，孙峻是孙权的侄孙。在孙氏的后代中，孙峻比较突出，他骁勇果敢，精明强干，胆大刚决，深得孙权的喜欢，孙权让他担任武卫都尉，是禁军的高级将领，同时担任侍中。

孙权对孙峻说："子弟不和，臣下分成两派，将导致袁氏之败，被天下人耻笑。太子只能立一个人，怎能不引起争斗（一人立者，安得不乱）?"

从这些话里可以看出孙权的忧虑，改立太子是他初始的想法，扳倒陆逊也是他的目标，但是看到由此产生的巨大副作用时，孙权的内心开始了犹豫。下一步是不是立即废掉太子，孙权觉得不必太急。

孙权担心袁绍立嗣的悲剧在自己身上重演，裴松之就此评价说他其实还不如袁绍、刘表，袁绍、刘表认为袁尚、刘琮更贤能，所以立他们为嗣，并不愿意改变，而孙权既立孙和，又宠信孙霸，酿成混乱，自构家祸，孙权比起袁绍、刘表来要昏聩不明智得多（方之袁、刘，昏悖甚矣）。

犹豫了一年后，孙权下令将太子孙和软禁于宫中，但仍没有废掉他。

《通语》记载，骠骑将军朱据上书孙权予以争辩："太子是国之根本，他为人雅性仁教，天下归心，现在猝然责罚他，将引发满朝疑虑。当年晋献公偏信骊姬而害申生，汉武帝听信江充而让戾太子冤死，臣担心太子不堪其忧而身亡，到时候再想建思子宫也无法使太子复生了!"

汉武帝时太子刘据因巫蛊事而自杀，汉武帝后来醒悟，思念刘据，修建了思子宫和归来望思台，朱据提醒孙权，不要犯前人的错误。朱据言辞恳切，为了能使孙权转意，宁愿一死，但孙权置之不理。

在南鲁之争中孙权的小女儿孙鲁育没有公开表态，但他的丈夫朱据显然支持太子。《三国志》记载，朱据急了，联络了朝廷秘书局副局长（尚书仆射）屈晃等一批朝臣跑到宫外为太子请愿，他们把自己绑起来，叩头触地（泥头自缚）。孙权登上宫里的白爵观看到朱据他们，十分厌恶。

孙权下诏，斥责朱据、屈晃等人没事找事（无事匆匆），但毕竟涉及朝臣较多，又在外界产生了广泛影响，孙权没开杀戒，而是把朱据降为新都郡丞，把屈晃斥归田里。

朱据曾得罪过中书令孙弘，他还没有到达新的任所，孙弘便私自冒用孙权的名义下发诏书，把堂堂的前骠骑将军、皇帝的女婿杀了，事后孙弘并未被追究，有人认为其实这是孙权本人的旨意。

《吴历》记载，屈晃曾当面劝谏孙权，叩头流血，辞气不屈，孙权不接受。《吴书》记载，还有一个叫张纯的官员尽言极谏，孙权把他杀了，弃市。

但是，鲁王党显然高兴得有点儿早，因为孙权已厌烦了二宫争斗，面对斗争后的惨景，孙权对鲁王及其一党也失去了好感和信任，孙权决定另立他人。

孙霸下面还有三个弟弟，一个是孙奋，一个是孙休，一个是孙亮。孙亮年龄最小，年势已高的孙权对他格外疼爱，他的母亲潘夫人近年来也最受孙权宠爱，孙权有立孙亮为太子的打算。

最早看出端倪的还是孙鲁班，她察觉到孙权对鲁王已不感兴趣，转而全力支持孙亮，她不断在孙权面前称颂孙亮，并把丈夫全琮侄子全尚的女儿嫁给孙亮，鲁王被抛弃。

赤乌十三年（250 年），孙权下诏正式罢黜孙和，贬为平民，放逐到故鄣，即今浙江省长兴县。同时，立皇子孙亮为太子，孙亮这时才七岁。

孙权还下诏将鲁王孙霸赐死，全寄、吴安、孙奇等孙霸身边亲近的人全部诛杀。但仍有人对孙权另立太子的做法表示反对，无难督陈正、五营督陈象上书，援引战国时晋文公杀太子申生另立奚齐从而导致晋国混乱的事进行劝谏，陈正、陈象还提出为朱据、屈晃平反。

孙权大怒，朝廷上下已被弄得千疮百孔，眼下急需安定，还要折腾，没完没了。孙权下令诛杀陈正、陈象三族。

这场实际上由孙权背后挑起的南鲁之争以双方最终的惨败而结束，此事牵涉的范围之广、官员之多，在汉末三国时期历次政治斗争中都首屈一指，对孙吴政权的打击也相当巨大，在整个赤乌年间，孙吴上下一直忙着这些事，十几年里没有对曹魏有过像样的军事行动。

此事也极大地损伤了孙权的威望，陆逊、朱据等重臣受株连致死，伤害了一大批吴郡世族的感情，为孙吴政权的短命埋下了伏笔。

从孙登到孙和再到孙亮，孙权三易太子，最后选定的是只有七岁的孙亮，此时孙权已经六十多岁，来日无多，经过一场政治洗礼，朝廷上下一片黯淡，大家互相设防，不敢轻信任何人，一旦孙权不在，年幼的孙亮如何接好这个班，更让孙权头疼。

崇神信鬼

赤乌八年（245 年），也就是陆逊死的那一年，孙吴还发生了征西将军马茂谋反事件，直接威胁到孙权本人的安全。

《吴历》记载，马茂是魏人，在曹魏的淮南郡钟离县当一名小吏，当时曹魏的扬州刺史是王凌，马茂不知为何得罪了王凌，从曹魏逃到了孙吴。他很有能力，在孙吴当上了太守，被封了侯，手下有一千多人马，最后居然位至征西将军。

但马茂心怀二心，一想等待机会谋反。这让人不可思议，马茂是从曹魏那边逃过来的，在这里开创了自己的事业，得到了荣华富贵，还有什么不满的呢？要说在孙吴这些年里他重新改变了政治信仰，估计也没有人相信。

结合十几年前发生的隐蕃谋反事件，结论恐怕只有一个，那就是这个马茂也是曹魏派来的，所谓得罪王凌被迫潜逃只是做给人看的。魏吴之间应该互派了不少这样的间谍，隐蕃、马茂是他们之中的杰出人物，干出了明堂，在史书上留下了一笔。

曹魏除向孙吴派了大批间谍外，还向蜀汉派过不少这样的人，最出名的是郭循。诸葛亮死后蒋琬主政，蒋琬死后主政的是费祎，费祎在汉寿主持一次岁首大会，喝多了，被曹魏的降人郭循找到机会，手持利刃将蜀汉的二号人物费祎刺死，这件事发生在之后的蜀汉延熙十六年（253 年）。

马茂在孙吴站稳脚跟后便着手制定谋反计划，他确实太有本事了，不仅掌握了一定的兵权，还发展了几个同志，包括符节令史朱贞、无难督虞钦、牙门将朱志等人，他们官职并不显赫，但个个都是要害人物。

符节令史负责保管孙权的印信、符节等物，关键时刻拿出来就能顶大用；孙吴禁军设无难营，是近身护卫孙权安全的部队之一，负责人就是无难督；牙门将负责守卫中军大营，如果孙权出了宫，出来进去都绕不开他。看来马茂发展他们为下线是经过周密考虑的，这几个人互相配合，关键时刻出手真能干出惊天动地的大事来。

孙权虽然已六十多岁，但为了显示自己还不老，还保留着射猎的习惯，根据安排，孙权将出宫与公卿们举办一次射猎活动，马茂等人认为机会来了。

他们计划等孙权出了皇宫来到行营而公卿诸将还没有进行营之时，由朱贞偷偷把孙权的符节拿到，向公卿诸将宣布有诏书到，之后把他们都捆起来，由马茂率兵闯进孙权的行宫袭杀孙权，得手后再攻占皇宫和石头坞，并派人联络曹魏（伺权在苑中，公卿诸将在门未入，令贞持节称诏，悉收缚之，茂引兵入苑击权，分据宫中及石头坞，遣人报魏）。

如果马茂真是曹魏派来的卧底，这就是一次曹魏制定的针对孙权的斩首行动。这个计划看似不可能，但如果孙吴有关部门疏忽大意，这个计划完全可能成功。届时，孙权非死即俘，长江北岸的曹魏军如果来得快些，建业将失守，群龙无首的孙吴瞬间便会瓦解，曹魏几代人辛苦奋斗、拼死厮杀也未能实现的理想，被钟离县的一名小吏办到了。

可惜，历史没给马茂成名的机会，在他们的计划付诸实施前走漏了消息，有关部门迅速抓捕，主干分子全部落网，孙权下令将他们全部灭族（事觉，皆族之）。

《江表传》记载，赤乌十年（247 年），有关部门报告，说建业宫建成已久，需要大修一下，孙权同意，命人把武昌宫的一部分宫殿拆除，把木料砖瓦运过来，作为修缮建业宫之用（徙武昌宫材瓦，更缮治之）。

有关部门上报，说武昌宫修建于二十八年前，木料砖瓦已不堪用，应该下令出产木材的郡县重新砍伐木料，孙权不许。

孙权说：“当年大禹认为简陋的宫殿才是好的（大禹以卑宫为美），现在战事未平，各地赋役已经很重了，如果再砍伐木材就会耽误农时，把武昌宫的木料运来可以用。”

《三国志》记载，这一年孙权暂时搬到南宫居住，对吴宫的主要宫室太初宫进行改建，一部分材料想必就是武昌运来的，各州郡长官以及诸将都参加过义务劳动（改作太初宫，诸将及州郡皆义作）。根据晋人左思《吴都赋》的描写，太初宫改建后十分辉煌壮丽，有神龙、临海、赤乌等殿宇，东西胶葛，南北峥嵘，宫阙相连。

孙权拆旧宫修新殿的举动常被后人提及，被认为是爱惜民力、不铺张浪费的典范。但客观地说，用了二十八年的旧料还能不能再用的确是个问题，即使可用，一两千里的长途运输，没有火车，没有汽车，运费恐怕比砖瓦木料本身的价值大得多，是节约还是浪费真不好说。

孙权虽老，但还会算账，明显不划算的事他也不会坚持，他执意这么做，显然不是作秀，而有深层次考虑。

武昌宫曾经是孙权的正宫，所在地势险要，周边环境也很好，孙权一度对那里十分满意，但出于战略上的考虑，孙权主动退回建业，固守江东的核心地带，如果今后战略上没有大的调整，武昌宫作为皇宫的价值已经不存在了。

孙权离开武昌后，故太子孙和曾在那里留守多年，现在孙和和陆逊都不在了，在孙权眼里武昌中只是一处战略要地，而不是孙吴的首都，留一座个现成的皇宫在那里，不仅浪费，更是一件危险的事，一旦自己不在人世，有人造反，无论另立新君还是在孙吴的地盘上割据称雄，武昌宫都是给人家留下来的一份大礼，孙权考虑还是把它拆了吧，修建建业宫刚好是个借口。近人卢弼就此评论说，武昌宫的拆除，主要显示出孙权已经年迈，没有更大的志向了（权老而无远志）。

其后几年间，全琮、步骘、朱然等一批老臣纷纷辞世，孙权不仅感到了悲伤，更感到了孤独。尤其到朱然去世时，孙权环顾随他打江山的旧人中已经再没有几个了，所以特别难过。

朱然还是孙权的同学，君臣二人一生中保持了深厚的情谊（结恩爱），步骘、全琮去世后，朱然作为左大司马，是孙吴军职最高的人。朱然生病两年不能起床，后来病情逐渐加重，孙权为此吃不好、睡不好（昼为减膳，夜为不寐），宫中往朱府送医送药的人络绎不绝，朱然为了不让孙权担心，定期派人到宫中报告病情，每次孙权都亲自接见，亲自询问，连朱然派来的人都给予酒宴款待，走时还赐给布帛等物（权辄召见，口自问讯，入赐酒食，出送布帛）。

《三国志》认为，自孙吴创业的功臣们先后辞世，孙权最钟爱倚重的大臣首先是吕蒙、凌统，其次就是朱然了（自创业功臣疾病，权意之所钟，吕蒙、凌统最重，然其次矣）。这个说法可能还不够严谨，在周瑜、鲁肃等创业时代的老臣之后，孙权对吕蒙、陆逊、步骘、全琮、周泰等将领都很信赖，让他们手握重兵，但到这时他们都已经不在人世，孙权对旧臣老将们的思念之情全部寄托在朱然的身上。

赤乌十二年（249 年）朱然去世，享年六十八岁，孙权素服举哀，哭得很厉害（为之感恸），这一年按虚岁算孙权也正好六十八岁。

次年，即赤乌十三年（250 年），孙权宣布接到神人所授书册，建议改元，立皇后。

这件事记录在《三国志》里，有些诡异，什么样的神人、书册上都写了什么，《三国志》没有记载，清代学者顾千里评论说："这样荒诞迷信不可信的事情，要写就应该详细记录其细节，否则就别写（此等矫诬之事，宜详著其实，否出不书可也）。"

但对于一个近七十岁的老人来讲，诡异不是迷信，而是信仰。孙权本来就信巫卜，人老了就更深信不疑，推测起来，神人和书册不大可能是孙权胡编乱造，一定是下面的人针对孙权的喜好弄出来的，目的是讨孙权的欢心。

每有重大自然灾害和灵异事件发生，都被认为是异兆，地震、洪水是异兆中的凶兆，而发现黄龙、凤凰、麒麟这些东西则被认为异兆中的吉兆。在整个赤乌年间，史书关于孙吴各地出现各种吉兆的记录突然增加，赤乌十一年（248 年）云阳郡发现黄龙、鄱阳郡发现白虎，赤乌十二年（249）临平湖发现宝鼎，章安郡发现白鸠。这种事就像 UFO 一样，一部分是错觉或误认，一部分则是人为捏造，上有所好，下有所图。

孙权对神人书册很重视，赤乌十四年（251 年）五月下诏改年号为太元，册立太子孙亮的母亲潘夫人为皇后，这是孙权第一位、也是唯一的在任皇后。

潘皇后是会稽郡人，父亲是一名县吏，犯罪被判处死刑，按法律潘皇后和她的姐姐都被罚为官家奴婢，在宫里的织室做苦工，一次偶然的机会孙权看到她，把她召进后宫，又生下了孙亮，从而彻底改变了命运。

史书对孙权这位唯一的皇后评价不高，认为她为人阴险、妒忌，又特别会讨孙权欢心（性险妒容媚）。《吴录》记载，步夫人死后，孙权最喜欢的人其实不是她，而是袁术的女儿袁夫人，袁夫人有节行，但没有生下儿子，孙权想立她为皇后，袁夫人因为自己没有儿子而固辞。

潘夫人立为皇后，对袁夫人等加以谮害，在宫中积怨很大。

还是这一年，孙权听说临海郡的罗阳县出了一位神人，名叫王表，这个人在民间被传得神乎其神，说他言谈饮食虽然与常人没有区别，但有本事让人看不到他的身体（语言饮食，与人无异，然不见其形），是一位隐形人。

孙权于是派中书郎李崇去把这个人迎进宫中，带去的有辅国将军、罗阳王的印绶，准备把这两项官职授予王表。张昭为孙氏三代人辛苦了一辈子，临死才是辅吴将军，一个江湖骗子轻松就能登此高位，张昭地下有知，情何以堪？

王表随李崇出来，还带着一个叫纺绩的婢女，一路之上与各地郡县长官交谈，没有能难倒王表的，每过高山大河，王表都让婢女鼓捣一些神秘仪式，说是与山神河神互通消息（所历山川，辄遣婢与其神相闻）。

王表到建业后，孙权在皇宫东门苍龙门外为他建起府邸，经常派大臣前去请王表预测水旱灾害，往往都能应验，孙权对王表深信不疑。

英雄谢幕

太元元年（251 年）八月，孙吴多地突遭大风袭击，江海涌溢，有的地方平地水深八尺，从曲阿传来消息，孙权父亲孙坚的高陵松柏全被大风吹倒，吴郡郡治所在地南城门居然被大风吹起，又落到地上。

太子、丞相不得善终，大臣广受株连，又发生了严重的谋反事件，孙吴的国运就像孙权的身体状况一样，一天不如一天了。

孙权下诏大赦天下，此前他以中原尚未一统为由不同意郊祭，现在下诏在南郊进行祭祀。

这时已经到了冬天，从南郊祭祀回来孙权就病倒了。《吴录》称，孙权是受了风寒。

孙权意识到大限已至，不得认真不考虑身后的事，新太子年幼，看来也得效仿魏蜀来一次托孤了。《吴录》记载，孙权跟大家商议可向谁托付后事，朝中文武一致认为非诸葛恪莫属（朝臣咸皆注意于恪）。

诸葛恪是孙吴政坛新生代的领军人物，目前担任大将军，陆逊死后代替他统领荆州事务。孙权虽然从小就喜欢这个年轻人，这些年对他也刻意栽培，而诸葛恪在平息山越、与曹魏交战中立下不少战功，显示出一定才干，但孙权认为诸葛恪有刚愎自用的毛病，心中犹豫。

孙峻上书孙权，认为诸葛恪足以辅国，朝中官员没有人能比得上他的才干，力保诸葛恪（峻以当今朝臣皆莫及，遂固保之）。孙峻是孙权晚年最信任的本家子弟，他的话还是有相当分量的，孙权于是下了决心，下诏征诸葛恪回建业。

《吴书》记载，在病床前，孙权向诸葛恪托孤，在场的还有中书令孙弘、太常卿滕胤、将军吕据、侍中孙峻等人，滕胤是孙权堂弟孙奂的女婿，时任会稽郡太守，不久前被孙权召回担任太常卿。吕据是吕范之子，目前担任荡寇将军。

孙权对诸葛恪等人说："我病得不轻，恐怕不能跟你们再相见了，国事就托付给你们了（吾疾困矣，恐不复相见，诸事一以相委）。"

诸葛恪流泪道："我和众大臣身受陛下大恩，当不惜献出生命以执行您的诏令（臣等皆受厚恩，当以死奉诏），希望陛下安定心情，减少忧虑，不要把身外之事挂在心上。"

孙权升诸葛恪为太子太傅，朝廷的日常工作由诸葛恪主持，只有杀人的大事需要事先禀报（诏有司诸事一统于恪，惟杀生大事然后以闻）。孙权还升孙弘为太子少傅，仍兼任中书令；升孙峻为武卫将军，仍掌管禁军；升吕据为太子右都督，负责军事。

这样就形成了以诸葛恪为首，以孙弘、滕胤、吕据、孙峻为辅的辅政班子。这种结构想必是孙权精心设计的，刘备托孤于诸葛亮，曹丕托孤于曹真、曹休、司马懿、陈群，曹睿托孤于曹爽、司马懿，在孙权看来都不算成功，托孤给一个人，容易形成权臣，帝王反成傀儡；托孤给多人，不容易形成核心，大家互相设防，效率低下；托孤给两个人，就更不可取，不内斗都不由人。

孙权以诸葛恪为首辅，让他发挥才干，放手辅佐幼帝振兴孙吴，但又给他安排了一个助手团队，里面有宗室，有亲属，有近臣，也有老将后代，他们分别掌管军政事务和禁军，是助手也是监督者，诸葛恪如果有异心，无法一手遮天。

《吴书》记载，诸葛恪上任后尽心尽力，对于国家法令中有不合时宜的，都逐条列举向孙权禀报，孙权对他的意见均表示同意。

又熬过了一年，过了太元二年（252 年）的新年，病榻上的孙权下诏，册立太子以外的其他几个儿子为王。

孙权共七个儿子，长子孙登、次子孙虑、四子孙霸已死，在世的除最小的儿子太子孙亮外，还有三个。

三子孙和被废为庶人，过起了提心吊胆的日子，突然接到诏令被封为南阳王，驻守在长沙；五子孙奋被封为齐王，驻守武昌；六子孙休被封为琅琊王，驻守在虎林，此地在今安徽省贵池区附近。

做出这样的安排，同样也是为巩固太子继位后的政权所考虑，孙权希望孙亮执政后，有三个哥哥在外为依托，皇位坐得更稳当。想得当然不错，但是不是那样，就是另一回事了。

有人对孙权确定的辅政方案有不同想法，这个人是潘皇后，她刚当上皇后没几天，野心却异常膨胀，《三国志》记载，潘皇后派人找到中书令孙弘，向他询问吕皇称制的情况。

汉高祖刘邦死后，皇后吕雉之子刘盈继位，政权实际上由吕后掌管，刘盈后来死了，吕后干脆临朝称制，成为事实上的皇帝，分封吕氏子弟为王侯，掌管军权，又任命亲信审食其为丞相，掌握朝政。

按照潘皇后的想法她儿子一旦登上天子之位，就不劳诸葛恪等人辅政了，她可以包办。

可潘皇后没有成为第二个吕后，在伺奉孙权期间由于过度劳累，她病倒了（侍疾疲劳，因以羸疾），宫人们趁其昏睡，一起动手，把她缢杀，之后假称是被恶鬼所害（托言中恶）。

潘皇后一向人缘极差，宫人们大概受够了，趁着孙权已不能理事，干脆把她解决了，出一口恶气。当然，还有一种可能，潘皇后的死与她流露出来的政治野心有关，不想让她临朝称制的人指使宫人们把她干掉了。

纸里包不住火，这件事还是泄露出去了，有六七个人被杀。

这是正月里的事，到了二月，孙权再次下诏改年号为神凤，太元这个年号用了不到一年。

孙权病情加重，众人多次请王表为孙权请福，王大师承受不住巨大压力，溜了。

神凤元年（252 年）农历四月二十六日，孙权驾崩，享年七十一岁。

陈寿评价孙权是勾践那样的奇才，是一代英豪（有句践之奇英，人之杰矣），他继承父兄的事业，独据江南，与魏、蜀形成三足鼎立之势，成就了一番大业。但陈寿也指出，孙权性格好犯忌，喜杀戮，到了晚年，这些缺点更加明显（然性多嫌忌，果于杀戮，暨臻末年，弥以滋甚）。

裴松之认为，孙权废弃毫无过失的太子，为国家大乱埋下了祸根。不过，孙吴最终灭亡，更主要的原因还是继任者的暴虐无道。

孙权死后，太子孙亮继位，谥孙权为大皇帝，即史书所称吴大帝，在古代三百多位帝王中，获得大皇帝、大帝谥号的仅孙权一人。

建业附近有钟山，因孙权祖父名孙钟，为避讳孙权改其名为蒋山，孙权的陵寝就在蒋山之下，称蒋陵，今天的具体位置在南京市东郊的钟山南麓，随葬的还有步夫人和潘皇后。

此地山水相依，林陵辉映，外延苍茫，内涵深邃，是一处风水宝地。一千多年后，明太祖朱元璋也看上了这个地方，要在此修建孝陵，主持建陵的官员建议把蒋陵移走，朱元璋认为孙权是条好汉，留着给他看门，仅把蒋陵前的石麒麟迁往别处，蒋陵仍完整地保存下来。

蒋陵所在的山冈过去叫孙家冈，因遍地梅花又称梅花山。初春时节来此，可见到处是不惧雪辱霜欺的梅花在怒放，红绿辉映，暗香十里。在一座小石桥头立一墓碑，上书“孙权墓”几个字，与大名鼎鼎的明孝陵相比虽显简陋，却也古朴怡然，古韵悠长。

孙权死后，太子孙亮即位，诸葛恪、孙弘、孙峻等人辅政。诸葛恪与孙弘素有矛盾，孙弘想杀掉诸葛恪，但事情败露，反被诸葛恪所杀。次年，诸葛恪又死于孙峻之手。

又过了三年，孙峻病死，实权落入其从弟孙綝手中，孙綝废孙亮为会稽王，改立孙权的第六子孙休为帝，不久孙綝又被孙休所杀。

孙吴元兴元年（264 年），孙休驾崩，众臣拥立孙和的长子孙皓继位，当时蜀汉已被曹魏所灭，孙吴南部的交州叛吴降魏，形势十分紧张，在陆逊之子陆抗等一批大臣的全力支撑下，孙吴得以苟延。

孙吴元兴二年（265 年），司马懿的孙子司马炎通过禅让方式建立晋朝，曹魏灭亡。

孙吴凤凰三年（274 年），陆抗病死。五年后，晋朝六路大军伐吴，吴国防线快速崩溃。

孙吴天纪四年（280年），晋朝名将杜预率大军直逼建业，孙皓手下已无人肯卖命，孙皓投降，三国时代结束。

孙吴于222年建国、280年亡国，历时58年，其末代皇帝孙皓继位前爵位为乌程侯，与孙吴的创始者孙坚爵位相同，史称孙吴以乌程侯始，又以乌程侯终。

《晋阳秋》记载，孙吴灭亡时，有4个州、43个郡、313个县，52.3万户、230万人，官吏3.2万人，士卒23万人，米谷280万斛，舟船5000余艘，后宫5000余人。